高职高专旅游类专业新形态教材

研学旅行策划与管理

赖 玮 张宗亮 甘 萍 主 编
陈绍珍 汤金艳 董亮亮 副主编

清华大学出版社
北京

内 容 简 介

本书基于研学行业岗位业务职能，按照高职教育教学要求，采用项目式结构编写。全书共分为研学起源、研学旅行概念及理论基础、研学旅行发展现状及前景、研学旅行与人的全面发展、研学旅行课程、研学旅行课程实施、研学旅行课程评价、研学旅行课程开发主题、研学旅行人员素质、研学旅行组织保障、研学旅行手册、研学旅行基地（营地）十二个项目，每个项目后根据课程学习内容设计延伸阅读、思考题，以便于学习者在完成任务学习后能够及时检查和反馈自己的学习效果与技能训练结果。

本书特色鲜明，以素质培养为基础，以能力培养为核心，以校企合作为平台，落实"1+X"的证书需要，既可作为研学策划与管理、旅游管理专业的教材，也可作为旅游策划和研学机构研学导师上岗培训用书。

本书封面贴有清华大学出版社防伪标签，无标签者不得销售。
版权所有，侵权必究。举报：010-62782989，beiqinquan@tup.tsinghua.edu.cn。

图书在版编目(CIP)数据

研学旅行策划与管理/赖玮，张宗亮，甘萍主编. --北京：清华大学出版社，2023.5
高职高专旅游类专业新形态教材
ISBN 978-7-302-63331-0

Ⅰ.①研… Ⅱ.①赖… ②张… ③甘… Ⅲ.①教育旅游－高等职业教育－教材 Ⅳ.①F590.75

中国国家版本馆CIP数据核字(2023)第063752号

责任编辑：聂军来
封面设计：刘　键
责任校对：刘　静
责任印制：沈　露

出版发行：清华大学出版社
网　　址：http://www.tup.com.cn，http://www.wqbook.com
地　　址：北京清华大学学研大厦A座
邮　　编：100084
社 总 机：010-83470000
邮　　购：010-62786544
投稿与读者服务：010-62776969，c-service@tup.tsinghua.edu.cn
质量反馈：010-62772015，zhiliang@tup.tsinghua.edu.cn
课件下载：http://www.tup.com.cn，010-83470410
印 装 者：三河市龙大印装有限公司
经　　销：全国新华书店
开　　本：185mm×260mm　　印　　张：11.25　　字　　数：268千字
版　　次：2023年5月第1版　　印　　次：2023年5月第1次印刷
定　　价：39.00元

产品编号：097302-01

前　言

研学旅行是新时代我国学校教育和校外活动衔接的创新方式,它将研究性学习和旅行体验相结合,是一种综合实践育人的有效途径。根据前瞻经济学人数据显示:2018年国内研学旅行人数达到了400万人次,市场规模达到了125亿元。目前国内研学旅行的组织力量主要为旅行社和研学机构,但存在"拉市场"、导师不专业、课程目标不明确、主题选择不清晰等问题。因而研学机构的健康、平稳发展亟须基础扎实、实践技能过硬、具备良好的职业素养以及正确的世界观、人生观、价值观的优秀人才。

本书依据教育部最新的《高等职业学校专业教学标准》、高职高专旅游管理专业的人才培养目标以及落实"1+X"的证书需要而编写,按照"思政育人""教学做一体"的教学理念及"产教融合""校企合作"的开发理念,聘请企业专家全程参与并进行指导,对新业态下旅行社的岗位设置和运营过程进行了分析与归纳,建立了信息化的立体教学资源库,实现教学内容、辅助资料与工作内容无缝对接。

本书具有以下的特点和创新处。

1. 贯彻落实"思政教育进课堂"

融入"思政育人、三全育人"理念,注重学生的职业精神和职业素养的养成与提升,培养学生的"工匠精神",深化学生的爱国、敬业、诚信、友善的公民基本道德规范建设,使其准确理解并树立正确的社会主义核心价值观,为培养优秀、敬业、正直的"研学导师"做好准备。

2. 强化"教学做一体"的职教特色

以研学机构的业务运营和岗位操作流程为主线,使学习过程与企业运营过程相一致,大大缩短了学生上岗后的培训期、适应期和实习期,实现校企零距离对接;通过情境导入教学,实施任务驱动,使学生带着任务和目标进行项目的学习与操作,边学习、边操作、边思考。本书整体内容结构严谨、环环相扣、内容丰富、科学实用,此外,依据学生的学习规律和职业成长规律,设计了由简单到复杂、由课内到拓展的实训任务,针对性强、可操作性强。

3. 坚持"校企双元开发"

任务的设计基于研学机构的真实工作任务,邀请了研学企业专家全程参与编写和指导,实现教学与研学行业、企业之间紧密互动,使教学与行业发展有效接轨,实现了产教深度融合,体现了职业教育的规律,反映了职业教育的基本要求,切实提升学生的专业能力。

4. 紧随时代发展,坚持技术引领

紧随研学行业的业态变化和发展脉络,对知识点进行了重新梳理和更新,使理论知识更加精练和浅显易懂。同时,开发了基于信息化技术的立体化教学资源库,资源丰富实用、类型多样,包括电子教案、案例、图片、试题库等。

5. 紧密关联"1+X"证书制度

落实高职高专旅游类专业、研学管理专业发展对"1+X"证书制度的需要,融入研学旅行策划与管理技能等级证书的考试内容、任务和评价标准,帮助学生提高资格证书考试的通过率,助力专业人才培养水平的提升。

本书由赖玮、张宗亮、甘萍担任主编,负责统稿和定稿。陈绍珍、汤金艳、董亮亮担任副主编。本书编写具体分工为:项目一由赖玮编写,项目二由甘萍编写,项目三~项目五由张宗亮编写,项目六和项目七由董亮亮编写,项目八和项目九由汤金艳编写,项目十~项目十二由陈绍珍编写。

本书在编写过程中参考和引用了国内外的相关文献和资料,在此,谨向这些文献资料的作者致以诚挚的谢意。同时,感谢亲子猫(北京)国际教育科技有限、江西乐研教育管理有限公司为本书的编写提供了行业的前沿信息、真实案例和行业发展情况,为本书更具有实用性、前沿性、职业性提供了科学指导。

由于编者水平有限,书中难免有不足和疏漏之处,恳请广大读者和专家批评指正。

编者
2022 年 12 月

目　　录

项目一　研学起源 ··· 1
　　任务一　我国研学发展历程 ·· 1
　　任务二　国外研学旅行发展 ·· 7
项目二　研学旅行概念及理论基础 ·· 10
　　任务一　研学及研学旅行 ·· 10
　　任务二　研学旅行基础理论 ·· 20
项目三　研学旅行发展现状及前景 ·· 24
　　任务一　研学旅行发展现状 ·· 24
　　任务二　研学旅行发展存在的问题 ·· 26
　　任务三　研学旅行发展前景 ·· 29
项目四　研学旅行与人的全面发展 ·· 32
　　任务一　研学旅行与人的全面发展关系 ·· 32
　　任务二　研学旅行与德育 ·· 34
　　任务三　研学旅行与智育 ·· 38
　　任务四　研学旅行与体育 ·· 42
　　任务五　研学旅行与美育 ·· 44
　　任务六　研学旅行与劳动教育 ·· 46
项目五　研学旅行课程 ·· 49
　　任务一　研学旅行课程内涵及特点 ·· 49
　　任务二　研学旅行课程设计理念 ·· 51
　　任务三　研学旅行课程设计原则 ·· 52
　　任务四　研学旅行课程目标 ·· 55
　　任务五　研学旅行课程目标特点 ·· 57
　　任务六　研学旅行课程目标制定依据 ·· 60
项目六　研学旅行课程实施 ·· 65
　　任务一　行前课程 ·· 65
　　任务二　行中课程 ·· 70
　　任务三　行后课程 ·· 72
　　任务四　研学旅行课程教学方法 ·· 77
项目七　研学旅行课程评价 ·· 80
　　任务一　了解评价 ·· 80
　　任务二　研学旅行评价机制 ·· 83

任务三　研学旅行评价基本理念 …………………………………………………… 87
项目八　研学旅行课程开发主题 ………………………………………………………… 91
　　任务一　常见主题类型 …………………………………………………………… 91
　　任务二　研学旅行课程的设计原则 ……………………………………………… 93
　　任务三　研学旅行课程案例 ……………………………………………………… 95
项目九　研学旅行人员素质 ……………………………………………………………… 107
　　任务一　研学旅行人员基本素养 ………………………………………………… 107
　　任务二　研学旅行人才培养与遴选 ……………………………………………… 108
　　任务三　人才选拔及培养常见误区 ……………………………………………… 110
项目十　研学旅行组织保障 ……………………………………………………………… 112
　　任务一　研学旅行安全保障机制的主体 ………………………………………… 112
　　任务二　研学旅行安全保障的措施 ……………………………………………… 115
　　任务三　研学旅行的资金筹措机制 ……………………………………………… 117
　　任务四　研学旅行的监督机制 …………………………………………………… 119
项目十一　研学旅行手册 ………………………………………………………………… 120
　　任务一　研学旅行手册的重要性 ………………………………………………… 120
　　任务二　研学旅行手册的内容 …………………………………………………… 122
　　任务三　研学旅行手册的基本设计方法与要点 ………………………………… 129
项目十二　研学旅行基地（营地） ………………………………………………………… 132
　　任务一　研学旅行基地（营地）的概念及区别 …………………………………… 132
　　任务二　研学旅行基地（营地）建设标准 ………………………………………… 133
　　任务三　研学旅行基地（营地）建设现状 ………………………………………… 141
　　任务四　研学旅行基地（营地）建设存在的问题 ………………………………… 141
附录一　研学旅行等级证书考试理论知识点 …………………………………………… 143
附录二　研学旅行策划与管理职业技能等级证书（初级）考试实操考核模拟案例 …… 149
附录三　研学课程设计案例 ……………………………………………………………… 157
　　梅岭狮子峰研学旅行活动设计——自然生态 …………………………………… 157
　　梅岭狮子峰研学旅行活动设计——太阳谷自然生态 …………………………… 158
　　梅岭狮子峰研学旅行活动设计——农业观光 …………………………………… 159
　　梅岭狮子峰研学旅行活动设计——生态农业 …………………………………… 161
　　梅岭狮子峰研学旅行活动设计——农耕体验 …………………………………… 162
　　梅岭狮子峰自然生态研学方案——生态与传统文化 …………………………… 164
　　梅岭狮子峰研学旅行活动设计——生态农业 …………………………………… 165
附录四　江西省中小学生研学实践教育基地评选表 …………………………………… 168
附录五　江西省"中小学研学旅行"系列标准及中小学研学实践教育基地名录 ……… 170
参考文献 …………………………………………………………………………………… 171

项目一　研 学 起 源

> **项目概况**：我国研学旅行发展历程,国外研学旅行发展。
> **学习目标**：了解我国研学旅行发展历程,区分古代游学、近代修学以及现代游学之间的差异;了解国外研学旅行发展脉络。
> **学习重点**：对研学旅行起源有一个比较清晰的认识。
> **学习难点**：国内外研学旅行发展中存在的差异性。

任务一　我国研学发展历程

"读万卷书,行万里路""知行合一"是我国教育的优良传统。当前我国基础教育不同程度存在"知"多而"行"少的现象。研学旅行教育的提出,目的是统一"读万卷书"与"行万里路"的求学过程,强化实践能力,培养创新能力,提升学生核心素养。从古至今,我国研学活动频繁,国内研学经历了长期的演变。

一、古代游学

古代没有研学这一概念,最早的概念是游学。实践出真知,中国古代贤者不断通过"游"与"学"来获取知识。游学活动自古以来就已经存在,众多的古籍文献都提到了游学。《史记·春申君列传》记载:"游学博闻,盖谓其因游学所以能博闻也"这是最早出现"游学"的古籍;《北史·樊深传》中也有"游学于汾晋间,习天文及算历之术"的记载。在中国古代封建社会,外出远游的读书人通常情况下被称为"游士",他们通过异地的旅行来获取知识、体验不同的地域文化、开展文人间的学术交流等。在不同的历史阶段,众多文人墨客开展了多样性的游学活动。

(一) 孔子游学

春秋时期,孔子周游列国是我国最早的游学活动。孔子,鲁国人,今山东曲阜人,中国儒家学派创始人,私学开创者,著名的教育家、思想家。公元前497年,55岁的孔子带领弟子颜回、闵子骞等人周游列国。在长达14年的游学中,孔子带领弟子走访了卫国、曹国、宋国、齐国、郑国、晋国、陈国、蔡国、楚国等地。在游学过程中,孔子将自己的政治主张、治国理念带到各地,但是实际采纳孔子思想的国家少之又少。公元前484年,68岁的孔子在季康子重金邀请下回到鲁国,结束了列国游学生涯。历史上称这一事件为"孔子周游列国"。周游列国为孔子学术思想成熟奠定了基础。

孔子通过周游列国能够极大地开拓视野，增进学识，对培养弟子坚毅品格，形成良好世界观也能起到极为深远的影响。在游学的过程中，孔子让弟子边走边学、边学边消化、边消化边实践、边实践边检验，将理论知识和实践应用结合在一起，不断提升知识素养。孔子及其弟子在游学中学到了在课堂中无法学到的实践知识，对他们学术思想形成起到了不可替代的作用。而且在游学的过程中，孔子是以带领弟子的"团队"方式开展的，让弟子在"团队"中开展实践学习，这是孔子游学的独特之处。故有孔子曰："君子怀德，小人怀土""士而怀居，不足以为士矣"孔子带领弟子周游列国，对以后游学发展产生了极为深远的影响，可以看作是中国研学的开端。

（二）司马迁游学

司马迁年轻时开展游学，从长安出发渡过长江来到长沙，在湘江流域考察；到江西九江庐山，完成了大禹疏通九江遗迹的考察；抵达汉高祖刘邦的故乡沛县，向乡亲们请教汉高祖发迹前的轶事；到鲁国旧地，参观孔子故居，在山东邹城学习先秦乡饮之礼；随后到达孟尝君和春申君的故地，最后经过魏国旧都大梁，搜集夷门监者侯嬴与信陵君的交往经历，再从大梁返回长安。

根据司马迁的记载，他所游学的线路大概是：长安→蓝田→商县→武关→宛（南阳郡）→江陵（南郡）→临沅（武陵郡）→零陵县→长沙（长沙国）→汨罗→庐山→会稽→姑苏→淮阴→齐鲁之都→邹、峄、鄱、薛、彭城→丰沛→梁、楚→长安。司马迁游历众多地方，时间跨度很长，路线也非常远，在游学的过程中向名师大家请教学问，也向乡民追寻口述历史，积累丰富的素材，为完成《史记》写作奠定了坚实基础。司马迁并没有描写此次游学花费了多长时间，也没有记载花费了多少金钱，但是从经济学的角度来说，在古代交通不是非常便捷，通信也不发达的时代背景下，游学需要花费大量的时间和金钱。司马迁游学时虽然不是汉朝官员，却是汉朝官员的后代，司马迁的父亲司马谈是汉朝太史令，丰厚的家底为司马迁游学提供了条件。

（三）诸葛亮游学

三国时期著名的政治家、军事家、文学家诸葛亮也是中国古代游学代表性人物。早在东汉末年，年仅十几岁的诸葛亮便跟随叔父诸葛玄前往荆州开展游学生活。在荆州，诸葛亮认识了官学教授司马徽，司马徽对诸葛亮说："以你的聪明才智，不应该守在荆州读书，应该出去游学，向各地的名师请教。"受到司马徽的教导，诸葛亮前往各地开展游学活动，先去汝南向邓公久学习兵法，三年之后学成返回荆州。根据《三国志》的记载，在荆州读书时，诸葛亮与徐庶、石韬、孟建三人是同学，在学习的过程中四人成为挚友，并且不时共同外出游学，在游学过程中不断开拓视野，提升技能。通过游学，诸葛亮的学问有了很大进步，人脉变得越来越广。27岁时，诸葛亮结束了游学生涯，在南阳隐居生活，通过早期的游学经历以及司马徽、徐庶向众多政治集团的大力推荐，这个时候的诸葛亮已经声名鹊起。汉朝三国时期还没有科举制度，官员选拔是通过察举制来实现的，由地方长官在辖区内随时考察、选取人才并推荐给上级或中央，经过试用考核再任命官职。借助游学诸葛亮认识了众多好友，这些好友为诸葛亮出仕做官起到了重要作用。可见，通过游学不仅使诸葛亮才能获得了极大提升，还认识了众多为官人士，这为诸葛亮后来的发展起到极为重要的作用。

（四）杜甫游学

隋唐时期，游学进一步发展，科举制形成之后，游学依然是众多读书人进入官场的重要渠道。杜甫出身世家大族，年少时生活在长安城，生活条件优越，受到了良好的教育。为了做官，杜甫选择外出游学，20岁时，杜甫从河南出发开始游学生涯，先后到达湖州、常熟、苏州、绍兴、萧山、南京等地。在南京畅游雨花台，在苏州，杜甫前往阖闾墓祭扫，路过萧山时登了古驿台，在绍兴游鉴湖、登天姥山。在交通条件极为不便的情况下，杜甫花费了大量的时间游学，一边游玩一边写诗、一边结交朋友，在四年的时间内游历了多个地方，了解了不同地方的风土人情，见识了不同地域环境的生活百态。24岁时，杜甫回到了老家河南巩义，并参加了科举考试，顺利通过县试之后，杜甫被送到京城参加进士考试，但第一次并不顺利，名落孙山。经过这一次打击，杜甫选择继续外出游学，希望通过游学来增加自己的知识储备，掌握更多的实践技能。这一次杜甫选择了与第一次游学截然不同的地方，先去了河北邯郸，之后又去了山东青州、兖州等地。在五年间的游学中，杜甫到处结交志同道合的朋友，人际关系得到了极大提升，自我能力得到强化。在第二次游学之后，由于种种原因，杜甫又开始了第三次游学，每一次游学都会有新的收获，在每一次游学中都会结交新的朋友。

杜甫前后经历了三次游学，每次游学时间都长达几年。在游学过程中，虽然学问增长并不是非常明显，但是杜甫结交了很多达官贵人，认识了很多朋友，例如李白和高适是他在第三次游学中认识的，人脉资源积累为他日后发展起到了非常重要的作用。前两次游学中，杜甫拜访了常熟县尉、湖州县尉、邯郸县令；在第三次游学中结识了齐州太守叔侄，与宰相李林甫的弟弟结识，与皇族子弟李义成为好友。按照唐朝制度，读书人参加进士考试要有5名以上的读书人相互担保，同时还要3名以上在职官员推荐，考取进士之后参加吏部考试，必须有5名以上在职官员推荐，只有满足了这些条件才能够进行相关的考试。如果杜甫没有通过游学积累这些资源，连科举考试的资格都没有，也就没有入仕做官的机会。

古代游学形式多种多样，游学目的也不尽相同，这些游学活动虽然与现代研学有着很大区别，但其作为一种实践探索，是古代文人学士增强实践技能、提升经验的有效方式。

二、近代修学

到了近代，国内游学进一步发展，与古代游学不同的是，近代修学呈现出了显著的外向性，出国留洋学习是典型代表。清朝建立之后，采取闭关锁国的政策，直到鸦片战争，清政府被迫打开国门，西方列强与清政府签订了各种不平等条约，中国领土开始被分裂，逐渐丧失了独立自主的地位。在外部势力进入的情况下，为了适应世界发展形势，清政府被迫开放，海外留学成为发展的必然。同治十一年（1872年），两江总督曾国藩负责留学事宜，随着海外留学政策出台，一大批具有爱国情怀的知识分子和有识之士放眼看世界，学习西方科技文化，探索救国之道。近代的留学热潮主要经历了四个阶段，即赴美留学、留学日本、庚款留学、留法勤工俭学。

（一）赴美留学

容闳是我国最早的留学生之一，是近代第一个毕业于美国耶鲁大学的中国留学生，被称为"中国留学生之父"。容闳提出的"留学教育计划"得到了曾国藩、李鸿章等人的支持。1872年8月，在上海黄浦码头，第一批由清政府批准选派的30名幼童开启了海外留学之旅，最小的年仅10岁。彼时的清政府积贫积弱，内忧外患问题严峻，欲自强必须从教育做起。此后清政府每年派遣30人，至1875年，共120名留学生出国留学。首批30名留学生由陈兰彬任监督，容闳任副监督。这批留学生跨越浩瀚的太平洋，经历了数月长途跋涉终于在美国旧金山登陆。他们乘坐刚刚贯通北美大陆的蒸汽火车,直奔东部康涅狄格州的首府哈特福德,从此开始了长达十五年的留学生涯。自第一批留学活动开始之后,中国近代留学进入了新时代。

第一批赴美留学之后的1872—1920年,美国共有72所大学和20所中学招收中国留学生,其中接收中国留学生数量最多的学校主要有:哥伦比亚大学、哈佛大学、康奈尔大学、耶鲁大学、芝加哥大学。1920年以后国内越来越多的学生选择赴美留学,1922—1923年,哥伦比亚大学仍是最受中国留学生欢迎的学校。在长达几十年的赴美留学中,很多学子学成之后归国,在推动近代中国铁路、电报等众多领域发展中起到了不可替代的作用,帮助中国更好地认识世界、接触世界,对中国近代综合国力提升具有深远影响。

(二)留学日本

除远赴美国留学之外,还有一批留学生选择到日本留学。明治维新之后日本国力逐渐增强,经过一系列的改革创新,到19世纪末期,日本已经成为军事强国。1894年爆发了中日甲午战争,积贫积弱的清政府最终败给了日本,亡国之危使国内一批开明人士认识到中外存在的差距,为了赶上世界发展潮流,需要学习国外先进的技术和文化。清政府鼓励青年学子和知识分子寻求民族振兴、国家富强道路,留学日本的热潮自此出现。

1914年,郭沫若留学日本,初入东京第一高等学校预科,第二年进入冈山第六高等学校学习,1918年,顺利进入福冈九州帝国大学学习医学。在留学期间,郭沫若接触到了泰戈尔、莎士比亚、歌德等外国作家作品,自此他的精力逐渐转移到文学创作和翻译上来。1918年,他创作出第一篇小说《牧羊哀话》和最早的新诗《死的诱惑》,之后陆续创作《地球,我的母亲》《炉中煤》等诗篇和代表作诗集《女神》等众多作品。

1913年,从北洋法政学堂毕业的李大钊,开始了日本留学之旅。他在法政学堂预科时期,刻苦学习日语与英语,正好为他留学日本打下了语言上的基础。留学日本期间,李大钊对政治理念与思想的选择还处在探索阶段,对西方思潮认知还处于完善阶段。虽然早稻田大学所教授课程中只有一部分关于社会主义的内容,但是为李大钊社会主义思想形成起到了很大的帮助作用。

1894年甲午战争之后,随着大量西方先进的科技文化涌入中国,王国维接触到西方新的文化和思想,由此产生了追求新学的强烈愿望。他在同邑陈枚肃家任塾师时,不愿在家乡做家庭教师,由其父为之请人推荐至留洋学堂,1900年在罗振玉的资助及藤田、田岗两位日本教师的帮助下赴日本东京物理学校学习。

留学日本是当时众多国内有识之士寻求国家富强之路的探索,许多留学生如周恩来、鲁迅、秋瑾、章太炎等人,在日本留学的过程中学习国外先进知识,思想得到解放,成为反清爱国运动的主要群体和中国民主革命运动领导人。

(三)庚款留学

1900年,大批义和团成员围攻北京各国驻华使馆,向德、奥、比、西、美、法、英、意、日、荷、俄等11国宣战,清政府与西方列强之间爆发了战争。不久,八国联军攻占了北京,慈禧太后携光绪帝"西狩"西安。1901年,李鸿章代表清政府与西方列强签订了《辛丑条约》,向14国赔偿4.5亿两白银,分39年付清,这就是历史上有名的"庚子赔款"。《辛丑条约》签订之后,美、英、法、荷、比等国先后与清政府签订协定,退还了超过实际损失的赔款,退还的款项除了用来支付债务之外,全部用在教育上面,清政府每年要向上述几个国家派遣留学生,这就是庚款留学的由来。1908年,美国国会通过了由罗斯福授权的法案,资助中国留学生赴美留学。

(四)留法勤工俭学

1919年3月17日上午,一艘日轮"因幡丸"从上海杨树浦码头启程赴法,这艘船上面有89名身份特殊的乘客,他们就是近代第一批留法勤工俭学的学生。到1920年年底,共有来自全国各地20多批勤工俭学留学生到法国学习,共约1 700人。留法勤工俭学的发起人、组织者是北京大学校长蔡元培先生、著名教育家李石曾同志等人,通过他们创办的华法教育会、留法勤工俭学会来推动留学工作。

1919年,五四运动期间,当时国内正处于北洋军阀统治的黑暗时期,中国青年受到新文化运动和反帝爱国斗争的影响,积极寻求救国救民的真理和知识,大批青年前往法国开展勤工俭学运动。这与当时著名教育家蔡元培先生和吴玉章同志等人,倡导留法勤工俭学运动有关。

三、现代修学

进入现代,国内游学呈现出新的发展态势,与古代不同模式的游学开始出现,其中新安旅行团是近代游学开端。新安旅行团是我党领导的第一个少年儿童教育团体,其诞生于淮安河下镇新安小学。1935年,在陶行知先生的授意下,汪达之带领14名团员开启了游学之旅,他们每人一身单衣、一双草鞋、一把雨伞和一只行李袋。此次游学秉承共产党抗日救国的主张,积极宣传抗日救国思想,号召广大民众抗日救国。新安旅行团前后组织了六七百人次的旅行,在全国二十多个省市留下足迹,这个成长在战斗的道路上,前进在党的旗帜下的少年儿童革命团体,经受住了血与火的锻炼与考验。

新安旅行团将自己的命运与国家的命运融合在一起,以推动国家发展为己任,坚持"生活即教育"理念,在实践中锻炼自己,宣传"救国、革命、创造"三种精神,是我国青少年运动史上的伟大创举。在国民党统治的重点地区武汉、桂林等地,以文艺作为武器,团结民众,教育民众,打击敌人,为抗日救国而不断奔走。在新安旅行团的帮助下,先后成立了一百多个青少年儿童团体,新安旅行团也被称为"中华民族的小号手"。在淮海等抗日民主根据地,大力开展儿童运动,苏北十八万青少年在新安旅行团的引领下组织了儿童团和少先队,开启了中国少儿运动的新局面,同时为苏北青年运动开展做了大量的工作。1945年,新安旅行团先后参加了光复淮阴区、淮安等地的战斗,与国人一起欢庆抗战的伟大胜利,之后跟随中国人民解放军转战祖国南北,为解放新中国不断贡献自己的力量,为中国人民解放事业立下不朽的功勋。

中华人民共和国成立后,新安小学迁到淮安,为了使新安旅行团的革命精神能够代代传承下去,淮安地方政府在新安小学旧址建造了"新安旅行团革命历史陈列馆"。1979年5月,宋庆龄先生亲自为该馆写下了光辉题词:新安旅行团,曾经旅行全国,宣传民众,组织儿童,为抗日战争和争取民主中国的胜利作出一定的贡献。新安旅行团青少年所展现出来的游学精神激励着一批又一批后来人,倡导儿童教育要通过实践来实现真知,在游中实现学,在学中实现能力提升。

四、当代研学

改革开放之后,我国逐渐认识到研学对提升中小学生能力,实现学生全面发展的重要性,从政策层面开始推动我国研学发展。各级政府出台不同政策,力求在发展的过程中实现我国中小学研学规范化发展。

1999年,正式启动的第八次基础教育课程改革规定了综合实践活动是九年义务教育阶段和高中阶段的一门必修课,要与学科课程并列设置,从小学到高中各个学龄阶段全面实施,所有学生都要参加。

自2011年开始,中央利用专项彩票公益金45亿元,分3个批次支持建设了149个中小学示范性综合实践基地。各地要结合实际情况,积极开发有特色研学旅行活动课程,将校外实践教育与校内学习融合在一起。

2016年11月30日,教育部等11个部门联合印发了《关于推进中小学生研学旅行的意见》,指出中小学生研学旅行是由教育部门和学校有计划地组织安排,通过集体旅行、集中食宿方式开展的研究性学习和旅行体验相结合的校外教育活动。在中小学开展研学有利于促进学生培育工作,践行社会主义核心价值观,激发学生对党、国家、人民的热爱之情;有利于推动全面实施素质教育,促进书本知识和生活经验的深度融合;有利于满足学生日益增长的旅游需求,从小培养学生文明旅游意识。因此,2016年被称为"研学元年"。

2016年12月23日,教育部在江苏镇江召开"全国校外教育经验交流暨研学旅行工作部署会",交流校外教育发展经验。

2017年,各地研学旅行政策不断出台,在教育部的领导下,探索具有本地特色的研学旅行活动课程,鼓励各个学校积极开展研学活动,这一年又被称为研学旅行的推广年。

2018年是研学旅行脚踏实地的实践年,全国各省广泛响应。劳动教育除要上一门必修课劳动与综合实践以外其与研学旅行是完全可以统筹起来开展的,在中央的文件和教育部的纲要里面,对劳动周的开展具有明确的要求。

2019年,研学旅行开始向专业化发展。2019年2月中国旅行社协会与高校毕业生就业协会联合发布了《研学旅行指导师(中小学)专业标准》和《研学旅行基地(营地)设施与服务规范》。

2019年10月18日,教育部增补研学旅行管理与服务专业,归属旅游大类中的旅游类,修业年限3年。

2020年6月,全国关注森林活动组委会发布了《全国三亿青少年进森林研学教育活动方案》。该方案提出了要加快推动自然教育基础设施建设工作,重点打造一批国家级的青少年自然教育绿色营地,推动森林研学逐步融入中小学教育。争取到2025年,基本建立"全国三亿青少年进森林"研学教育活动体系,全国50%以上青少年参与森林研学教育活动。

2020年12月7日,大连市教育局等10个部门印发了《关于推进中小学生研学旅行工作的实施意见》。

2020年,各省市在研学精品课程、研学精品线路遴选、研学旅行基地建设与管理等方面给予政策发力。例如4月,河南省教育厅办公室发布《关于开展2020年度河南省中小学社会实践教育基地推荐工作的通知》。

2021年7月,江西省率先出台了《中小学研学旅行标准》,包含了基地(营地)认定规范、课程设置规范、组织实施规范、评价规范四个部分。

众多政策文件的出台为我国研学发展提供了政策便利,以提升中小学生德育为目标的研学旅行教育活动逐步开展并得到完善。各地从本地条件出发,制定研学旅行活动操作细则,将会进一步规范研学活动,逐渐完善青少年研学活动条件。

任务二　国外研学旅行发展

国内自古以来注重研学活动,借助研学众多文人学士实践认识能力得到了极大增长,与此同时国外很多国家也非常注重研学活动。

一、欧洲游学

国外现代真正意义上的研学活动诞生在英国,并有着自身的特色,其所开展的"大陆游学"实际上就是初期的研学旅行。

从16世纪到18世纪,英国王室有专门的教师带领贵族研学,被称为"大陆游学",彼时的贵族游学更多的并不是以"学"为目的,很多人将"游"作为重点,在游学中欣赏异地风景、体验风土人情。借助游学,英国贵族子弟学习到了贵族礼仪,个人见识得到增长,自身修养得到提升,对其他国家的了解也逐渐加深。这种风靡于英国上层人士的游学,为众多贵族子弟能力提升提供了机会,一些贵族子弟记录下了游学中有关沿途的风景,进一步激发了后人对游学的欲望。到18世纪末19世纪初期,随着工业革命的到来和进一步推进,英国贵族子弟的"大陆游学"呈现出弱化的趋势,大量中产阶级的出现使"大陆游学"人员构成发生了很大变化,大量普通民众加入"大陆游学"中,促使了英国贵族化的研学旅行逐渐走向大众化。如今,众多英国家长会在寒暑假带着孩子一起旅行,即使一些家庭没有出游计划也会参加学校组织的集体出游活动,在旅途中学习知识。

除英国之外,法国也开展了研学旅行活动,但是并没有形成系统的教育理念和教学方法。法国侧重的是基础教育工作,在法国研究性学习得到了进一步推广和实施,强调独特的研究性学习,包含了写研学旅行报告,其中最为有名的是法国的TPE教学模式。研究性学习引导学生从学习和生活中获取课题、自主思考、研究设计、调控制作与总结评价,目的是进一步培养学生发现问题、解决问题的能力,激发学生学习主动性,以便更好地获得文化知识和科研方法,以多元、开放的思维来面对未来社会挑战。在法国,这种学习方式被称为TPE (Travaux Person-nerls Encadres)模式,即"有指导的学生个人实践课程"。

二、亚洲游学

亚洲一些国家在研学方面也进行了尝试和探索,其中具有代表性的是日本和韩国。

日本非常重视中小学教育,从1882年开始出现修学旅行。枥木县第一中学的学生由教师带领参观在东京上野召开的"第二届实业博览会",自此日本修学旅行逐渐兴起。1886年,日本东京高等师范学校组织了长达11天的"长途远足",创造了修学旅行新纪录。

日本的研学旅行起源于修学旅行,"修学旅行"一词最早出自长野师范学校举行的类似活动中,这次活动受到多方关注,有关活动谈话内容发表在1887年4月的《大日本教育杂志(54号)》上,之后修学旅行被更多的公众所熟知,修学旅行逐渐推广开来。到了1946年,日本通过政策的方式将修学旅行纳入教育体系中,之后成为日本文化的重要构成部分。日本修学旅行的时间主要集中在小学、初中、高中最后一个学年。小学阶段修学旅行主要是在学校附近开展,例如观光旅游、就近参观名胜景点或集体泡温泉等;初中阶段修学旅行一般会到学生比较陌生的地区开展,而且把教科书中出现的国会议事堂、东京塔等列为参观内容;高中阶段修学旅行倾向于体验大自然、了解历史文化,把学习目标定位在自然体验或了解过去战争历史,例如前往冲绳、广岛、长崎等地,还包括电视台、报社、政府机构等地。

为了确保修学旅行能够得到贯彻实施,日本制定了完备的制度,在政府的干预下大力推进修学旅行活动,将修学旅行纳入教育体系,并且在财政和法规政策方面给予了极大保障。在修学内容方面看,包含了众多的类型,例如参观国家公园、访问历史古迹、学习传统文化、自然体验、企业考察、商人活动体验、职业选择等,涵盖了政治、经济、文化、自然等众多领域。

在韩国,几乎每个学生都参加过各种类型的研学旅行,最为具有代表性的是毕业旅行。韩国教育部门已经将毕业旅行纳入日常教育体系中,规定毕业旅行是学生的一项必修科目,施行学分管理,学生只有参加毕业旅行才能够获得相应的学分,否则会影响学生正常毕业。

三、美国游学

美国对学生校外教育非常重视,针对校外教学制定了政策并且进行财政扶持。为了确保校外教学能够顺利进行,美国联邦政府和州教育主管部门共同参与,并且邀请相关行业协会共同参与到校外教学监管中,充分发挥各个部门和行业协会的职责,从而更好地实现校外教学有效性和持续性。美国研学旅行起源于1980年的"探究式学习"。美国强调研学就是通过研究性学习、体验式学习获得知识,在实践中实现学生技能提升,将研究性学习和体验性结合在一起,这也是校内教育和校外教育的有效衔接。研学旅行为美国科技创新起到了重要作用。

在探究式学习内容制定方面,美国采取了多元化、开放性的策略,各种类型活动、各个领域都可以纳入探究性学习中。美国霍奇基斯高中甚至曾组织10~12年级的学生去南极开展为期3周的探险之旅,在探险旅行中,学生能够近距离考察南极半岛以及周围的岛屿,在观察鲸鱼、磷虾群,拍摄帝王企鹅、海豹、冰山的同时,听取随行的南极科考专家的讲解,学习生态学,了解当地历史。美国学生没有书面暑假作业,但是有其他的游学任务需要完成,通过暑期学校、夏令营、义工等众多方式度过暑假,并且要完成一些任务。暑期学校里,游泳、野餐、打球和漫步是每天的必修课。在这些极具娱乐色彩的课程之外,最有美国特色的,就是对青少年参加社会活动的偏重。一些美国高中生会在假期到国内名校进行游学,这样有助于了解高校特色,为将来升学做好准备。

思考题

1. 为什么说孔子周游列国是我国最早的游学活动?孔子周游列国与欧洲古代学者的游学活动有什么不同?

2. 为什么说欧洲"大陆游学"是真正具有游学特征的教育活动?

3. 微信公众号"中国新闻网"有一篇文章将李白、杜甫、王维、李贺、韩愈、岑参、孟郊、苏轼、杨万里、文天祥、李清照11位著名诗人的游历足迹制成地图,在没有现代交通工具的古代,这些诗人的足迹实在令人震惊。请说一下你对古代研学旅游的想法。

4. 请你选择一位特别感兴趣的历史文化名人,通过阅读其传记,绘制一幅该名人的游学足迹图。结合你的研究谈一谈对"读万卷书,行万里路"的理解。这对我们今天的研学旅行课程有什么启示?

5. 我国古代还有很多著名的旅行家,像徐霞客、玄奘、张骞、郑和、法显等,请选取一位你敬仰的旅行家,撰写一篇关于他游历的论文,论证游历对其人生成就的重要作用。

6. 请查阅资料,研究日本修学旅行的相关制度,说明日本的修学旅行为什么能健康发展。

7. 如何理解南宋巩丰:"一旦远游学,如舟涉江湖"?

项目二　研学旅行概念及理论基础

> **项目概况**：研学旅行概念及相关理论。
> **学习目标**：掌握研学旅行概念，熟悉研学旅行常用理论。
> **学习重点**：研学旅行特征。
> **学习难点**：体验式学习理论、体验式学习发展历程、项目式学习理论。

任务一　研学及研学旅行

一、研学旅行概念

研学，即研究性学习，国际上统称为探究式学习（Hands-on Inquiry Based Learning，HIBL），是指以学生为中心，在教师和学生共同组成的学习环境中，基于学生原有的概念，让学生主动提出问题、主动探究、主动学习的归纳式学习过程。研学旅行是由学校根据区域特色、学生年龄特点和各学科教学内容需要，组织学生通过集体旅行、集中食宿的方式走出校园，以年级、班级甚至学校为单位进行的集体活动，在与平常不同的生活中开拓视野、丰富知识，加深与自然和文化的亲近感，增强对集体生活方式和社会公共道德的体验。研学旅行继承和发展了我国传统游学"读万卷书，行万里路"的教育理念和人文精神，成为素质教育的新内容和新方式，能够提升中小学生的自理能力、创新精神和实践能力。

从广义层面上看，研学旅行是社会中的任何成员都能够参加的任意探究性学习为主要目的的外出活动，在组织形式上以个人或者团队等方式开展，短暂离开其暂时居住地，前往目的地进行的专项旅行探究活动。广义上的定义是从旅游角度进行的界定，这一理念认为社会主体都可以参加研学活动，在研学中实现知识增长。狭义层面研学旅行是指中小学生在校开展旅行活动，这一主体界定为中小学生，除中小学生之外其他主体参加的都不属于研学活动。2016年11月30日，教育部、国家旅游局等11个部门联合发布《关于推进中小学研学旅行的意见》指出，中小学生研学旅行是由教育部门和学校有计划地组织安排，通过集体旅行、集中食宿方式开展的研究性学习和旅行体验相结合的校外教育活动，是学校教育和校外教育衔接的创新形式，是教育教学的重要内容，是综合实践育人的有效途径。众多出台的政策表明了研学旅行是在中小学开展的特殊的实践课程，因此在概念的选择和应用方面，应该以狭义的研学旅行概念为主导。

研学旅行课程安排与平常的学习有着显著的不同，通过研学活动能够开拓视野，丰富知识体系，例如通过自然研学，能够更好地观察和了解自然；通过文化研学，能够深刻感受中华文化的博大精深，传承经典文化。在研学中可以有效增强对集体生活方式以及社会道德的体验感，提升中小学生的自理能力、创新精神和实践能力。研学旅行是现代教学实践中新出现的一种模式，主要目的在于借助校外研学资源来转变传统的课堂内部教学方式，在这一过程中实现学生的学业能力、感知能力以及其他方面能力的全面提升，树立良好的思想道德观念和实践认知，是对传统教学方式的一种变革和调整。

从发展的角度看，研学旅行是一种文化现象，让学生在新的环境中实现自我提升，这种教学方式与传统意义上的教学方式有着一定的差异，同时也与当前普遍开展的旅游活动有着明显的不同，是教育与旅游发展的深入融合，借助寓教于乐的方式实现教学目的。研学内容包含了参观游览和语言学习，是介于游与学之间的一种特殊的教学方法，融合了游与学的内容。各年龄段的学生都可以积极主动地参与研学旅行过程中，为此国家还制定了相关的政策法规，要求各地将研学旅行放在更为重要的位置上，推动研学旅行健康快速发展，借助路上的课堂，通过集体旅行、集中食宿方式开展研究性学习和旅行体验相结合的校外教育活动。

二、研学旅行特征

严格意义上来说，研学旅行是一门课程。作为一门课程，研学旅行活动的主体表明了在开展研学活动的过程中会呈现出一定的特殊性，在实施过程中研学旅行具有以下特征。

（一）综合性

研学旅行是通过"旅行＋教育"的方式实现的，旅游本身涵盖了食、住、行、游、购、娱等多个方面，教育也包含了自然、科技、文化、政治、数学等多学科内容，二者结合在一起意味着具有很强的综合性。研学旅行面向的是日常生活，生活也是一个综合体，研学旅行的内容又涉及自然、地理、历史、语文、生物、数学等多学科，生活方式上集考察、调查、访问、记录、试验、体验、撰写等为一体，通过多方面的实践体验，能够极大提升学生综合知识能力。研学活动反映的是一个学生的综合能力，强化"五感"应用，因此研学旅行是一门综合性的实践活动课程。例如，在西柏坡红色研学中，学生不仅能够参观老一辈革命家居住、工作环境，还能够借助现代声光电技术视觉感受当年激烈的战争场景，通过品尝当地特色"革命菜"，扮演小小解放军等多感官参与方式，更好地提升学生实践体验感。

（二）研究性

研学旅行中的"研学"二字说明了研学活动具有很强的研究性，在研学旅行途中开展一系列的研究性学习，与传统的课堂教学也有着很大的不同，这是研学旅行与其他旅游本质上的区别。研学旅行的主体是中小学生，研究性学习让学生带着问题进入情境中，通过自主学习、合作学习、探究学习等多种方式，寻找解决问题的方法。通过研究，中小学生在情境中能够寻找到解决问题的方法，锻炼发散思维，研究性这一特点决定了研学旅行属于深度教育活动。例如，在一次探索沙漠植物生长奥秘的研学活动中，研学旅行指导师设置了一个特别的任务：学生需要借助特定的工具，自行寻找沙漠里的植物，记录植物特点，并且在汇报环节进行分享。让学生自行探索，可以训练学生的研学思维，近距离感知沙漠植物。

（三）体验性

研学旅行的重点在于体验，与传统意义上的课内纯理论教学有着显著不同，它让学生走出课堂开展校外实践学习，在大自然大课堂中学习，带动听觉、触觉、味觉、嗅觉、视觉一同感受真实的环境。研学旅行让中小学生在现实中动手动脑,在大自然中学会生存,学会做人做事,培养学生实践能力。为了更好地让学生体验,需要专门的研学旅行指导师开展研学教学,研学旅行指导师起到引导性的作用,切记勿将传统课堂中的"填鸭式教学"带到研学旅行课程中。研学旅行的开展要在学生的自主参与下实现,这种参与方式是异地性的,与现阶段的学生自我学习有着明显的差异性,学生必须要有体验,在旅行的过程中要亲自动手,通过多方面的参与学习。亲身体验的主要目的在于改变单纯的班级教师教学这一单一的模式,让学生在研学中积极主动地参与到实践环节中,使自身的能力得到强化和锻炼,并且形成持久性的记忆力,因此这种教学方式的实施才能够起到更为积极有效的效果。

例如,某学校为了增强学生的消防技能,认识到消防工作的重要性,在校外研学中特意增加了一次消防演练活动。在这次活动中,学生不仅能够获得消防理论知识,还能够在模拟消防火灾屋内亲身体验模拟的"火灾"事故。在体验中学生的记忆会更加深刻,会更好地认识到消防知识的重要性,并且能够有效应用到现实生活中。

(四)集体性

研学旅行通过集体出行的方式展开,个人开展的活动不属于研学,只有以班级、年级乃至学校为单位进行,是共同体验、相互合作的集体性活动才是研学旅行。研学旅行是学期内开展的教学活动,法定节假日、周末、寒暑假开展的活动都不属于研学旅行范畴,夏令营、冬令营也不属于研学旅行。目前很多学校以社团、学生会的方式开展研学旅行,严格意义上来说,这些类型的活动并不是研学旅行。目前,国家已经出台了相关的研学旅行政策,鼓励开展研学旅行教学,适应学生发展需求。为了更好地开展研学旅行,需要以班级、年级或者学校为单位进行集体活动,并且在教学中通过教师的积极参与来保障学习效果。学生在教师的带领下一起开展学习互动,通过集体参与的方式来相互探讨问题,从而达到提升学习效果的目的。集体性特点决定了如果学生跟随自己的家长进行相关的旅游活动,就不能称为研学旅行,只能被称为是旅游活动或者亲子游。通过集体参与学生的能力可以更好地发挥出来,团队协作能力通过研学旅行得到更好的锻炼和强化。

团队分工与协作能够增强学生情感沟通和表达能力,团队会给孩子的心里带来快乐和爱的能量,注满成长的潜力,让孩子焕发出无穷的生命力。

(五)计划性

从课程性质看,中小学生研学旅行是由教育部门和学校有计划地组织安排,作为研究性学习和旅行体验相结合的校外教育活动,是学校教育和校外教育衔接的创新形式,是教育教学的重要内容,是综合实践育人的有效途径。研学旅行作为一门活动课程,课程具有组织性、计划性、可预见性,因此研学旅行也是有组织的、有计划的。研学旅行活动开展之前要做好充分的准备工作,例如研学旅行时间、明确研学旅行主题、对研学旅行线路进行规划、研学旅行活动开展方式等都需要进行设计,保证"活动有方案,行前有备案,应急有预案"。计划性意味着研学旅行能够按照事先规划的方案开展,与来一场说走就走的旅行有着明显的区别。中小学在开展研学旅行课程之前,通常会提前制定好课程内容,安排相关教育教学任务,确保实践教学功能能够得到贯彻落实。

例如某小学为了提升五年级学生农作物方面的知识,计划在当年的10月组织全校五年级学生前往农业种植园开展研学活动。为了达到这一目的,学校与研学机构共同制订了研学活动方案,计划按照研学方案开展此次研学活动。

（六）开放性

研学旅行是在开放校外开展的，在开放性的空间多元文化会直观呈现到学生面前，这对学生来说很多都是陌生的。研学旅行开放性不仅体现在空间上面，还体现在时间上面，学校可以根据实际情况在学期内自由安排研学活动时间，可以自主选择研学场地。研学旅行开放性要求学生必须要走出课堂、走出校园，深入学校之外的自然环境、人文环境中。面对开放的环境，要求学生要具有开放的心态，积极主动地开展学习，多角度思考问题，辩证地看待问题。研学旅行问题设计要具有开放性，避免封闭性问题引入带来的研学效果不佳的问题，让学生多思考、多参与、多尝试、多追问现象的本质。

研学旅行超越了校本教材、学校课堂的局限，向自然、生活和社会领域延伸，加强了学生与自然、社会的联系，因此研学旅行的内容必然具有开放性的特征。在不同的时间和空间里面所呈现出来的内容都有着一定的差异性，即使是同一研学内容也会有多种展现形式。在研学活动中，主题内容不一样，所要达到的目标也不尽相同，可以实现研学旅行广度和深度的无限延伸。在同样一次研学旅行中，由于学生个体经验的差异而趋向各自感兴趣的认知场域，从而为学生的个性发展提供了开放的空间。所以说，研学旅行使学生通过亲身投入自然和社会，能够宽广胸怀，丰富见识。

（七）课程性

研学旅行是一门综合实践教育课程，本质上是教育，这就意味着研学旅行课程要有明确的教学目标、具体的教学内容、严谨的教学实施过程和科学系统的教学评价体系。校外研学并不是将中小学生放在校外环境中放任不管，而是有针对性地制定教学内容，明确研学旅行主题。研学旅行设计要具有课程所要具备的各个要素，是中小学生必修课程，通过特定的课程教学所起到的教学效果会更好。各地学校从当地特色资源角度出发，有针对性地开展研学活动；研学机构根据学校需求设计对应的课程体系，通过课程安排来实现研学活动有序开展。

延伸阅读

九江·凯瑞基地课程案例简介[①]

走进田间地头，领略秋收乐趣，垂钓小龙虾。

（1）虾蟹怎么养？大规模的养殖区域又该如何管理？"龙头企业＋专业合作社＋农户＋市场"经营模式是什么？走进虾蟹养殖基地，观看"塘长"喂食，捕获大闸蟹、小龙虾，学习辨认公母蟹、捆绑螃蟹；向基地主管请教，了解何为"龙头企业＋专业合作社＋农户＋市场"经营模式、"五统一分"管理模式。通过学习，开拓学生们的视野，打破思维定式，走向创新。

（2）小龙虾垂钓比赛，自己制作钓竿，钓取龙虾。感受垂钓乐趣。培养学生的动手能力和团队合作意识。

（八）自主性

研学旅行作为一门课程，其实施和应用要在学生的自主参与下才能够完成。自主性是

[①] 案例来源于乐体研学旅行微信公众号。

学生作为主体属性的直接体现,要求学生能够有效地开展自我管理、自我学习、自我生活、自我成长,充分发掘自己的潜力。学生自主性主要体现在学习方法的选择和应用方面,在校外研学中做到乐于学习、善于反思、勤于动手,自主能力得到提升和强化。

任何类型的研学旅行活动都能激发学生的自主性,让学生在研学旅行中自主去发现和观察研学旅行中的一草一木、一山一水、一事一物、一情一景,学生学习的主动性和积极性才能被调动起来,才能让研学旅行变成成长路上最好的教育方式。长期以来的教学经验表明了被动式学习接受知识效果比较差,难以让学生保持持久的学习兴趣,无法激发学生的学习积极性和主动性。研学旅行中的自主性学习,可以让学生保持良好的状态,以更加积极饱满的状态投入学习中,从而获得深刻的记忆。实践证明,通过自主学习所能够起到的作用和效果会更加明显,学生技能的形成会更加持久。

(九) 地域性

教育部已经出台文件要求各个学校根据当地地域特色开展特色研学活动,建立"乡土乡情——县情市情——省情国情"层层递进的研学旅行活动课程体系。各地在教育部的引领下,对中小学研学旅行内容进行了详细规划设计,提出了具体要求,充分利用区域资源优势,建立具有地方特色的研学旅行课程体系,因此各地开展的研学具有一定的地域差异性。

九江·凯瑞研学教育基地位于江西省九江市彭泽县,是江西省第二批省级研学实践教育基地。凯瑞研学教育基地坐落于水资源丰富、水质优良的彭泽县太泊湖区域,位于彭泽县城的西部,更与龙宫洞、小孤山、石钟山、马垱炮台等名胜景点相距不远,距离彭泽县城18.1千米,距离南昌市214.4千米,距离九江市85.8千米,距离高速路口4.1千米,距离济广高速只有32.9千米,交通极其便利。凯瑞同时获得江西省科普小镇、江西科普示范基地、国家级现代农业产业园、国家级农村三产融合示范区、国家级稻渔综合种养示范区、国家3A级景区等称号。总占地5.6万亩(约3 733公顷)的基地内建有凯瑞生态旅游文化服务中心、智能化温室采摘观光园、虾蟹小镇、稻虾文化馆、农耕博物馆、虾蟹科技小院、果林长廊等设施,可同时容纳5 000人开展活动,适合广大青少年开展科普教育、研学实践、休闲观光、户外运动等各类活动[①]。

教育教学的最终目的在于提升学生的综合素养,人才培养工作的开展要在各级学校教育的参与下来实现,这就要求学校在开展日常教学的过程中,既要遵循学生的身心发展规律,同时也要符合国家人才培养目标。教学质量的提升要在学生的自身需求下进行,根据当期学生课本教学的实际内容,并且结合本地的地域特征性,有针对性地结合课本内容开展教学工作,从学生身边发现与课程相关内容,这样的教学方式所能够起到的作用更为明显有效。例如,结合《狼牙山五壮士》《没有共产党就没有新中国》等内容将河北省野三坡镇作为红色教育基地,这样就可以将课本内容与课外实践有效结合在一起,丰富学生的知识体系,改变单一的理论教育模式,丰富教学方法。实践与理论相结合的教学方式所起到的效果更为明显,学生的主动参与性可以充分调动起来,而且教学质量明显得到提升。实践发展已经表明了教学工作的开展应以质量提升作为根本标准,研学旅行的开展是在时代发展的基础上提出了新的教学实践方式方法,教师和学生都能够参与到研学旅行中,多种主体的积极参与,为教学质量提升创造了良好的条件。

---

① 来源于乐体营地微信公众号。

研学旅行的开展可以在一定的程度上起到拓宽学生视野的作用,日常课堂教育主要运用的是书本知识,对学生的自我发展和成长具有一定的局限性,学生自身的能力很难在这种教学背景下得到强化和提升,导致教学质量不高。即使在现代信息时代下,相关的问题也没有得到很好的解决。研学旅行是破解这一问题的有效方式,学校根据区域特色和学生的特点,并且结合到相应教学内容,组织学生通过集体旅行的方式将知识融入课堂教学中,在与学校教育情境不同的生活场景中学习的理性知识与感性知识的缝隙,实现间接经验与直接经验的有效结合,从而夯实知识的纹理,实现教学质量全面提升。

三、研学旅行目的

(一)领悟"创新、协调、绿色、开放、共享"五大发展理念内涵

实施研学旅行是贯彻落实党的十八大以及党的十八届五中全会精神的重要举措,让学生在感受时代的发展与变化中体会"创新、协调、绿色、开放、共享"五大发展理念的深刻内涵。改革开放40多年来,我国创新发展模式取得了伟大的成就;人地、人人、地区、部门、行业之间的协调发展带来共赢的良好局面;绿色发展理念下的地区更具有可持续力,绿水青山处处见;开放才能搞活,开放才能有发展的机会,固步自封必然如井底之蛙一般短视;共享发展成果与经验,相互学习并相互促进,先进带动落后,先富带动后富,中国人民的整体生活水平才能提高,老少边穷地区才能得到发展。开展研学旅行,能提供生动的证据与鲜活的素材,引导学生真切感受五大发展给我们带来的"喜"以及违背五大发展基本规律带来的"忧",帮助中小学生形成正确的比较思维,感悟社会发展的正确方向,树立参与社会、改造社会的志向。

(二)落实立德树人的根本任务

立德树人是党的教育方针的需要。培养什么人?如何培养人?历来是党和国家教育的根本问题。党的十八大以来,党中央要求全面贯彻党的教育方针,坚持教育为社会主义现代化建设服务,为人民服务,把立德树人作为教育的根本任务,培养德智体美劳全面发展的社会主义建设者和接班人,立德树人是党的教育方针的重大理论创新。在研学旅行活动中,能够培养学生良好的行为习惯,正确的思想认知,这也是贯彻党的教育方针的直接体现。

立德树人是素质教育的根本任务。素质教育的目的在于培养人的综合素质,其中最为根本的是德育。《左传》记载,人生最高的境界是立德有德、实现道德理想,其次是事业追求、建功立业,最后是有知识有思想、著书立说。立德是摆在第一位的,万事从做人开始。立德树人是从古至今教育共同遵循的理念,是实现素质教育的根本目的。

立德树人是基础教育改革的必然要求。立德树人是教育的根本任务,是全面贯彻党的教育方针的根本出发点和落脚点。虽然我国基础教育取得了举世瞩目的伟大成就,但是还存在着学生全面发展能力不足、素质教育推进困难等一系列的需要解决的问题。继续推进教育改革,实现立德树人根本教学目标,通过评价的导向、鉴定、诊断、改进等功能促进立德树人根本任务的落实。

立德树人是社会主义核心价值观教育的要求。中共中央办公厅印发的《关于培育和践行社会主义核心价值观的意见》明确指出:"坚持育人为本、德育为先,围绕立德树人的根本任务""把培育和践行社会主义核心价值观融入国民教育全过程。"在理论与实践的结合上,厘清"立德树人"与培育和践行社会主义核心价值观之间的内在关联性,加强青少年社会主义核心价值观教育,对全面贯彻党的教育方针,培养德智体美全面发展的社会主义建设者和

接班人,具有重要理论和实践意义。

四、研学旅行意义

研学旅行是由教育部门和学校有计划地组织安排的校外教学活动,开展研学旅行对促进中小学生全面发展,推动基础教育改革,促进经济社会发展有重要意义。

(一) 在国家层面有利于培养和践行社会主义核心价值观

研学旅行是贯彻国家重大方针政策的重要举措。为提高学生综合素质,国家出台了一系列政策措施,通过政策引导来达到提高中小学生德育的目标。自2016年以来,各级政府每年都会出台一系列的研学旅行方面的方针政策。研学旅行是贯彻落实国家政策的有效途径之一,通过针对性的研学旅行教育,可以为社会经济发展培养高素质人才。随着研学旅行活动的进一步推进,国内研学旅行市场规模不断扩大,研学旅行中的问题逐渐增多,研学旅行在发展的过程中需要国家方针政策作为指导,致力于服务现代社会经济发展。

研学旅行是推动基础教育改革发展的重要途径。时代发展对现代基础教育提出了新的要求,基础教育要适应时代带来的挑战,同时也要抓住发展机遇期。研学旅行活动遵循了中小学生身心发展规律,是教育规律的直接体现,将学习和动手实践合在一起,将传统的课堂教学和校外教育有效衔接,强调思考与实践相结合,达到知行合一,让学生在研学旅行中学会动脑动手,学会生存,学会生活,学会做人做事,促进身心健康。通过研学教育可以有效培养学生的社会责任感、创新精神和实践能力,是推动基础教育改革发展的重要途径。

研学旅行的目的是开拓孩子们的眼界,并通过开拓眼界,使孩子们的思维更开阔。课堂可以培养学生的思维,但仅有课堂是不够的,学生要走出课堂、走出学校、走向社会,要让学生了解世界、了解社会。通过实践研学,学生们细细品味那些穿越千年、历尽磨难保留下来的建筑,感受那些耐人寻味、感人至深的故事,经历劳动人民的惊人创造,体验不同的生活技能,学到从课本上学不到的知识,感受到师生、同学间的友爱,收获自我人格的成长和完善。

研学旅行是价值观教育的重要载体。中小学阶段是学生价值观养成的重要时期,科学引导至关重要,研学旅行活动的开展可以利用众多类型的资源,自然景观、文化遗产、科研基地、工业设施等都可以被开发出来用于研学旅行活动。每一种类型的研学旅行主题所能够展现出来的研学内容有着明显的差异性,同时这些研学旅行主题活动开展都具有教育教学的功能。依托众多研学资源,能够让中小学生在研学旅行中切实感受祖国的大好河山,近距离感受中华传统美德,感受改革开放取得的伟大成就,激发学生对党、对国家、对人民的热爱之情,增强对坚定"四个自信"的理解与认同,为实现"中国梦"贡献力量,是加强中小学德育、培育和践行社会主义核心价值观的重要载体。理查德·洛夫曾提到的一个术语——自然缺失症,指如果缺少在自然中探索、学习、体验的经历,孩子的感觉和知觉都会受到影响,容易变得肥胖、注意力紊乱、孤独、焦躁、易怒,在道德、审美、情感、智力成长中有所缺失。通过研学旅行,让孩子们开始学会心怀敬畏,敬畏生命、敬畏自然、敬畏世间万物。例如在研学中攀树代表的是勇敢与力量,自由与快乐。在和大树的亲密接触中,感受生命的动与静;在一步步向上的攀登中,体会拼搏的意义;在到达树顶时,享受成功的喜悦。

研学旅行是落实立德树人、全面育人教育目标的重要形式。立德树人教育目标需要通过特定的方式实现,研学旅行作为一种常见的形式具有不可替代的作用。各地积极探索开展研学旅行模式,对研学投入力度持续加大,研学旅行课程内容不断丰富,社会资源得到有效整合,保障机制逐步建立,在促进学生健康成长和全面发展方面发挥了重要作用,积累了有益经验,开展研学旅行活动能够更好地实现落实立德树人、全面育人教育目标。例如在工业研学中,学生能够近距离感受到工业化带来的巨大便利,激发学生的爱国热情,并且能够养成良好的行为习惯。

(二)在教育层面有利于培养核心素养

(1)有利于丰富学生经验。"读万卷书,行万里路",实践经验的习得需要切身实践。信息时代下社会万物瞬息万变,各种新的事物不断出现,课本上的知识更多的是呈现前人的知识理论经验,无法与现实日新月异的事物有效衔接。传统的课堂教育学生主要是通过课本获得知识,研学旅行具有形式丰富多样的特性,可设计空间非常大,能够紧跟时代发展步伐开展具有时代特色的研学活动。学生在研学旅行中通过多种渠道获取知识,能够丰富已知经验,补充课本内容的不足。

(2)有利于改变学习方式。研学旅行活动类型多元化,学生可以自主选择研学旅行主题,由被动地接受知识转变为主动获取经验,在开放性的环境中体验、学习,激发学生学习欲望。学生根据自己的观察和思考完成研学任务,书本知识在旅行中得以贯穿和强化,更好地培养学生的综合思维能力和探究能力。研学旅行能够转变传统意义上的学习方式,在开放的空间中可以为学生提供更加丰富多彩的学习内容,满足学生的好奇心和探索欲,激励学生自我发展,学会学习,健康生活,促进学生核心素养的提升。

(3)有利于创新精神的培养和实践能力的提高。培养创新型人才,激发学生的创新能力,是实现可持续发展战略的重要途径。在当前的研学旅行活动中通常会包含创新精神类型的主题活动,赋予学生敢为人先的精神,在线路设计中推行富有科教意义的文化战略,丰富的人文知识内涵将为学生的创新能力打下坚实基础。长期以来教育面临的一个重要问题是课堂教学与实践难以有效结合在一起,导致大多数学生的实践能力比较弱,而研学旅行强调的重点是自主实践技能,例如通过参加乡村田园采摘等实践研学活动,唤醒学生的学习热情,使学生自觉地参与实践活动。

每个现代中国人都应该了解一些中国古代传统文化,近年来,中国传统文化备受关注,无论是诗词歌赋、故宫国宝还是京剧戏曲,都已经成为时下的年轻人追逐的潮流,从《百家讲坛》的易中天教授到《中国诗词大会》的武亦姝,从《国家宝藏》的千年瑰宝到"火出圈"俏皮可人的《唐宫夜宴》的乐舞俑们,中华传统文化让国人从中增长了见识,灵魂变得充盈而有趣。

(三)在旅游层面有利于旅游转型升级

(1)促进旅游产业转型升级。研学旅行是精品旅游产业的重要组成部分,是推进文化和旅游产业融合、高质量发展的重要形式。当前旅游市场竞争日益激烈,一些景点景区经营遇到了挑战,在研学旅行快速发展的今天,一些景点景区积极转型,以满足现代研学为发展契机转变传统模式,实现产品创新优化。研学旅行正成为社会关注热点,有望成为产业投资的重点领域,也是进行旅游产业升级的一种重要形式。随着研学旅行的进一步发展,旅游产业深度和广度将会得到进一步推进。

(2)提高人民日常生活品质。随着人民生活水平的提高和学校办学条件的改善,研学旅行逐渐被提上教育教学的日程。研学旅行不能仅为了吸引学生以及家长眼球,单纯地以性价比来衡量项目的好坏，而应按照更高的标准建设更多高质量的研学旅行基地（营地）。传统的景区也在升级改造，这些措施对提高旅游服务质量，实现旅游多元化发展起到了推动作用，当地居民生活品质也会得到提升。为了更好地开展研学旅行活动，一些景区需要完善安全保障措施，营造安全的参观氛围，这些措施的应用都会在一定程度上提高游客体验感。

五、研学旅行原则

（一）教育性原则

研学旅行是一门综合实践课程，教育性是其突出的特点，在设计的过程中要充分结合学生身心特点、接受能力和实际需要，针对不同年龄段设计研学旅行课程，将学习研究和旅行体验有机结合在一起。教育性原则要求在设计研学旅行的过程中要体现出知识性、趣味性，以生动直观、形象有趣的方式实现现场操作体验，进而实现教育目标。研学旅行活动内容方面，要联系社会发展、联系学生生活实际、联系学科教学内容，推动中小学生自主、多样、可持续发展。例如在研学活动中要求学生注意语言文明，不讲脏话、不大声喧哗；注重行为文明，不追逐打闹、不损坏公共财物。

根据《国家中长期教育改革和发展规划纲要（2010—2020年）》和《中共中央关于全面深化改革若干重大问题的决定》要求以及中国教育现状，可以认为教育应当率先追求中国梦。中国梦是国家梦想、民族梦想，"教育梦"是中国梦的重要组成部分，实现"两个一百年"奋斗目标和中华民族伟大复兴的中国梦，教育是先导和基石，在从教育大国迈向教育强国的过程中，"教育梦"发挥着引领作用，教育任重而道远。

例如，某研学机构在研学活动中设计了独立小课堂环节。脱离父母独立生活，可以帮助孩子更好地了解自己和世界的关系，提早树立世界观，培养孩子的劳动意识，良好的时间管理能力，锻炼独立生活能力。营员进入营地，导师们会在各个环节引导营员们更加独立，制定小组契约及营地公约，包括制作个人物品清点记录表、共同探讨如何预防丢三落四以及如果遗失个人物品怎么办、如何处理人际关系、开展每日活动小结等。在确保安全健康的情况下，鼓励放手让孩子们去成长，从而充分调动主观能动性，培养独立思考力、判断力与解决问题的能力。①

（二）实践性原则

研学旅行要充分体现实践性，在真实的环境中引导学生亲近自然，了解社会发展，体验日常生活，接触各地文化，探知未知领域。研学旅行作为中小学必备课程，要体现出当地的地域特色，利用当地特色资源开展研学，引导学生走出校园，在日常生活环境中拓宽视野，真实体验，不断提升学习效率，丰富知识储备。

研学旅行是落实《基础教育课程改革纲要（试行）》的有力举措。新课改中要求在小学至高中阶段设置综合实践活动课程，以实践性为主导，力求在真实的场景开展研学实践。研究性学习、社区服务与社会实践以及劳动与技术教育、职业技术课程的教学要求是让学生走出课堂、走出学校，研学旅行可以有效完成这一教学任务。

例如，某研学旅行机构组织的一次研学活动，注重实践性，以实践活动来提升学生综合

---

① 案例来源于乐体研学旅行公众号。

素质。

（1）享受乐趣：基地（营地）是制造快乐的工厂。日间会提供多种多样的活动，其多样化设备、活动种类和玩伴都是在家庭乃至学校中难以获得的。夜间会举办全营参与的特殊活动，如体育联赛、嘉年华、篝火晚会等活动。

（2）提高体育、艺术和思维能力：基地（营地）给孩子们提供了良好的机会，既可以提高已掌握的技能，也可以向陌生领域挑战，学习新技能。

（3）学会独立：孩子们会变得外向，从某种程度上减少对父母的依赖。他们变得更喜欢独立探索新事物，更自信地独立设定、实现重要目标并解决问题。

（4）交朋友和发展社交技能：孩子们会学习更好地与他人相处，并获得独立解决新社交问题和挑战的自信。与以往的相关经验或者较高的智商相比，情商是成功的更好的预测指标。

（5）体验全新的自然环境：当下孩子们接触大自然的机会越来越少了，虚拟世界虽然有电子技术带来的诸多便利，但对很多孩子而言，它遮蔽了自然界的魅力。基地（营地）会提供富有创造力、娱乐性和教育性的野外集体生活体验，可以教会孩子尊重自然，培养他们对大自然的好奇心。①

（三）安全性原则

研学旅行必须坚持安全第一的原则。对中小学生来说，安全无小事，在外出研学的过程中，可能会遇到各种类型的安全问题，因此需要做好预防性工作，做到防患于未然。行前计划制订、行中行程实践、行后总结评价，各个环节都要以安全为首要任务，安全预防对策制订得越详细越好，研学旅行参与者和实施者要时刻树立安全意识，建立规范化的安全保障机制，对研学线路安全性进行全面评估，做到有备无患。在研学旅行活动开展之前，要对全体参与人员进行身体健康摸排，对身体不适者、不适合参加户外研学的学生要做好针对性的工作，避免这部分学生参加研学活动出现意外情况。为了更好地做好安全问题预防工作，活动前要准备前期预案和应急备案，活动中应该按照预案安排好足够的安全人员进行纪律维护，研学活动结束后，应评估安全问题并加以完善。每个环节中的安全问题都不能忽视，包括出行安全、食宿安全、研学环境安全以及自然因素安全。总之，要在各个环节做好安全工作，防患于未然，避免出现不必要的安全问题。在出行中也要做好安全工作，例如穿防滑鞋，为晕车的同学准备好晕车药，不吃三无食品、不吃不洁净的食物，坚持集体用餐，禁止饭馆买卖零食，禁止带手机等贵重物品。

（四）公益性原则

公益性原则是指不得开展以营利为目的的经营性创收，对贫困家庭学生要减免费用。研学旅行是现代中小学实践教育的重要构成部分，具有教育普惠性，是公益性的事业。组织研学活动的社会企业，要以实践教学为目的，为学生设置优惠性的政策，对开展研学活动的学生只收取成本费用，而且收费项目和标准要经过当地税务部门和物价部门核准。学校不得开展营利性的研学活动，要为学生参加研学活动提供便利条件，对一些家庭贫困的学生要给予帮助。各级政府要对本辖区内家庭困难的学生给予一定的补助，推广普及阶段要将研学旅行费用纳入公用专项经费之中。

---

① 案例来源于乐体研学旅行。

公益性活动,不是教育系统来承接(无法具备承担安全风险),也不是公益组织来承接,而是专门的第三方机构,专门做公益事件的机构来承接。这类公益性组织,往往专注于某一主题的公益活动组织,比如保护生态环境主题,保护野生动物主题等。针对某一类型主题,可以联系国内、国际的公益活动,寻找有针对中小学生,或者大学生参加的活动,也可以给一些贫困不发达地区的学校捐赠费用等。

任务二　研学旅行基础理论

一、体验式学习理论

体验式学习理论起源于英国,1982年心理学博士马丁·汤姆森在研究中发现通常情况下的学习活动超过100多种,为了达到更好的教学效果,需要对每个活动进行特定培训设计,让学生在真实环境中得到体验,进而激发学习潜能。目前体验式学习已经在全球范围内得到广泛使用。体验式学习是一种以学习者为中心的学习方式,这种学习方式将实践与反思结合在一起,只有这样才能够获得期望的知识、技能和态度。体验式学习紧密围绕特定的培训项目,将学习点转化为活动性的体验,在规定的时间内,学习团队必须完成相关任务,在体验活动开展的过程中要对发生的现象进行深入性的反思,领悟其中的原理并且应用到实践中。体验式学习理论具有以下特点。

(一)学习者的中心地位

任何知识的习得都要以学习者的主观主动接受为前提,如果在学习的过程中将学习者置于从属的地位,必然是一种错误的方式,会导致学习效果不佳。体验式学习要让学习者成为真正的主角,积极引导学习者自主学习,确保其位于中心地位,这样才能够激发学习者学习欲望,学习效果也会显著提升。

(二)在体验中学习

体验式学习的核心在于切实感知,通过特定的情境设定,学习者能够参与到活动中;通过特定的体验活动来实现知识获取,从实践中学习,从情境中感知。这种学习方式与传统的课堂教学截然不同,它改变了以往学习中师生关系,学生在学习中处于主体地位,教师起到引导的作用。

(三)体验式学习具有不确定性

传统教育教学中,学习内容通常由教师提前设计好,所要传达的知识或者技能是明确的,学习结果能够被提前预知。而体验式学习的过程中充满了不确定性,在全新的环境状态下,会发生新的事情,学生会在这种环境下形成新的想法,因此最终的学习过程和结果都具有不确定性。

(四)体验式学习注重过程

教学理念不同教学结果也会不一样,以往的教学理念注重的是学习结果,对学生的评价也是通过结果来衡量,对学习过程关注度不高。实践证明这种教学理念与时代发展已经难以相适应。体验式学习并没有设定特定的目标,关注的是学生的学习过程,对学生的评价也以过程性评价为主。

二、体验式学习发展历程

(一) 国外体验式学习

20世纪二三十年代,美国著名实用主义教育家杜威在研究中发现,学校教育中存在着关于关注间接经验的问题,而且教育的方法是"填鸭式"的被动学习,这种教学方式无法实现学生自我潜能激发。他认为传统的课堂教学更多的是将前人的知识通过教师进行传递,在学习中以教师为中心,学生处于从属的被动位置,对于学生社会活动的重要性认识不足。为了使学生能够获得终生难忘的知识,牢固掌握知识技能,学校教育中应该让学生有一些事情去做,而不是单纯地让学生在课堂中静听、静读。杜威是第一个提出体验式学习相关概念的人,他的体验式理论可以用"直接经验+反思"来概括。

杜威之后的人本主义代表罗杰斯认为,学习分为认知学习和体验式学习两种方式,体验式学习就是个性化地转变和成长,这种教育的优势在于能够满足学生的学习需求,激发学生学习愿望,体验式学习变成了"直接经验+情景体验"。体验式学习要具备四个典型的特征:个性化参与、学习动机内发、学习者的自我评价、对学习者产生渗透性影响。

库特·勒温是拓扑心理学创始人,他创立了群体动力理论,将体验式学习理论由教育学领域、心理学领域拓展到了社会学领域和培训领域中。他认为人的内在心理、外在行为取决于内部需要和外部环境相互作用,为了更好地测定人的内在心理和外在行为,必然要了解完成这一行为的内在心理力场和外在的心理力场的情境因素。一般来说,当人的需求没有得到满足时,就会产生内部力场张力,环境会起着导火线的作用,心理力场的理论公式:$B = f(P \cdot E)$,其中 B 代表行为,P 代表个人,E 代表环境,f 代表函数。之后,勒温及其后继者不断研究启发人们从内在的角度去思考观察,研究群体行为产生和发展的规律;要从群体成员间的关系乃至整个群体氛围中去把握群体行为变化的过程;使个体、群体、社会三位一体的关系得到逐渐认识;促进了小群体研究重点的转化;心理学与社会学之间架起了一座桥梁。基于这些研究出现了实验室培训法和培训小组,勒温及其后继者的研究被称为是20世纪最有潜力的教育创新之一。

瑞士发展心理学家和发生认识论者让·皮亚杰,认为教育是在特定的环境下实现的,他描述了经验中智力是如何形成的。皮亚杰认为经验、观念、反思和行动是构成人的基本连续发展思维的四个要素。从幼儿到成人期,思维的发展经历了从具体感知到抽象思维转变的过程以及从积极的自我中心到反思性的内化学习模式。学习的过程之所以能够发生和发展,是个体与环境相互作用的结果,这种作用会呈现出周而复始的状态。

美国社会心理学家大卫·库伯是体验式学习的集大成者,他总结了前人研究经验,于20世纪80年代提出了自己的观点——经验学习圈理论(Experiential Learning)。库伯认为经验学习的过程是由四个环节构成的,包含了具体经验、反思性观察、抽象概念化以及主动实践,四个环节构成了一个环形。具体经验是让学习者完全投入一种新的体验中;反思性观察是让学习者能够对经历的体验进行思考;抽象概念化是指学习者所要达到能理解所观察的内容的程度,并且吸收它们使之成为合乎逻辑的概念;到了主动实践阶段,学习者要验证这些概念并将它们运用到制订策略、解决问题中。

德国人库尔特·哈恩被称为"户外拓展之父",他希望创造一种环境,让人们不必通过真实的艰险、自我怀疑、厌倦、受嘲笑经历,就能领悟和发现真理,认识自己,了解别人。1941

年,哈恩在英国威尔士的阿德伯威成立了一所海上生存训练学校,利用一些自然资源和人工设施,让年轻海员尝试做一些富有心理挑战的项目和活动,以此来培养海员的坚定意志和强健的体魄,从而提升海员在恶劣环境下的生存能力。这是一所真正意义上的体验式培训学校,为日后拓展训练发展奠定了基础,学员在学校能够体验到海上、山谷、沙漠环境,在现实环境中得到生活体验。如今海上生存训练学校一直在发展,在发展的过程中始终秉承着哈恩的基本理念,就是在自然环境中获得挑战从而形成深刻的体验感,通过这种体验能够建立起对个人价值的实际认知,在认知体验中会通过小组的模式开展,小组成员能够相互帮助、相互协调,时刻认识到关系处于困境和危险中的人并提供力所能及的帮助。发展到今天,OB 国际组织下属的 Outward Bound School 已经遍布全球五大洲,共有 40 多所分校,亚洲地区新加坡最早建立了 OB 学校,此后中国香港、日本部分城市先后引进了体验式教育模式。

(二) 中国体验式学习

体验式学习起源于西方,我国在长期的发展中也有一些体验式学习理念和模式,例如孔子所说的:"不观高崖,何以知颠坠之患;不临深泉,何以知没溺之患;不观巨海,何以知风波之患。"还有宋代的朱熹所说的:"知之愈明,则行之愈笃;行之愈笃,则知之益明。"体验式学习作为一种理念在现实中得到了极大的应用和推广。历史上对体验式学习定义最为接近的是明代心学大师王阳明,他提出了"知行合一"的理念,倡导知识的学习要在结合实践的基础上才能够形成,知是知识,是习得,行是行为,是体验,在体验中学习,知识和实践二者相辅相成,互为统一。

国内真正意义上倡导体验式学习第一人的是陶行知先生,陶行知自幼有着教育救国的远大理想。赴美留学期间,陶行知向杜威、孟禄、克伯屈等美国教育家学习,研究深入教育,探索符合中国实际需求的教学方式方法。在杜威等人的影响下,陶行知先生在研究西方教育思想的基础之上,结合中国实际国情,提出了"生活即教育""社会即学校""教学做合一"等教育理论。这些理念是体验式学习方式的直接体现,是对中国传统教育的继承、创新和发展。1927 年,陶行知先生创办了晓庄实验乡村学习,将自己的教育理念应用到实践中。陶行知先生的教育理念与杜威等人教学理念既相同,也有着一定的差异性,他充分考虑了中国的实际情况,以中国人的特点为前提,对教学进行创新和改革,强调实践教育在教书育人中的重要性,为我国体验式学习提供了丰富而宝贵的经验。

20 世纪 90 年代初期,随着改革开放的推进,教育领域也发生了一些变化,当时在中央组织部培训中心工作的刘力在国外接触并了解了当时已经发展了几十年的体验式学习,在国内尝试通过管理培训中心培训项目的方式进行体验式学习实验,这是将体验式学习应用到国内的案例。1994 年,刘力创办了国内第一所专业的体验式培训机构——北京拓展训练学校,将体验式培训产品命名为拓展训练,还将拓展训练清晰地归入培训行业,以提升团队质量、激发个人潜力为核心目的。

从中国体验式学习发展看,在不同的时期众多教学者不断探索体验式学习教学方法,以提升学生的综合实践能力为目标,结合国情开展体验式教学实践活动,不断提升人才培养质量。近年来,国内体验式学习进入快速发展的阶段,新的理论和教学方法不断被应用到现实中,取得了意想不到的效果。

三、项目式学习理论

项目式学习(Project Based Learning)是一种动态的学习方法,利用项目式学习学生能够主动探索现实世界中遇到的问题和挑战,在这个过程中能够学习知识和技能。项目式学习是一种以学生为中心的教学方法,教师为学生提供一些关键所在,构建一个真实的环境,学生通过组建团队的方式在这个环境中解决一个开放式的问题,以此来实现学习目标。项目式学习过程并不关注学生是否可以通过一个既定的方法来解决问题,而是更加关注学生在试图解决问题的过程中所展现出来的技巧和能力。在这个过程中包含了如何获取知识,如何有效制订计划并且对项目进行全面有效控制,加强小组合作与沟通。

项目式学习实施的关键点在于,一是要有能够引发活动的问题和难题,二是要让学生主动创造出一个成果来回答问题或者解决问题。为了训练学生团队协作能力,项目式学习一般是在学习小组中进行,学生在这个小组中各自扮演不同的角色,而且角色不断变换,学生通过自己思考和推理来实现解决问题。通常情况下,项目式学习包含了七个构成部分:弄清概念、定义问题、头脑风暴、构建和假设、学习目标、独立学习和概括总结。在项目式学习中,学生处于主体位置,教师起到辅助性作用,对学生学习开展提供支持、建议和指导,以此来更好地帮助学生完成学习任务。在项目式学习中,要想实现学习效果提升,教师要帮助学生建立接受难题的自信心,鼓励学生参与,在必要的时候帮助学生理解问题。项目式学习需要更多的准备时间和材料来指导各个小组的学习。

美国中小学广泛采取项目式学习方法,极大锻炼了学生创造力、团队协作能力、动手能力、领导力、执行力。在项目的选择中帮助中小学生更为深入地面对和解决现实中遇到的问题,对于提升学生综合能力起到了不可替代的作用。在实施过程中,要分阶段进行课堂小组检测反馈,这样能够有效促进组内互助,提高学生课堂学习效率,引导学生根据实际生活中所遇到的问题,利用学习资源主动学习新的知识,并且将新知识应用到现实中,逐步提升学生自主学习的能力。

思考题

1. 周末小红在父母的带领下前往滕王阁游玩,在游玩的过程中,小红被滕王阁悠久的历史所吸引。小红此次滕王阁旅行是否属于研学旅行,为什么?

2. 五一假期即将到来,小乐所在的五年级三班 7 位同学想借助五一假期了解庐山历史文化和自然环境,于是小乐等七位同学协商好 5 月 1～3 日集体前往庐山开展此次活动。请问小乐等七位同学开展的庐山活动是否属于研学旅行,为什么?

3. 简述陶行知先生的生活即教育理论的主要观点,分析其理论对研学旅行课程的指导意义。

4. 简述罗杰思的人本教育理论的主要观点,分析其理论对研学旅行课程的指导意义。

5. 从学生发展核心素养的角度,谈一下实施研学旅行课程的重要意义。

6. 研学旅行与一般的观光旅行活动相比有哪些特点?

7. 研学旅行为什么是集体性的活动?

项目三　研学旅行发展现状及前景

> **项目概况**：掌握我国研学旅行发展现状，分析我国研学旅行发展中存在的问题，展望研学旅行发展前景。
> **学习目标**：掌握研学旅行发展趋势。
> **学习重点**：研学旅行发展中存在的问题。
> **学习难点**：研学旅行发展现状。

任务一　研学旅行发展现状

现阶段全国范围内，从事研学旅行相关的企业达到了1.3万家以上，2010—2019年的十年间，我国研学旅行企业注册数量逐年增加，2010—2015年五年间，年均注册量在220家左右，2016年之后，研学旅行企业注册量呈现出快速增强的趋势，尤其是2019年注册数量超过了6 000多家。国内研学旅行市场规模已经超过了200亿元，并且市场规模在不断扩大。

研学旅行在育人中作用不断得到强化，未来3~5年内研学旅行的学校参与率将迅速提升，市场总体规模将不断扩大。据2019年3月教育部教育发展研究中心研学旅行研究所发布的《全国中小学生研学旅行状况调查报告》显示，国内研学参与率呈显著增长态势，2017年全国学校参与率平均为37.62%，其中上海参与率最高，达到66.2%。从2017年到2018年，教育部在中央专项彩票公益金的支持下，在国家有关基地主管部门和各省级教育行政部门推荐基础上，经专家评议和营地实地核查及综合评定，分两批在全国遴选命名了621个研学实践教育基地和营地，构建起以营地为枢纽、基地为站点的全国研学实践教育体系，并建立了全国中小学生研学实践教育网络平台。

随着研学旅行市场不断扩容，从事研学旅行的企业数量也不断增加。截至2022年10月末，全国中小学生研学实践教育基地超过2 000个，全国中小学生研学实践教育营地超过500个，主要参与研学旅行业务的企业已达到3万多家。

全国中小学生研学实践教育营地2019年座谈研讨会中强调，研学实践教育是贯彻落实党中央国务院决策部署的重要举措，是教育部等11个部门共同推动落实的中小学生校外教育活动，是教育部和财政部利用中央专项彩票公益金联合组织实施的重点项目。会议明确，国家将进一步加大研学实践教育工作力度，在政策制定、经费保障、师资建设、标准研制、规范管理等方面加快工作推进。加强研学实践教育宣传力度，将育人效果好、社会影响大的好经验、好做法及时宣传报道,共同推动研学实践教育的可持续发展。

延伸阅读

中共中央办公厅、国务院办公厅:充分用好课后服务时间,开展科普、文体、劳动等活动。

2021年7月,中共中央办公厅、国务院办公厅在印发《关于进一步减轻义务教育阶段学生作业负担和校外培训负担的意见》的通知时,针对"提高课后服务质量"问题如此表示。

1. 科学利用课余时间

学校和家长要引导学生放学回家后完成剩余书面作业,进行必要的课业学习,从事力所能及的家务劳动,开展适宜的体育锻炼,开展阅读和文艺活动。

2. 拓展课后服务渠道

课后服务一般由本校教师承担,也可聘请退休教师、具备资质的社会专业人员或志愿者提供。充分利用社会资源,发挥好少年宫、青少年活动中心等校外活动场所在课后服务中的作用。

3. 合理利用校内外资源

鼓励有条件的学校在课余时间向学生提供兴趣类课后服务活动,供学生自主选择参加。课后服务不能满足部分学生发展兴趣特长等特殊需要的,可适当引进非学科类校外培训机构参与课后服务。

4. 纳入质量评价体系

地方各级党委和政府要树立正确政绩观,严禁下达升学指标或片面以升学率评价学校和教师。认真落实义务教育质量评价指南,将"双减"工作成效纳入县域和学校义务教育质量评价,把学生参加课后服务、校外培训及培训费用支出减少等情况作为重要评价内容。

《关于进一步减轻义务教育阶段学生作业负担和校外培训负担的意见》还指出,学科类培训机构一律不得上市融资,严禁资本化运作;上市公司不得通过股票市场融资投资学科类培训机构;外资不得通过兼并收购、受托经营、加盟连锁、利用可变利益实体等方式控股或参股学科类培训机构;已违规的机构,要进行清理整治。

5. 规范管理校外培训机构

2021年5月21日,习近平总书记主持召开了中央全面深化改革委员会第十九次会议,会议审议通过了《关于进一步减轻义务教育阶段学生作业负担和校外培训负担的意见》等内容。习近平总书记在会上强调,"义务教育是国民教育的重中之重,要全面贯彻党的教育方针,落实立德树人根本任务,充分发挥学校教书育人主体功能,强化线上线下校外培训机构规范管理。"

此次会议还指出"要鼓励支持学校开展各种课后育人活动,满足学生的多样化需求"。2021年6月7日至9日,习近平总书记在西宁进行考察,再次谈到校外培训问题时表示"学校不能把学生的课后时间全部推到社会上去"。

政策的发布,有利于切实提升学校育人水平、持续规范校外培训(包括线上培训和线下培训),能够有效减轻义务教育阶段学生过重作业负担和校外培训负担。

任务二　研学旅行发展存在的问题

一、课程建设相对薄弱

研学旅行是一门课程，具有教育功能。作为一门综合课程，研学旅行课程定位、教育教学目标不明确的问题比较突出，一些研学机构在组织研学活动的过程中，并没有根据学生身心特点和认知规律开发具有不同年龄段需求的研学课程，活动内容单一，形式大于内容的问题比较普遍，研学效果不佳。课程内容浅层化的现象比较常见，一些研学机构设计的研学旅行课程内容只是组织学生集体参观，走马观花式的研学内容占较大比重，没有将研究性学习和深度体验有机结合在一起。在教学组织形式方面缺乏校内外课程有效衔接，组织形式单一，没有形成跨学科的综合实践教学育人体系。对学生集体意识培养、问题解决能力锻炼都起不到应有的作用。

当前，很多旅游机构转型进入研学旅行市场，不少旅游公司从事开发研学产品的人员绝大多数是非教育类相关专业出身，这也使部分研学产品缺少应有的教育意义。面对研学旅行快速发展的风口，尤其是研学旅行相关政策落地催生市场份额增加，众多企业进入研学旅行市场，研学旅行服务、品牌的角逐更加激烈。市场玩家众多，旅行社、教育机构、咨询机构以及一些非营利组织都争相挤占研学市场，这些机构良莠不齐、高度分散、竞争激烈。很多从事研学旅行的机构并没有足够的能力开展研学旅行课程开发工作，更多的是借鉴已经成熟的课程，将这些课程进行调整之后变成本机构的课程。

二、管理服务等标准缺失

研学旅行具有公益性，《关于推进中小学生研学旅行的意见》已经发布实施多年，要求从事研学旅行的机构不能以营利为目的，现阶段还没有明确的收费标准，学校、基地（营地）是否可以收费、收费多少还没有明确的标准和依据。有关基地（营地）方面的管理标准目前也处于缺失状态，准入标准、运营管理制度、经费使用等方面还没有形成统一标准，即使一些被纳入基地（营地）的机构，在管理中小学生研学旅行方面也处于认识模糊的状态。从市场的发展看，很多中小学在开展研学活动的过程中通过委托旅行社的方式进行，而实施的过程中缺乏对旅行社的遴选，甚至一些没有资质的旅行社也会参与到研学旅行中，导致研学旅行效果大打折扣。

三、保障机制不够健全

安全无小事，小事见安全。研学旅行活动中要强调安全的重要性，安全是研学旅行的首要原则，研学旅行是集中性的，在活动中大量学生集体外出，饮食、住宿、交通等各个环节随时可能出现意外情况，因此要对各个环节进行全面的管控，形成一整套安全管理机制，避免意外情况出现，将安全管理保障细化到每一个环节，防患于未然。从经营保障费用方面看，中小学生研学旅行活动作为公益性的教育活动，任何参与者和实施者不能以营利为目的创造收益，从事研学旅行业务的机构需要一定的经济费用作为发展保障，现阶段针从事研学旅行业务机构的保障机制还在建设完善中。在发展的过程中处理好研学旅行公益性与基地

(营地)等参与机构的高品质发展是需要破解的难题。研学旅行保障机制涉及众多参与单位,任何一个环节出现问题都会影响研学旅行活动的顺利实施,现阶段很多保障机制工作有待完善和细化。

四、评价方式单一

传统课堂教学结束之后,教师会对学生的学习效果进行检验,通常采用考试的方式进行考核评价。评价的主要目的在于分析学生能否在学习过程中得到锻炼和提高,现代意义上的教学评价随着时代教学发展需求而不断改进和丰富,研学旅行课程也要做好评价工作。但是从目前研学旅行发展现状看,教学评价方式单一性的问题比较突出,与传统教学不同的是,研学旅行评价既要做好总结性评价,也要做好过程性评价。一些研学机构采用的评价方式是学生在研学旅行中能否学习到实践知识,主动结果性评价,认为将课本理论知识与研学旅行的实践知识融合在一起就可以起到良好的教学效果。这种评价方式的单一性非常明显,由于学生的接受能力和思考问题角度的差异性,在研学旅行所关注的重点有所区别,如果单纯凭借能否有效将知识融合在一起进行评价,显然一些学生的能力很难真正发挥出来。研学旅行的主要目的在于培养学生的综合能力和素质,研学旅行教学内容的选择和安排都要建立在实践教学需求基础之上,评价方式单一化,对学生能力无法准确衡量,学生学习积极性也难以有效发挥出来。

五、研学旅行目标不明确

教学活动具有目标性,研学旅行活动也具有自身的目标,主要目的在于通过研学实践教学来提升学生的综合能力,科学有效的研学旅行目标设计非常重要,是指引实践教学有效性的积极方式。从目前实施应用效果来看,存在着研学旅行目标不明确的问题,很多情况下研学旅行教学随意性比较大,一些学校在开展研学旅行的过程中,建立的活动缺乏标准和指引,一味地认为只要学生能够走出课堂就可以学习到实践知识,这种错误的思想观念直接导致了教学效果不佳。甚至存在着借助研学旅行的名义来开展集体旅游,研学旅行是将教育与旅游融入在一起,主要的目的是通过适当的旅游活动来实现学生能力的提升和思想认知的变化,改变长期以来课堂教学所形成的教学质量不高的问题,侧重点仍然在日常教学,认为研学旅行是一种单纯的旅游活动,缺乏相应的目标指引,在这种思想观念下所进行的研学旅行活动将会受到一定的影响,实际指导作用很难发挥出来。

六、研学人才缺乏

行业发展离不开人才,研学旅行活动需要大量的高素质专业人才,高素质研学导师队伍的建立对于提高研学旅行效果将会起到事半功倍的效果。国内真正意义上的研学旅行活动开展的时间比较晚,高素质研学旅行指导师人才缺乏的问题比较普遍。数据显示,2020年,全国共有义务教育阶段学校21.08万所,招生3440.19万人,在校生1.56亿人,高中阶段共有学校2.44万所,招生1504万人,在校生4127多万人。粗略估算,2020年全国中小学在校生数量约为2亿,当前每年参加研学旅行活动的学生数量虽然只有在校学生的一部分,但是所占比重逐年增加,参加研学旅行学生人数的增加,意味着研学旅行导师数量也要增长。研学旅行课程主要是通过在校教师的参与来实现,能够在一定程度上满足学生发展需求,在校教师在教学中有着丰富经验，但并不一定能够胜任校外研学活动，校外研学活动不仅涉及课程知识，也涵盖了衣食住行等环节，对研学老师的能力要求非常高。现阶段很多中小学教师对研学旅行的认知并不是非常深入，导致研学旅行开展受阻，需要对这部分教师进行专业化的培训。

一些旅行社开展研学旅行业务，安排导游人员从事研学工作，导游人员有着丰富的带团经验，对衣食住行各项工作非常熟悉，但是导游人员对中小学课程体系并不是非常清晰，难以胜任课程教学工作。缺乏专业研学旅行人才，导致一些优质的教学资源和教学方法难以真正发挥作用。研学人才缺乏将会持续一段时间，需要多方面的参与和改革，通过多种途径加强人才培养至关重要。一些地方旅游业发展相对滞后，尚未形成具有一定规模和影响力的旅行基地（营地），研学旅行基地（营地）尚为空白，亟须建设一批独具特色的研学旅行基地（营地）推动旅游业发展。

教师是保证研学旅行育人质量的关键因素，只有真正形成具有专业素养的研学教师团队，才能确保研学旅行育人效果。研学旅行课程活动实施开展需要在专业人员的参与下才能够完成。研学旅行师资培训还处于起步阶段，全国范围统一性的研学旅行师资培训是在2020年开始实施的第三批"1+X"职业技能证书培训，其中研学旅行策划与管理职业技能等级培训第一批在2020年年底才完成。从事研学旅行活动的专业师资队伍缺乏，在一定程度上导致了研学旅行课程质量不高，对学生综合技能培养达不到应有的要求。如何更为有效地提升研学旅行师资队伍水平，是当前研学旅行发展中亟待解决的现实问题。

七、没有做到以学生为主体

任何教学活动的开展都要建立在学生发展的需求基础之上，研学旅行要坚持以学生为主体。通过研学旅行不断提高学生的能力和素养。研学旅行活动开展的过程中，存在着研学旅行没有遵循学生发展需求的问题，一些学校为了完成教学任务盲目开展研学旅行，在相应的内容选择方面缺乏针对性，脱离实践现状的问题比较明显；一些研学机构设置的研学课程活动也没有做到以学生为主体。学生个性具有多样化，教师在日常的教学中要以学生为主体，做好学生需求分析。很多学校和教师并没有考虑到学生需求的实际情况，以学生为本的研学旅行方式没有建立起来。部分学校只是为了完成日常教学任务而开展研学旅行工作，这种错误的思想认知所带来的直接影响就是，虽然相关的研学旅行方式已经建立起来，但是实施效果并不是非常好，学生的需求无法在研学旅行中得到强化。一些研学机构并不具备开展研学旅行活动的资格，师资条件达不到要求，但是为了获取利益，盲目组织研学活动，导致研学质量不高。

八、组织安排不合理

组织学生集体外出活动安全保障要求高、经费筹集困难、组织协调难度大等因素，导致近年来部分中小学校组织学生外出春游、夏令营等传统外出集体活动日益减少，而新型研学旅行尚处于试点初期，有效性衔接存在困难。集体参与研学旅行是一个客观的现实条件，实践发展已经表明合理组织安全研学活动能够起到事半功倍的效果。在实施中，一些学校和教师对组织安排工作不熟悉，课程活动任务安排与研学主体关联度不高，研学时间过短等问题比较常见，很容易出现研学旅行开展不利的问题。即使开展了研学旅行，任务活动内容安排没有融入课堂教学中,实践与理论相互脱节的问题比较明显,既浪费了人力、物力,又浪费了资源,学生在这种安排下自身的能力很难得到提高,很可能造成知识传输的混乱,在教学中难以形成有效的合力。市场中,一些研学机构盲目追求规模效益,力求在短时间内接待大量参加研学旅行的学生,在组织安排方面不尽如人意,例如,某研学机构为了节约住宿成本,安排五、六名小学生住在一个标间,很容易出现管理混乱等问题。

任务三 研学旅行发展前景

研学旅行被纳入教学计划,中小学研学旅行逐渐成为刚需,未来3～5年研学旅行的学校渗透率会迅速提升,单以我国K12教育体系来看,目前我国幼儿园至十二年级阶段人口有1.8亿,其中研学、夏令营比例在5%左右,近1 000万人,研学业务每年增长速度超过100%,三年内适龄人口渗透度有望达到10%以上。

在一线城市,家长更看重研学项目的综合教育意义,关注研学组织的细节和流程,青睐深入的、沉浸式的文化和生活体验;注重目的地选择,错开像伦敦、纽约这样的大城市,选择国外的乡村生活式的游学项目;具有非一次性消费趋势,回购行为明显,低龄化趋势显现。在二、三线城市,家长更看重游学项目的功能性,聚焦在一些硬性指标上,如能去几个地方,参观多少景点,进行多少名校探访等,更多地会选择前往大城市。

从行业发展角度来看,研学机构需要一定的相关专业人才作为支撑保障,现阶段主要是以旅行社为主的企业,通过导游人员开展研学旅行活动,人才专业性比较薄弱,无法真正意义上从事研学旅行活动。未来几年,不断增长的适龄青少年人口将为研学旅行和营地教育发展带来巨大市场需求,2019年之后,我国3～16岁人群规模持续增长,整体规模将保持在2.3亿人以上,如图3-1所示。

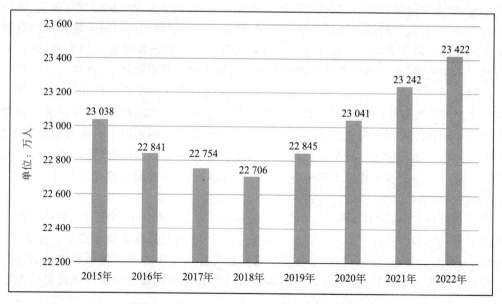

图3-1 2015—2022年3～16岁人口数量及预测

作为旅游市场的一个分支,研学旅行占据了非常重要的地位,虽然国内研学旅行发展较晚,但是发展非常迅速。未来5年,我国研学旅行的市场规模可以达到千亿元级别,市场空间巨大。面对庞大的市场规模和发展潜力,众多旅行组织、教育中介组织以及不同的社会组织纷纷介入研学旅行市场。庞大的人口数量需要专业的研学旅行人才作为支撑保障。研学旅行人才紧缺的局面会得到缓解,保守来说,全国研学旅行指导师人才缺口在20万人以上,开设应用型研学旅行管理与服务专业实为急切之举,意义重大。随着行业发展越来越规范化,从事研学旅行工作的人员要具备研学旅行策划与管理职业技能等级证书。

从人才培养角度来看,2019年教育部批准设立研学旅行管理与服务专业,该专业2020年全国首届招生。"1+X"研学旅行策划与管理(EEPM)职业技能等级证书目前申报人数将近18万。截至2021年,全国共有81所高职院校招生该专业。最近两年研学旅行人才专业化培养趋势越发明显,研学旅行服务与管理专业成为2021年全国高职院校新增专业排行榜靠前的位置,如表3-1所示。

表3-1 研学旅行管理与服务专业开设院校数量　　　　　　　　　　单位:所

2020年开设院校数量	2021年开设院校数量	新增数量
33	81	48

从近两年的数据统计来看,研学旅行服务与管理专业招生数量不断增长,例如,2021年郑州旅游职业学院招收2个班共80名学生;浙江旅游职业学院招收2个班共80名学生;江西旅游商贸职业学院研学专业招收2个班共87名学生;三峡旅游职业技术学院招收2个班共96名学生;杭州科技职业技术学院招收2个班共100名学生;湄洲湾职业技术学院2020年招收2个班共93人,2021年招生100余人[①]。

除高职院校开设研学旅行管理与服务专业之外,专业硕士教育也在开展这样专业领域方向人才培养探索,例如华南师范大学旅游管理学院旅游管理专业硕士(MTA)2022招生简章中标明:专业型旅游管理(MTA)共分为四个方向,包括研学旅行与旅游教育创新、款待业运营与服务管理、旅游目的地规划与运营管理、会展经济与管理,其中,研学旅行与旅游教育创新为新增设的招生方向。专业人才培养能够为研学旅行发展提供充足的人才,随着人才培养模式不断完善,我国研学旅行高素质人才队伍将会建设得更加科学、合理。

从政策角度来说,2021年7月24日,中共中央办公厅、国务院办公厅印发《关于进一步减轻义务教育阶段学生作业负担和校外培训负担的意见》。"双减政策"将使许多专业教培机构把重心由课程培训转向研学业务,进而产生"鲶鱼效应",倒逼整个行业实现升级,对研学旅行行业产生深远影响。研学旅行活动可以增强青少年身心健康水平,是现代教育的重要组成部分。在消费多元化以及需求升级的时代背景下,研学旅行将会呈现出多元化、立体化、创新化的发展趋势。

从研学旅行发展趋势看,研学旅行基地、营地硬件要求不断提升,高品质、高质量的大型综合性基地(营地)(1 000~2 000人以上)在很长一段时间内都将是稀缺资源。稳定的、高素质的、大批量的基地(营地)导师以及研学旅行指导师人才培养及管理将给基地(营地)从业者提出新挑战。中国特色的、本地化的基地(营地)教育课程和研学旅行课程仍然需要进

---

① 数据来源:研学猫微信公众号。

一步研究、完善。千人以上的基地（营地）运营将是常态，高素质的管理人才将是稀缺资源，基地（营地）产品消费将趋于理性。普惠地、质优价平地基地（营地）课程产品将成为常态需求，高端精品特色基地（营地）课程产品相对于平价基地（营地）产品将趋于小众。

思考题

1. 你对中国研学旅行发展的现状如何看待？依据是什么？

2. 青少年健康教育离不开研学旅行活动，各地结合本地实际情况积极开展各具特色的研学旅行活动，但是国内研学旅行发展还存在着一些难以解决的问题，当前影响中国的研学旅行行业发展制约因素是什么？

3. 研学旅行在青少年教育中起到了重要作用，请你结合所学知识分析一下中国研学旅行市场发展前景。

项目四　研学旅行与人的全面发展

> **项目概况**：研学旅行与人的全面发展，研学旅行与德育、研学旅行与智育、研学旅行与体育、研学旅行与美育、研学旅行与劳动教育。
> **学习目标**：了解研学旅行与人的全面发展的关系。
> **学习重点**：研学旅行与德育、研学旅行与智育、研学旅行与体育、研学旅行与美育、研学旅行与劳动教育的内在关联性。
> **学习难点**：如何通过研学旅行实现学生全面发展。

任务一　研学旅行与人的全面发展关系

马克思对人的全面发展进行了详细论述，他指出了人的全面发展的条件、手段和途径。马克思强调，人的发展受到客观因素的影响，不是由人们随意设计、随意规定的，是由客观社会生活环境等决定的，其中最为主要的是物质生产条件，个人只能在客观条件所提供的可能的范围内得到发展。研学旅行是落实素质教育发展战略的重要举措，能够促进学生全面发展。随着"双减"政策的落地，"研学旅行"成为热词之一，教育部等多部门也出台相关政策，积极鼓励中小学研学旅行的发展。研学旅行作为青少年爱国主义和革命传统教育、国情教育的重要载体，已经纳入中小学生日常教育。随着研学市场的深入发展，研学旅行产品将会变得更加丰富。现代研学紧跟时代发展步伐，将学生兴趣爱好与研学旅行产品充分结合，具有一定的实用性，既改变了当前研学旅行产品单一现状，又构建了丰富的研学产品体系，丰富研学旅行课程思政教学资源。

一、传承优秀传统文化，培育国家情怀

读万卷书，行万里路。从义务教育到高等教育，只有实践才能够出真知。中华民族优秀传统文化的传播离不开教育，研学旅行能够将中华民族在长期生活中形成的民族精神、核心价值观、文化艺术等优秀传统文化引入育人过程。研学旅行能够以具有实践性的特征，在活动开展中营造并且提供社会生活文化环境，传播中华民族优秀传统文化，充分发挥研学铸魂育人功能，让参加研学旅行的中小学生能够进入各种类型的文化情境中，并通过亲身体验经历文化现象，在潜移默化的文化陶冶中习得生存技能、生活技能、文化感知，进而实现价值认知提升，树立文化自信，实现文化育人。我国拥有类型众多的研学旅行资源，各地文化、艺术、文物、教育等部门在场馆建设、空间营造、藏品收集和专题展览时，可以发挥宣传推广的

作用,吸引更多的青少年参观体验这些场馆,将学校教育小课堂转变为社会教育大课堂。中小学生在这些地方能够学习知识、感受科技、感悟文明,从小树立文化自信,感受文化之美。以研立德,以研启智是新时代中小学研学旅行的直接写照。体验性和探究性的崭新方式改变了以往理论灌输和闭门读书的传统方式,通过动态生成的文化传承、体验与创新过程传播优秀传统文化。研学旅行是一种以实践为纽带,将人与生活、世界联系起来的实践性活动,研学旅行的目标、内容、实施、评价在实践中不断变化、生成、发展,学生面对的是鲜活的社会、文化、生活、世界。在研学旅行活动开展中,进一步活化传统文化传递方式,因地制宜地将各地资源转化成研学内容,丰富研学的主题和形式,实现中华优秀传统文化与现代研学旅行课程的无缝连接,学生通过现场参观、考察探究、亲身体验等途径,发现、理解、感悟具有丰富内涵的中华优秀传统文化世界。

家国情怀、国家认同和人类命运共同体意识的养成是一个循序渐进的过程,通过研学旅行让学生走出学校,与祖国的秀美山川对话,欣赏中华传统优秀文化,让中华精神文明渗透到灵魂里。在中小学教育教学中,除了日常课堂教学活动之外,研学旅行是一种非常有效的手段。习近平总书记指出,要以培养担当民族复兴大任的时代新人为着眼点,强化教育引导、实践养成、制度保障,发挥社会主义核心价值观对国民教育、精神文明创建、精神文化产品创作生产传播的引领作用,把社会主义核心价值观融入社会发展各方面,转化为人们的情感认同和行为习惯。新时代研学旅行要学习和传承中华民族五千年文化演化进程中积累的优秀传统文化,传承红色血脉,弘扬红色文化,学习传承民族复兴和人民幸福中国梦的社会主义先进文化。新时代的中国青年要以实现中华民族伟大复兴为己任,不负时代,不负韶华,不断增强做中国人的志气,不负党和人民的希望。这一目标的实现,需要中小学生不断努力学习,在研学旅行中建构大视野、大情怀、大格局。

二、促进人的全面发展

教育的本质在于实现人的全面发展,人的全面发展是人类社会千百年来的理想和追求。春秋时期,孔子提出了要培养"士",所培养出来的"士"要具备"志于道"的品质。在儒家学说中"大学之道"为"在明明德,在亲民,在止于至善",这是一个人所具备的完美品格。在马克思主义关于人的全面发展的思想中,人的全面发展既表现为人的劳动能力、人的体力和智力的全面发展,又表现为人的个性才能和志趣的全面发展,而且是这些方面广泛、充分、自由地发展。教育是推动和实现人的全面发展的重要途径,推动人的全面发展是社会主义教育的本质要求,也只有在社会主义和共产主义制度下,才能真正实现人全面而自由的发展。只有通过社会主义教育,才能实现人的智力和体力的统一,精神劳动、物质劳动和享受的统一,生存和发展的统一,使人的潜能和天资、兴趣和才能得到应有的充分发展,使人的身心、精神、才能、个性全面而丰富地发展,实现"人以一种全面的方式,就是说,作为一个总体的人,占有自己的全面的本质。"研学旅行作为一门课程在中小学生全面发展中积极作用非常明显。

我国各种类型的研学旅行资源众多,充分利用多种多样的研学资源,传承中华优秀传统文化,让中小学生能够在研学旅行中感悟文化之美,增加文化自信,培育中小学生的家国情怀,持续提升国民的综合素质。叶圣陶在《学会读书》写道:"读书忌死读,死读钻牛角。善读未写书,不守图书馆。天地阅览室,万物皆书卷。"人的发展不是片面的是全面的,从人的全面发展出发,一切有正向指导意义的皆可研学。从城市到乡村、从学校到工厂、从戏剧场到菜市场,祖国大地每一寸土地、每一秒时光,都可以成为研学旅行的场景。学校可以根据学校区域特色、学生年龄特点和各学科教学内容需要,精心设计推出非遗民俗、爱国主义教育、农耕文化等多条研学游精品线路。各种类型主题的中小学研学旅行在具体实施中不是机械地完成预设的研学计划方案,而是呈现出持续性、递进性、动态性特征,更好地引导学生在研学的过程中不断观察、发现、体验、创新、提升。

2021年5月,中央全面深化改革委员会第十九次会议审议通过了《关于进一步减轻义务教育阶段学生作业负担和校外培训负担的意见》,并在教育部成立校外教育培训监管司对培训和补习进行限制和规范。培养全面发展的人作为党的教育方针的重要内容,始终被置于重要的位置,指引着我国教育事业的发展方向,保障了整个教育事业的健康发展。研学旅行充分利用当代文化、教育资源,让中小学生可以自然而然地融入到本地的品质生活,并有更多机会与本地人交往和互动。研学旅行的核心是培养学生的社会责任感、创新精神和动手能力,是要对传统教育方式变革。在研学旅行中学生不仅在课堂上学,更要走出课堂学,从现实社会当中发现问题研究问题。

任务二　研学旅行与德育

一、德育及目标

德育,即品德教育的简称,是以人生活的意义及规范的内在建构和外在体现为根本旨要,对人的品德给予多方面教化培养的各种教育活动的总称,它具有广义和狭义之分。狭义的德育仅指道德教育;广义的德育,除道德教育外,还包括涉及人成长生活的其他品德内容,如思想教育、政治教育、法制教育、生命教育、人格教育和心理品质教育等。

学校德育的根本使命在于,使人在社会生活规范和社会生活意义上形成和体现健康稳定的理念及言行操守,包括具有健康积极的人生态度和意义追求,具有自我更新、自主提升的能力,具有为国家富强和人民富裕而努力奋斗的献身精神;具有不断追求新知、实事求是、勇于创造的科学精神,成为具有良好社会公德、文明行为习惯的遵纪守法的好公民。加强德育教育要在品德修养上做好工作,教育引导学生要形成社会主义核心价值观,踏踏实实修好品德,成为有大爱大德大情怀的人,成为一个真正有为于社会发展的人。

二、实施德育的基本内容与原则

(一)德育基本内容

德育包含的内容非常多,如理想信念教育、社会主义核心价值观教育、革命传统和中华优秀传统文化教育、法治精神教育、生态文明教育、心理健康教育等。归根结底德育教育关系到应该培养什么样的人的根本问题,关系到社会未来发展。

> **延伸阅读**
>
> 习近平总书记在全国教育大会上发表重要讲话,从党和国家事业发展全局出发,突出强调了加强党的领导对做好教育工作的极端重要性,对加强党对教育工作的全面领导提出了

明确要求,为加快推进教育现代化、建设教育强国、办好人民满意的教育指明了正确的政治方向、提供了根本遵循。

加强党的领导是做好教育工作的根本保证。党的十八大以来,我国教育事业发展之所以取得显著成就,最根本的就是,在以习近平同志为核心的党中央坚强领导下,党对教育事业的全面领导得到有力贯彻,党对教育工作的领导得到全面加强。要做好当前和今后一个时期的教育工作,就必须以习近平新时代中国特色社会主义思想为指导,全面贯彻党的教育方针,坚持马克思主义指导地位,坚持中国特色社会主义教育发展道路,坚持社会主义办学方向,把党对教育事业的全面领导贯彻好、落实好。

坚持党对教育事业的全面领导,首先是思想政治领导。马克思主义是我们立党立国的根本指导思想,必须始终坚持马克思主义的指导地位,把思想政治工作贯穿学校教育管理的全过程,使教育领域成为坚持党的领导的坚强阵地。立德树人关系党的事业后继有人,关系国家前途命运,必须把培养社会主义建设者和接班人作为根本任务,培养一代又一代拥护中国共产党领导和我国社会主义制度、立志为中国特色社会主义奋斗终身的有用人才。我们办的是社会主义教育,必须坚持教育为人民服务、为中国共产党治国理政服务、为巩固和发展中国特色社会主义制度服务、为改革开放和社会主义现代化建设服务,始终做到为党育人,为国育才。教育部门和各级各类学校的党组织要增强"四个意识"、坚定"四个自信"、做到"两个维护",坚定不移维护党中央权威和集中统一领导,自觉在政治立场、政治方向、政治原则、政治道路上同党中央保持高度一致。①

(二)研学旅行中实施德育基本原则

随着研学旅行的深入推进,德育既是研学旅行课程教育的重要内容,也是确保研学旅行活动能够顺利开展的关键,在研学旅行中实施德育要坚持以下原则。

1. 社会主义原则

教育的社会主义原则,坚持以马克思列宁主义、毛泽东思想、邓小平理论、"三个代表"重要思想、科学发展观、习近平新时代中国特色社会主义思想为指导。国家制定教育发展规划,各级政府是办学的最重要主体;各级各类学校必须接受国家的管理和监督;教育活动必须符合国家和社会公共利益,举办学校不得以营利为目的;教师应忠诚于人民的教育事业,教师的劳动应受到全社会尊重;整个社会和公民负有通过一定方式支持教育的义务;教育与宗教相分离。研学旅行中的德育要以社会主义原则为前提,致力于为我国社会主义现代化建设培养高素质人才。

2. 知行统一原则

"纸上得来终觉浅,绝知此事要躬行。"认识事物的道理与实行其事,是密不可分的,研学旅行强调的是理论知识与实践应用的有机融合,强化实践动手能力,让学生在真实的环境中得到能力提升。知行合一一直是道德教育的终极目标之一。道德教育最主要的方式就是让孩子参与到实践活动中,在实践的过程中不仅能帮助孩子树立正确的道德价值观,还能让孩子的道德修养得到提升,让孩子能充分认识到正能量的道德价值观的意义。

---

① 《人民日报》评论员.坚持党对教育事业的全面领导[N].人民日报,2018-09-18(002).DOI:10.28655/n.cnki.nrmrb.2018.008935.

例如，在蔬菜产业园研学中，蔬菜产业园内蔬果种植展示了单层水培、多层水培、框架式多层果菜、鱼菜共生、廊架栽培等多种栽培模式和水肥一体化技术、自动控制系统等新技术，展现了设施农业、生态农业、观光农业等新业态的发展。学生能够将所学的农业知识与实践结合在一起，改变了以往的单纯理论知识教育和学习所带来的弊端。

3. 从实际出发原则

不同年龄层次的学生认知能力存在着一定的差异性，在研学旅行德育中需要做到有针对性。例如，道德教育的目的之一，是培养学生爱护生态，与自然和谐共处的坚定信念，即培养学生的环保道德意识。学生在履行自身环境道德义务时总会遇到很多困难，有时甚至还要以牺牲自身利益为前提。培养孩子把主观上坚定的环境道德意识作为支撑，在研学旅行过程中督促学生们积极参与到课程任务中。养成学生在未来的学习生活中有意识地培养自己的道德意志，让孩子在情绪、思维方式、人际关系、判断力、道德认知等方面能有自己的处事原则。小学阶段的研学一般以两天左右的课程为主，中学阶段的研学通常为3~5天。课程时间长短要结合不同年龄层次的学生的实际情况，避免过度教育。

4. 集体与个别教育相结合原则

研学旅行是集体性的教育活动，通过教育的方式来达到实现学生全面发展，提升学生团队协作能力的目的。在研学旅行教学中要强化集体教育的重要性，同时也要针对不同学生的实际情况进行个别教育，将集体教育与个别教育结合在一起。利用研学旅行中的榜样进行德育渗透、德育传播，无疑是最快速、最有效的方式。研学旅行的旅游路线一般都围绕着红色革命圣地或名人故居进行选择，这些旅游地具有绝佳的榜样教育作用。通过研学旅行，一方面可以加强学生的道德认同感，另一方面也可以增强学生的道德判断力。

5. 坚持正面教育原则

在研学旅行过程中，不仅会涉及一些积极的、正面的榜样形象，同时也会遇到一些反面的、消极的不道德现象。学生可以从正面的榜样中获得积极的力量，这种正能量会对他们产生一种积极的影响，并内化为学生自身的道德感受，既可以加强学生内心的道德体验，也可以陶冶他们的道德情感；对于那些消极的、反面的不道德现象，可以有针对性地进行剖析辩论，以增强学生辨别道德是非的能力，从而帮助他们建立正确的道德观。因此在研学旅行中进行德育渗透是非常必要的，它不仅能够帮助学生辩证认识社会中的道德现象，还可以提高他们的道德觉悟和思想水平。

处于中小学阶段的学生价值观还处于未完善阶段，知识结构、认知能力都还未成熟，对不良事物的识别能力比较差。在开展研学旅行的过程中要将积极的德育因素融入其中，克服消极因素带来的不良影响。

6. 遵循教育规律性原则

德国教育家博尔诺夫指出教育不仅具有连续性，还具有非连续性。博尔诺夫提出的非连续性教育思想使我们认识到人发展过程中的非连续性，认识到存在于人的生活中的非连续成分所具有的根本性意义以及教育的有限性和可能性。这使我们必须改变传统的连续发展的乐观想法，也使我们的教育更加现实。与人的非连续性成分相对应，必然产生教育的非连续性形式。非连续性教育包括危机教育、遭遇教育、号召与唤醒等形式。研学旅行德育教学中，既要发挥教育连续性的作用，同时也要充分应用非连续性形式。

（三）实施德育的常用方法

（1）说服教育法。说服教育是非常古老的一种方法，教师通过摆事实、讲道理，以理服人，从提高学生认识、形成正确观点入手帮助学生形成良好的品德。说服教育的方式主要有语言说服和事实说服。例如，学生有乱丢垃圾的不良行为，教师用乱丢垃圾造成的环境污染的问题来进行说服教育，让学生养成良好的行为习惯。

（2）情感陶冶法。情感陶冶法是教师利用高尚的情感、美好的事物和优美的环境感染和熏陶学生的方法。情感陶冶法强调对受教育者进行耳濡目染、潜移默化的影响，使受教育者在认识上和情感上逐渐完善。情感陶冶能够起到"于无声之处教育学生"的作用。情感陶冶包括人格感化、环境陶冶和艺术陶冶等，例如，校园墙壁上挂有科学家、艺术家、文学家以及伟人的画像和名言，就是利用环境熏陶感染学生。

（3）榜样示范法。用榜样人物的高尚思想、模范行为、优异成就来影响学生的思想、情感和行为的方法。教师的榜样力量巨大，应做到以身作则，发挥示范引领作用。教师要有理想信念、道德情操、仁爱之心、扎实的学识。示范的榜样一定是正面积极的具体榜样，可以是家长和教师、同学、英雄人物、革命领袖、历史伟人和文艺形象。负面消极的榜样会产生反面作用，对学生德育是非常不利的。榜样示范法强调学生向正面积极的榜样学习而提升自身的道德修养。

（4）实际锻炼法。教师指导学生参加各种实践活动，以形成一定的道德品质和行为习惯的方法。实践活动法强调要培养学生在德育方面知行统一，表里如一，让学生在实践活动中得到锻炼，进而提升品德水平。例如，清明节学校组织学生去烈士陵园扫墓，就是利用扫墓这种实践活动让学生珍惜今天的幸福生活，努力学习。

（5）品德评价法。通过对学生品德进行肯定或否定的评价，予以激励或抑制，促使其品德健康形成和发展。它包括奖励、惩罚、评比和操行评定。品德评价法强调学生表现出好的行为时通过奖励和表扬使其继续保持；学生表现出消极行为或犯错时，通过否定批评甚至惩罚去抑制，但要注意的是不能体罚。例如，小明拾金不昧，老师在班会上表扬小明，并将小明的名字贴在明星墙上以示奖励。

（6）自我教育法。教师指导学生自觉主动地进行学习、自我反省，以实现思想转化及行为控制。品德修养法的关键点在于强调自我教育，自我约束。例如，鼓励学生用写座右铭的方式自我激励。

落实立德树人根本任务，是培养和践行良好道德品行，塑造生命、塑造心灵、塑造人"育才造士，为国之本"。青少年阶段是人生的"拔节孕穗期"，最需要精心引导和栽培。坚持用习近平新时代中国特色社会主义思想铸魂育人，着力于推动思政课改革创新，引导学生增强"四个自信"，把爱国情、强国志、报国行自觉融入坚持和发展中国特色社会主义事业、建设社会主义现代化强国、实现中华民族伟大复兴的奋斗之中，我们就一定能培养好德智体美劳全面发展的社会主义建设者和接班人。

延伸阅读

2020德安隆平学校"树立国防意识，传承八一精神"研学实践活动

2020年11月13日江西省德安县隆平学校四年级321名学子参加了学校组织的以"树

立国防意识,传承八一精神"为主题的南昌一日研学活动。本次活动意在让学生走出课堂,走进南昌舰——为海军战斗力建设做出了不可磨灭的贡献的南昌号驱逐舰。学生们走进军事主题公园,参观空军装备展示区、陆军装备展示区等景点,观赏武器装备,激发民族自豪感和爱国主义精神。此次活动有助于全面推进爱国主义教育和生态文明教育,加强学生的理想信念教育,激发学生的斗志,树立伟大理想,培养爱国、爱党、爱社会主义的情感,培养具有强烈生态环保意识和良好生态文明习惯的社会主义合格接班人。

2016年9月,征战34年的南昌舰光荣退役,被移交至南昌市,之后便作为国防教育以及爱国主义教育基地,停泊在赣江之畔。南昌舰是我国自行研制的第一代导弹驱逐舰,舷号"163",1982年"入伍",2016年告别万里海疆,服役34年,累计航程17万余海里。曾开启南海曾母暗沙"第一锚",并多次圆满完成战备巡逻、军事演习等重大任务。在此次研学中,同学们统一化身成为护旗手,作为十四亿分之一,同学们用饱满的精神,崇高的敬意,在国旗下宣誓,在横幅上签名。通过这种形式的教育,帮助同学们牢记爱国主义精神,增强文化自信。同学们整齐统一的动作,在烈日下显得格外引人注目。

任务三　研学旅行与智育

一、智育及目标

智育是在教育活动中指导师有计划、有组织并系统地向学生传递科学文化知识和技能,发展学生智力,培养其创新精神和实践能力的社会活动。加强智育,要在增长知识见识上下功夫,教育引导学生珍惜学习时光,心无旁骛的求知问学,增长见识,丰富学识,沿着求真理、悟道理、明事理的方向前进。

二、实施智育的基本内容与原则

(一)智育基本内容

研学旅行中的智育基本内容为培养学生掌握适应时代发展需要的基础知识和基本技能,养成良好的问题意识和理性思维能力,能够自主学习,学会获取信息,并且能够对信息进行判断和处理。除了传授知识和培养学生对追求知识的兴趣外,要注重对以下几种能力的培养:包括自我学习的能力,独立思考和价值判断的能力,表达和沟通能力,还有如何进行有效的,得体的人际交往以及团队合作精神,更高一些还有组织和领导能力等。

(二)实施智育的基本原则

1. 坚持知行合一

知行合一是自古以来教育教学所秉承的基本原则,是通过体验式学习及富有创造性的户外活动,开启探索和发现的旅程,涵盖了校外教育、教育旅游、亲子体验、社会实践、主题营地、户外拓展、自然科考等领域。这些研学活动的开展无不体现了理论和实践的有机结合,在实践中检验理论,将理论和实践结合在一起,激发学生兴趣。

2. 人文与科学相结合

研学旅行活动开展具有多样性,不同的内容都可以纳入研学活动中。既有人文方面的内容,也有科学知识方面的内容,形式多种多样,开展的教育教学方法也非常多元化。例如,在"非遗"文化研学中,学生能够近距离感知工匠艺人所具有的独特品质,认识到工匠精神的重要性,人文情怀非常深远;在科学小实验的研学活动中,学生能够掌握最基本的科学知识。

3. 动手与动脑相结合

研学是一种校外活动,通过研学旅行课程,学生能够实现理论知识和实践知识的有机结合。例如,开展城乡结合劳动教育活动,让城市学生来到农村,通过认识农具、开展田间劳动、考察农村垃圾分类、入住农村家庭体验乡村新变化、开展摘菜养鸡、生火做饭、做特色美食、招待客人、挖番薯、摘水果、野炊等丰富的劳动体验,感受新农村发展的魅力。通过实践活动,引导学生思考劳动的意义,更自觉地节约粮食。

4. 保持良好的师生关系

研学旅行中学生是主体,教师处于主导地位。教师在研学活动开展之前、之中设计一些任务,让学生自主完成这些任务。在完成任务的过程中,老师不要过多地干预学生,要让学生的自主性充分发挥出来。例如,在新四军纪念馆主题研学中,带领学生们亲身参观馆内展览,让他们穿上小红军的衣服,给大家娓娓道来新四军的故事,然后开展一个"新四军我懂您"的活动,让大家一起来说一说对新四军的了解;邀请抗战老兵来给学生们讲一讲他们的故事,让大家感同身受,学习新四军精神,并且以此来让大家知道战争年代的艰苦,珍惜现在来之不易的幸福生活。

5. 在传承中创新

我国拥有悠久的历史文化和大量的文化遗产,为了更好地继承我国优秀传统文化,让更多的青少年学生了解这些传统文化,在研学旅行中让学生认识、了解我国优秀传统文化,可以借助现代互联网技术让其在传承中创新。例如,在博物馆研学中,学生能够了解某一文化的历史与变迁;听非遗传承人讲述传统文化背后的历史与文化,并亲手制作等。在传承的过程中,学生能够亲自体验,并且将最新的元素应用到其中。

(三)实施智育的主要方法

1. 重视研学课程化设计

智育教学目标的实现离不开科学的研学课程设计,每一次研学活动都要在特定的主题下实现和完成。作为研学旅行指导教师要掌握研学课程所包含的基本内容,例如研学知识、研学方法、研学价值,同时还包括活动目标、研学时长、学科链接、研学时间/季节、研学地点、教学流程、破冰游戏、成果展示、总结复盘等。研学课程内容要丰富,教学方法要灵活多样,过程要充实,最终成效才能够明显。

2. 坚持学生在研学中的主体地位

研学旅行是以中小学生为主体对象,以集体旅行生活为载体,以提升学生素质为教学目的,依托旅游吸引物等社会资源,进行体验式教育和研究性学习的一种教育旅游活动。在理论的指导下设计研学教学活动,凸显学生参与教学的主动性、过程性与创造性,张扬学生的个性,促进学生的自主发展和素质的全面提高,使学生真正成为课堂的主人。

3. 强化实践锻炼

读万卷书,不如行万里路,只有实践才能出真知,技能才能锻炼人,学生能力的提升要在综合技能下才能够实现。在研学中多设计一些实践动手环节,让学生在实践中应用知识,对自身所学知识进行强化。很多研学机构在组织研学旅行活动的过程中无不例外都会将体验内容融入其中，通过实践锻炼来强化学生的认知，在实践中检验真知。

> **延伸阅读**
>
> **科创思维研学**
>
> 把学习带到现实中，让孩子们用自己的力量创造改变，可以直接提升他们的幸福感和竞争力。这是"全球孩童创意行动"的发起人——Kiran Sethi 在 TED 演讲时说的一句话。孩子们的兴趣有别，他们不一定非得要发明创造和改变世界，但在互联网越来越发达的今天，以"用户需求"为中心的思维模式，在未来任何一个行业，都将不可或缺。可是如何赢得用户呢？创新与设计必不可少！通过一系列创新性的游戏和活动，给孩子们一个发现自己，敢于创造的机会，也给孩子结识志同道合的小伙伴搭建平台，一起让天马行空的想象和五彩斑斓的梦想扎根，全都融进自己的创新设计，为孩子树立强大的自信心。科创思维的构成要素如图 4-1 所示。

设计思维能力	创意孵化与科技探索
● 设计思维全流程体验； ● 将创新的触角伸向众学科； ● 将想法转化为创新设计模型。	● 采用创客教学模式； ● 创意五步教学法； ● 团队头脑风暴与实践相结合。
同理心与沟通能力	**前瞻性及解决问题的能力**
● 小组合作式学习讨论，更包容； ● 掌握沟通表达技巧； ● 团队合作能力与演讲能力提升。	● 站在未来看现在的思维方式； ● 实践与动手能力系统提升； ● 社会创新，与众不同的成长。

图 4-1 科创思维构成要素

> 科技探索工作坊——科技思维＋创意制造：VR 编程、VR 眼镜制作、VR 体验、机器人搭建、花样机器人、四驱车、3D 打印、机甲王者竞技、无人机表演……在工业设计小镇创客空间，孩子们将体验当下最新创客技术，在亲身的接触和学习中，了解前沿科技和美学设计。
>
> 设计实践工作坊——艺术创造＋博物馆创意＋文创设计：每座城市都浓缩了一段文明发展的历史，营员们通过触摸和脚步去了解它的故事，去感受随时间变化，它的变迁。通过博物馆参观与创客手工结合，打开自己，联结自然和他人，将个体内在和外在开发出来。
>
> 兴趣挖掘工作坊——兴趣选择＋多元拓展：兴趣是一种能够激发人们强烈欲望的倾向，这种欲望能够让注意力分散的孩子无条件全身心投入学习中。我们将开设手工制作、花艺体验、烘焙制作和魔法实验等兴趣单元。孩子在做感兴趣的事情时，会获得加倍的快乐和潜能激发。

户外挑战工作坊——团队协作＋户外运动：包括经典美式营地项目，如九宫格、飞盘、夺旗橄榄球等。通过户外运动，提高孩子的身体素质、培养孩子团队合作能力。

Part 1：3D 机甲王者竞技设计。

这里有机甲速斗角逐比赛，用 3D 打印笔给自己的机甲设计盾牌，用编程技术给自己的机甲赋予灵魂，在了解 3D 打印技术的同时，感受前沿科技发展魅力，用趣味竞技 PK 培养创新设计思维。

Part 2：VR 编程＋VR 眼镜制作＋VR 体验。

借助 VR Editor 教学引擎强大的创造力，创造自己的虚拟世界，将 VR 与人工智能编程教育相结合，颠覆传统编程教育方式，提升空间想象力；通过 VR 眼镜制作与 VR 体验，沉浸式、直观式的体验虚拟世界。

Part 3：机器人搭建。

这里有充满无穷创意的机器人设计展，在这里可以操控自己拼装的机器人进行一场刺激的足球比赛，在动手玩乐中学习机械工程、传感器技术、人工智能等诸多领域知识，激发创造意识、提升思维广度。

Part 4：四驱车。

自己动手拼装改造迷你四驱车，让它在赛道中竞速飞驰，在速度与激情中了解四驱车的历史，学习动力学、空气学、材料学等各类知识，体悟设计与创新过程。

Part 5：KEVA 搭建。

通过观察万物、思考万物，用木条去解析和搭建它们最本质的构成，并创造性地设计木艺作品，用 STEAM 创客教育培养逻辑大脑。

Part 6：创客手工。

用一块神奇的木板，动手设计啄木鸟、中国龙、泡泡机等作品，设计专属 LOGO，装上电子配件，让自己制作的艺术作品动起来、活起来，在玩乐中激发想象力。

Part 7：花艺制作、烘焙制作。

在学习插花、压花工艺的过程中，制作属于自己的花艺作品；学习法式西点、私房西点制作工艺，亲手制作面包、曲奇饼干等香甜可口的小点心，融合色彩美学，陶冶情操，提升审美。

Part 8：珠宝胸针、非遗皮影。

制作珠宝胸针，学习皮影的历史、制作技巧，亲手制作属于自己的皮影，在零距离感知皮影非遗文化的过程中，培养动手能力及创造能力。

Part 9：包豪斯设计博物馆、非遗设计博物馆。

包豪斯设计博物馆展示了胶片摄像机、收音机、家具、打字机、电视机等具有时代意义的优秀设计作品，通过看设计学习设计理念；非遗设计博物馆展示了一些著名的非物质文化遗产共十四大类，上百个设计展品，学习非物质文化遗产的概念。

Part 10：经典营会活动。

极限飞盘、九宫格、夺旗橄榄球、夏日水枪大战、魔法实验、营光晚会、电影 Night、无人机表演、纸飞机创意大赛、营地奥运会，燃爆整个夏天。

在研学活动中设计独立小课堂。脱离父母独立生活，可以帮助孩子更好地了解自己和世界的关系，提早树立世界观，培养孩子的劳动意识，良好的时间管理能力，锻炼独立生活能力。营员进入营地，导师们会在各个环节引导营员们更加独立，制定小组契约及营地公约，包括制作《个人物品清点记录表》、共同探讨:如何预防丢三落四、如果遗失个人物品怎么办、如何处理人际关系、每日活动小结等。在安全健康的情况下,鼓励放手让孩子们去成长,从而充分调动主观能动性,培养独立思考力、判断力与解决问题的能力。

任务四　研学旅行与体育

体育是人类社会发展中,根据生产和生活的需要,遵循人体身心的发展规律,以身体练习为手段,为增强学生体质,学习体育知识、技能和锻炼意志品质而进行的一种有目的、有计划、有组织的教育活动。体育的目标是树立健康第一的教育理念,帮助学生在体育锻炼中享受乐趣、增强体质、健全人格、锤炼意志。

一、体育基本内容

义务教育阶段体育的主要目的在于增强体能,提高身体素质。体能、体质是衡量一个人健康的重要标准,是影响人生活品质的重要因素。体能具体内容包括肺活量、速度、力量等。通过体育教学能够让学生掌握运动的技能,养成良好的运动习惯,促进思想、品德、智力、审美和劳动能力的全面健康发展。在体育教学中弘扬中华体育精神,推动运动文化建设。

二、实施体育的基本原则

(一) 健康第一

中小学生体质健康不仅关系到学生自身,还关系到国家的未来发展,体质健康管理已经纳入地方教育行政部门和学校的评价考核体系。近年来中小学生体质健康状况总体呈现"逐步提升"的趋势,优良率由2016年的26.5%上升至2022年的33%,上升了6.5个百分点,各学段学生超重和肥胖比例、视力不良率比例呈逐年下降趋势。但是青少年体质不佳的问题依旧突出,四分之一的城市男生是"小胖墩",近视率初中接近六成,高中生为七成六,大学生高达八成三。肺活量、速度、力量等体能素质持续下降。要想实现青少年身心健康发展,要在体育上面下功夫,秉承健康第一原则。

(二) 身心全面发展

《国务院办公厅关于强化学校体育促进学生身心健康全面发展的意见》(2016)提出:"全面贯彻落实党的十八大以来习近平总书记系列重要讲话精神,全面贯彻党的教育方针,按照《国家中长期教育改革和发展规划纲要(2010—2020年)》的要求,以'天天锻炼、健康成长、终身受益'为目标,改革创新体制机制,全面提升体育教育质量,健全学生人格品质,切实发挥体育在培育和践行社会主义核心价值观、推进素质教育中的综合作用,培养德智体美全面发展的社会主义建设者和接班人。"孩子们可以通过参加不同的体育活动,获得智力和身心的全面发展。

(三) 兴趣培养与技能引导

体育教学具有一定的规律性,研学旅行中的体育教学也要遵循教育和体育规律,以兴趣为引导,注重因材施教和快乐参与,重视运动技能培养,逐步提高运动水平,为学生养成终身体育锻炼习惯奠定基础。借助研学旅行课程,培养学生的体育兴趣,相关体育技能在体育活动中可以得到提升。

(四)集体活动与竞赛活动

研学旅行课程面向的是全体学生,体育活动面向的也是全体学生,广泛开展普及性体育活动,有序开展课余训练和运动竞赛,积极培养体育后备人才,大力营造校园体育文化,全面提高学生体育素养。在研学旅行指导师的指导下,学生能够积极开展体育活动,实现群体活动与运动竞赛相协调。

三、实施体育常用方法

(一)讲授法

作为研学旅行课程的重要环节,体育教学内容要科学、组织要严密,在活动开始之前,研学旅行指导师要进行全面、详细地讲授,通过正确的讲解,让学生认识到体育锻炼的重要性,激发学生参加研学旅行体育活动的兴趣和积极性。

(二)演示法

很多中小学生并不具备基本的体育锻炼知识,研学旅行课程中融入体育内容。在安全第一的原则下,组织研学旅行活动的专业人员要开展体育活动之前的演示工作,演示过程要清晰、内容要完整,尽可能地让学生了解得更加全面。通过演示能够让学生更加清晰地认识到所要开展的体育内容,提前做好心理和身体上的准备。

(三)训练教学法

研学旅行课程中的体育活动实施要在安全原则下开展,科学把握身体训练中的运动负荷因素,符合运动技能形成规律,符合研学的科学任务要求,与培养动脑、动口、动手的实际操作能力相结合,注意培养学生自主学习能力。研学旅行是一项长期的教育工作,作为研学旅行指导师,要结合不同年级学生身心特点,制定行之有效的训练教学法,采取循序渐进的方式进行引导,让学生在体育锻炼中不断磨炼意志力。

延伸阅读

户外运动是青少年最佳的成长方式,是重要的成长体验。基地(营地)给青少年们提供了丰富的新奇户外运动,让青少年自主地进行思考、学习和行动,让青少年见识多样的世界。

欧洲最酷冷兵器——攻防箭作战暑期登陆营地:它是力量、对抗、合作于一体的综合轻奢运动。包含战争游戏的紧张和躲避球的刺激,以独特的弓和泡沫箭,为青少年们带来刺激和兴奋。

旱地冰壶——集高尔夫绅士与象棋的智慧于一体:树立良好的世界观和价值观,增强自信心。

攀岩运动——一项集健身、娱乐和竞技于一体的深受学生们欢迎的运动项目:做攀岩运动,学生们需要强健的身体,坚韧不拔的意志以及一些必需的攀岩技巧。攀岩运动不仅可以强化四肢肌肉的耐力,增加身体柔韧度,还能培养参与者遇到困难时思想沉着冷静、建立个人勇气自信的心理素质。

在这面岩壁上,留下了每个学生义无反顾地每一次的挪动,留下了同学们为自己和伙伴们每一次努力的喝彩。面对岩壁渴望征服,但更重要的是我们在其中的坚持与努力中所感悟到的真谛。

任务五　研学旅行与美育

美育是以艺术形式为载体传递美的教育,引导学生养成审美意识、表达和创造美的能力。加强美育,要全面加强和改进学校美育,坚持以美育人、以文化人,提高学生审美和人文素养。美育是审美教育,美育作为青少年教育十分重要的组成部分,其根本目的是人格的养成、灵魂的塑造。美育关乎孩子的快乐幸福,通过春风化雨的美育工作,让孩子成长为有信念、有情怀、有担当的人,收获更加丰富和饱满的人生。

一、美育基本内容

美育基本内容包括:自然美、艺术美和社会美。

(1) 自然美是事物的自然属性,研学旅行中所看到的山川、湖泊、江河等都是自然美事物,自然美的本质特征,在于它是人的本质力量在自然事物中的感性显现,是自然性与社会性的统一。

(2) 艺术美是人类在发展的过程中创造出来的,例如,郑板桥画竹子,他观察、体验竹子的形象始于"园中之竹、眼中之竹",艺术构思孕育了"胸中之竹",而磨砚展纸,落笔倏作变相最后完成了"手中之竹",可见竹子的形象自始至终伴随画竹的全过程。艺术家不仅在创作过程中从不脱离生动具体的形象,其创造的成果艺术品,更需展现具体可感的艺术形象,并以其强烈的艺术感染力去打动每一个欣赏者。艺术欣赏的过程也要通过对艺术形象的感情来引发对作品中情境、意境的体味。艺术品、艺术体操、艺术语言,都可以满足人的审美需要。

(3) 社会美体现自由自觉的积极力量的社会活动、社会事物和社会现象。社会美直接体现了人的自由创造,是一种积极的肯定的生活形象。无论是一座宏伟的建筑,还是修建这座建筑时的壮丽的劳动场面,或是一个工人钻研某一技术革新的神态。这些形象都体现了人的自由创造,和真善美紧密联系着。平常所说的"心灵美""精神美""性格美""内在美"都是强调美的内容,即人的内在品质、性格等。比如雨果小说《巴黎圣母院》里丑陋的敲钟人卡西莫多,因其拥有一颗善良的心灵,所以在人类真善美的画廊里,有他的不朽身姿。

二、实施美育的基本原则

(一) 坚持育人为本

坚持"以人为本,育人为本"的原则,将审美的理念渗透进各个学科、生活的方方面面中,培养孩子良好的审美感觉和表现美、创造美的能力,使他们最终成为拥有较高审美趣味、审美品格的人。研学旅行的魅力是室内教育无法替代的。好的研学旅行,在每个项目环节上都会精心设计,让孩子们在实践中有效地提高各方面的拓展能力。在研学中要充分体现美育的原则,让学生在活动中感知各种美,养成良好的美德。

（二）坚持因地制宜

"美育要高度重视思想和价值观的培育，以美育人、以文化人、立德树人，坚定文化自信、增强文化自觉，把社会主义核心价值观融入学校美育的各方面、各环节。"针对不同的学生开展不同层次的美育工作非常必要。各地在开展研学旅行课程活动时要结合本地特色，可以以戏曲、书法、篆刻、剪纸等中华优秀传统文化艺术为重点，形成本地本校的特色和传统。在美育教学中任何学校和教师不得组织学生参加以营利为目的的艺术竞赛活动，严禁任何部门和中小学校组织学生参与商业性艺术活动或商业性庆典活动。

（三）坚持改革创新

美育关乎国家民族的未来，需要从学校教育到社会教育、家庭教育的整体美育环境和美育共识。研学旅行课程中的美育要坚持改革创新，互联网时代，美育教育不必再局限于校园、课堂等场所，联入"云端"可以进一步拓展美育的内涵与外延，让每个学生都能享有接受高质量美育学习的机会。用艺术之美，传递爱国情怀，见证峥嵘时代，是新时代的教育新命题，更需要有关部门"对题作答"，且"答出新意"。

三、实施美育常用方法

（一）引导学生发现美

在美育活动中受教育者是真正的审美主体，研学中提高学生审美能力的前提就是教师在日常教学中进行美育渗透，强调运用美育素材激发受教育者的感情，引导他们进入审美境界做深入的情感体验，最终陶冶他们的感情。教师对学生进行审美教育的前提就是让学生主动介入寻找并发现社会实践活动中的美育素材。我国幅员辽阔，各种类型的研学资源非常丰富，从北疆的林海雪原到南海的天涯海角，从东部的森林花海到西部的戈壁沙漠，处处都是胜境，这些都是研学旅行中的美育素材。通过研学旅行活动，让学生欣赏美，唤起学生爱国爱乡之情。

（二）教会学生欣赏美

人们对美的感受不是自然产生的，需要后天的教育和培养，现实中很多学生缺乏欣赏美的能力，培养学生审美能力是教学工作的一部分。在研学中，抓住一切美育素材适时进行美育渗透。例如，在研学中欣赏旅游景观时就时时处处可以进行美育渗透。学生美好情感的培养、高尚情操的树立不是一蹴而就的，而是需要老师在"润物细无声"中"潜移默化"地完成人格塑造。只要坚持不懈地进行审美教育，学生的审美水平就会不断得到提高。

（三）激发学生创造美

人是自然美的欣赏者，更是人文美的创造者。研学就是要引导学生用自己的眼睛观察社会，用自己的思考探究社会，用自己的心灵感受社会，实现学思结合、知行统一。积极创造和利用这些美育素材，把学生的感受引向深入，让学生拥有一颗感受美的心、鉴赏美的眼、表现美的口、创造美的手，做一个德智体美劳全面发展的人，充分展现"实践育人"的强大功能。

> **延伸阅读**

"品读唐诗宋词，感知临川文化"研学实践活动

2020年10月28~29日，江西省共青城市中学初一272名同学参加了学校组织的以"品

读唐诗宋词,感知临川文化"为主题的研学实践活动。本次活动让学生走出课堂,观察、思考、解析抚州的人文地貌,感知"才子之乡"文化的丰富内涵;学习革命精神,传承革命传统,努力学习,沿着红色的革命道路为实现伟大的中国梦而奋斗;体验传统戏曲文化,品读临川才子文化、忠孝文化、民俗文化等;锻炼学生人际交往、思维拓展、自我探究、自我完善、团队协作的能力。

通过了解汤显祖艺术文化,看、听昆曲,感受传统文化的风雅古韵,激发学生对传统文化的兴趣。游四梦村,感受汤显祖巨著《临川四梦》的情韵意境。

在农耕博物馆,感受抚州历史文化、民居文化、根雕文化、民间瑰藏之精华。

在中国古锁博物馆探寻锁文化艺术之美。中国古锁具有深刻的文化内涵,不仅是作为实用的日常用具。漫长时间的沉淀给这些古锁覆上了神秘的色彩,"咔嚓"一声,揭开的是尘封的历史。

文艺晚会上,学生们载歌载舞,沉浸在天与地之间,自由地呐喊,展示自己的才艺,尽情享受夜晚,享受同学们的掌声与欢呼。

任务六 研学旅行与劳动教育

劳动教育是相对于系统的文化知识学习之外,有目的、有计划地组织学生参加日常生活劳动、生产劳动和服务性劳动,让学生动手实践、出力流汗,接受锻炼、磨炼意志,帮助学生树立正确劳动价值观和良好的劳动品质。加强劳育,要在学生中弘扬劳动精神,教育引导学生崇尚劳动、尊重劳动,懂得劳动最光荣、劳动最崇高、劳动最伟大、劳动最美丽的道理,长大后能够辛勤劳动、诚实劳动、创造性劳动。劳动教育虽然包括劳动技能学习、调节紧张学习生活等功能,但其最核心、最本质的价值目标却只能是培育学生尊重劳动的价值观,培育受教育者对劳动的内在热情与劳动创造的积极性等劳动素养。后者为本,前者为用,劳动教育在实践上切不可本末倒置。学校劳动教育的种种畸变不是忘记了劳动教育的本质,就是将核心目标与一般功能混为一谈,值得广大教育工作者警醒。

一、劳动教育基本内容

中共中央、国务院《关于全面加强新时代大中小学劳动教育的意见》中指出:要将劳动教育纳入大中小学生人才培养的全过程。在基础教育阶段,所对应的劳动教育应该以一些简单的家务劳动为主,主要锻炼学生的动手能力以及综合素质。而在高等教育阶段,劳动教育不再仅仅停留在简单的体力劳动层面,还应该扩展、深入职业型劳动教育、脑力型劳动教育等复合型教育方式上。研学旅行作为育人方式改革的重要途径,应自觉地将劳动教育纳入研学旅行活动中,利用区域资源优势,有效地开展劳动教育。

二、实施劳动教育的基本原则

(一)坚持劳动育人

勤劳是中华民族优秀传统美德,作为青少年一代要继承和发扬这一优秀品德。通过劳动教育能够让学生学习到必要的劳动知识和技能，帮助学生形成健全的人格和素养，把握劳动教育的体验式原则，充分发挥实践活动的教育功能，让学生能够在实践活动中增强劳动感受，养成劳动习惯。

据北京教育科学研究院基础教育科学研究所的报告显示：美国小学生平均每天的劳动时间为 1.2 小时，韩国为 0.7 小时，法国为 0.6 小时，英国为 0.5 小时，而我国小学生平均每天的劳动时间只有 12 分钟。受到多种因素的影响，国内很多中小学生缺乏劳动的意识和能力，劳动教育缺失的问题比较严重。家长请家政公司周五到学校帮孩子打扫完成值日任务，大学新生报到时家长不惜高价请家政人员来宿舍打扫卫生等"花钱买劳动"的新闻层出不穷。中共中央、国务院印发《关于全面加强新时代大中小学劳动教育的意见》就全面贯彻党的教育方针，加强大中小学劳动教育进行了系统设计和全面部署，对中小学劳动教育提出了新的要求，强调劳动教育是社会主义教育制度的重要内容，把劳动教育纳入人才培养全过程，贯通大中小学各学段。

（二）遵循教育规律

教育是一个循序渐进的过程，在研学中开展劳动教育，要遵循教育规律，以服务学生为核心，积极开展多元化教学。通过专题化劳动教育所能够起到的作用和效果会更好。劳动教育是一个持续的过程，通过一次劳动不能实现学生养成良好的劳动素养。借助研学旅行课程活动，让学生认识到劳动教育的价值和意义，树立参加劳动教育的正确意识，同时在学校教育、家庭教育的配合下能够养成良好的劳动习惯。研学旅行课程中的劳动教育类型多样，例如家庭内务、宿舍内务、营养膳食、垃圾分类、志愿者服务、安全知识、传统文化、农业技术、工业技术、生活技巧等专题都可以纳入研学旅行课程中。

（三）坚持因地制宜

劳动教育会受到地理环境的影响，例如云贵高原海拔较高就不适宜一些平原劳动教育内容开展；四川盆地地势低洼；东北三省冬天天气较冷；沿海地区较为潮湿。因此，每个地方在开展劳动教育时要考虑本地的实际情况，不能忽视其民族特点与地域特性，因地制宜地开展劳动教育才能够起到事半功倍的效果。研学旅行具有很强的地域特性，各地在开展研学旅行活动的过程中，要根据当地的资源禀赋特性开展劳动教育。因地制宜地创新教学方式，提升课程吸引力，加大情景式、案例式、启发式和互动式教学在劳动教育中的应用，推进线上线下情景式教学，将创新与传统有机结合，将新科技融入传统手工艺等课程中，提升劳动教育的吸引力和感染力。

三、实施劳动教育的常用方法

（一）树立劳动观念

各级教育行政部门和各中小学要广泛宣传劳动在生产生活、个人成长、社会发展中的现实意义，全面弘扬劳动精神，并将劳动观念和劳动精神贯穿于教育教学全过程，渗透进学习生活各环节。要利用班队会等平台，开展内涵丰富的劳动专题教育，牢固树立劳动最光荣、劳动最崇高、劳动最伟大、劳动最美丽的观念；培养勤俭、奋斗、创新、奉献的劳动精神，培养满足生存发展需要的基本劳动能力，逐步形成辛勤劳动、诚实劳动、创造性劳动的良好品质和正确的劳动价值观。

（二）在活动中开展劳动教育

劳动教育并不是脱离于研学旅行活动，通过潜移默化的教育起到的效果会更好。充分利用好基地（营地）的资源优势、人力优势和时间优势，在综合基地（营地）中系统开展劳动教育，形成良好的劳动技能。统筹研学旅行实践基地（营地）和劳动教育实践基地（营地），实现资源互通，优势互补，才能更好地发挥两者的示范引领作用。

思考题

1. 如何理解研学旅行与人的全面发展之间的关系？
2. 在研学旅行如何提升学生的德育能力？
3. 研学旅行中实施智育的主要内容是有哪些？
4. 研学旅行中开展美育的主要目标是什么？
5. 现阶段研学旅行中常见的劳动教育有哪些方式？
6. 假设某小学四年级要开展一次为期两天一夜的农业体验研学旅行活动，请你帮助设计一些适合这次研学活动的劳动教育内容。

项目五　研学旅行课程

> **项目概况**：阐述研学旅行课程概念、课程性质及特点、课程设计原则；讲解研学旅行课程目标的特点、依据。
> **学习目标**：了解研学旅行的课程定位，明确研学旅行课程的理念、性质、原则；能够正确地确定课程目标，选择适合的教学内容，有效实施研学旅行活动课程，正确评价研学旅行活动课程；能够根据学校、学生的需求开发出学校、学生喜欢的研学旅行活动课程。
> **学习重点**：对研学旅行课程有一个比较清晰的认识，为后期的研学旅行课程设计奠定基础。
> **学习难点**：在掌握研学旅行课程的相关知识基础上设计研学旅行课程。

任务一　研学旅行课程内涵及特点

一、研学旅行课程内涵

课程是学校育人的重要载体，有狭义和广义之分。狭义的"课程"是指"学科"。广义的"课程"是指学校为实现培养目标而选择的教育内容及其进程的总和，包括教师所教授的各门学科和有目的、有计划的教育活动。

2016年11月30日教育部等11个部门在《关于推进中小学生研学旅行的意见》中指出：中小学生研学旅行是由教育部门和学校有计划地组织安排，通过集体旅行、集中食宿方式开展的研究性学习和旅行体验相结合的校外教育活动，是学校教育和校外教育衔接的创新形式，是教育教学的重要内容，是综合实践育人的有效途径。

2016年12月19日国家旅游局发布的《研学旅行服务规范》中指出：研学旅行是以中小学生为主体对象，以集体旅行生活为载体，以提升学生素质为教学目的，依托旅游吸引物等社会资源，进行体验式教育和研究性学习的一种教育旅游活动。

研学旅行课程作为教育部门和学校有计划有组织安排的活动，既是一种综合实践活动课程，又是一种研究性、体验性学习，更是以学习共同体的方式开展的集体性学习活动，是走向社会、走向自然，在社会和大自然等课堂里面学习，在旅行中研究，在行动中探索，在实践中获得真知的教育形式。研学旅行课程是"研学""旅行""课程"三个部分的有机融合，"研学"主要突出研究性、探究性、综合性，"旅行"主要突出实践性、体验性、活动性，"课程"则是基于"研学""旅行"特征的完整的学习体系和内容。

二、研学旅行课程特点

（一）综合性

研学旅行课程与传统的学科课程有着显著的差异性，学习方式、课程内容、教学方法都有着差异，是理论与实践的结合。研学旅行对人的全面发展具有非常重要的作用，是实现学生德智体美劳全面提升的有效途径。在开发研学旅行课程中需要考虑到多种因素，帮助学生更好、更快地成才成长。学科知识可以在研学旅行过程中得到应用和延伸，学生的能力能够在学科课程乃至今后的日常生活中得到提高。

（二）实践性

在研学旅行中，学生想要探寻问题的答案，就需要提取学习储备的理性知识，用于解决现实的问题，同时改造并重构自身的知识结构，由此使理性知识与感性知识紧密联系起来。可见，研学旅行使学生有机会在纷繁复杂的背景下重新审视在课堂上学到的理性知识与客观存在的关系，并通过观察、访谈、操作、验证和体悟等方法，检验其真伪，对知识进行再次解读，直至"真知"，从而达到思维与存在的统一。相对于课堂教学，研学旅行则更注重培养学生解决实际问题的综合实践能力，在一定程度上可以起到匡正当前学校课程过于偏重书本知识、偏重课堂教授、偏重让学生被动接受学习的弊端，弥补学生经验狭隘、理论脱离实际的缺陷。

（三）开放性

研学旅行超越了教材、学校空间课堂的限制，将校外的资源纳入到教学中，通过研学旅行能够密切学生与自然、社会的联系，因此研学旅行的内容必然具有开放性的特征。由于在不同的时间和空间里呈现，即使同一研学内容也会呈现出更加丰富多彩的表现形式。随着活动的开展，学生会不断产生新的主题和目标，从而使研学旅行的广度拓宽、深度延伸。在相同的研学旅行中，由于学生个体经验的差异而趋向各自感兴趣的认知场域，从而为学生的个性发展提供了开放的空间。所以说，研学旅行使学生通过亲身投入自然和社会，可以宽广胸怀，丰富见识。

（四）自主性

学生作为研学旅行的主要参与者，是研学旅行的主体，具有很强的自主性。在研学旅行过程中，学生能够自发地形成兴趣，在研学旅行指导师的指导下开展主题性的研学活动。在完成研学任务的过程中，学生会通过充分讨论来确定规则与纪律、分工与合作以及出现的问题与解决办法。当学生开始研学旅行后，他们会主动地去感觉、去思考，这种别样的生活与体验能够让学生重新审视自我、塑造自我。例如，将"垃圾分类"课堂搬到研学旅行课堂上，强化学生的垃圾分类环保意识，让学生践行垃圾分类。更好地了解、宣传垃圾分类知识，从小培养垃圾分类的习惯。

研学旅行的特点包括以下四点。

（1）校外排列课后的一些兴趣小组、俱乐部的活动以及棋艺比赛、校园文化节等，不符合研学旅行的范畴。

（2）有意组织，即有目的、有意识的，作用于学生身心变化的教育活动，如果是周末三三两两出去转一圈，那不叫研学旅行。

（3）集体活动。以年级为单位，以班级为单位，甚至以学校为单位进行集体活动，同学们在老师或者辅导员的带领下一起活动、一起动手，共同体验、相互研讨，这才是研学旅行。

如果孩子跟着家长到异地转一圈,那也只是旅游。

(4) 亲身体验。学生必须要有体验,而不仅是看一看、转一转,要有动手、动脑、动口及表达的机会,在一定情况下,应该有对抗演练、逃生演练,应该有出点力、流点汗,乃至经风雨、见世面。

任务二　研学旅行课程设计理念

一、课程宗旨

教育部等11个部门在《关于推进中小学生研学旅行的意见》中明确指出"以立德树人、培养人才为根本目的,以预防为重、确保安全为基本前提,以深化改革、完善政策为着力点,以统筹协调、整合资源为突破口,因地制宜开展研学旅行。"研学旅行让广大中小学生体验祖国大好河山,学习中华传统美德,追忆革命光荣历史,感受改革开放伟大成就,提升家国情怀;同时学会动手动脑、学会生存生活、学会做人做事;促进身心健康、体魄强健、意志坚强,促进形成正确的世界观、人生观、价值观,培养学生成为德智体美劳全面发展的社会主义建设者和接班人,增强学生对中国特色社会主义的道路自信、理论自信、制度自信、文化自信,从而达到全面落实教育立德树人根本任务的课程目标。

二、课程目标

研学旅行课程具有开放性特点,不刻意追求任务结果和呈现方式的一致,而是注重培养学生思维的深度和广度,思考解决同一问题的不同路径和表现方法。研学旅行课程要基于一定的主题开展,精心挑选适宜学生发展的活动内容并加以整合。实践活动不能停留在肤浅的操作层面,必须以综合思维引导操作,从实践中实现思维进阶。

三、课程内容

研学旅行课程以真实生活情境为学生素养培育的课程内容,因此必须走出校门,学生面对的不是传统课堂中抽象化的知识点和虚拟环境,而是现实世界的真实情境。学生可以感受到更为广阔的社会教育空间,这个空间无所不包,如自然资源、红色资源、文化资源、科技资源、国防资源、博物馆、工矿企业、知名院校等都能成为研学内容,为实现中小学学生健康成长提供丰富的课程载体。

四、课程评价

新一轮课程改革倡导"立足过程、促进发展"评价理念,要求研学旅行课程要突出评价对学生的发展价值,充分肯定学生活动方式和问题解决策略的多样性,建构科学、多元的课程评价体系。依据教育的基本原理,每一位学生都存在被肯定、被激励的内在心理诉求,课程评价要鼓励学生开展自我评价以及与同伴之间的合作交流和经验分享,提倡多采用质性评价方式,避免将评价简化为分数或等级。要将学生在综合实践活动中的各种表现和活动成果作为分析考察课程实施状况与学生发展状况的重要依据,对学生的活动过程和结果进行综合评价。研学旅行的学业评价既要注重集体业绩,也要防止滥竽充数,还要进行个性化写真描述。此外,还须兼顾研究的深度和操作的合理化程度。

课间小练习 某校组织学生前往某汽车工厂研学基地学习,厂房机器声音巨大,学生在参观途中基本无法听到讲解员讲解,参观时正好遇到工厂工人工间休息,个别工人不戴安全帽,还有随地吐痰的情况。参观后,讲解员带领学生来到工厂的汽车博物馆,学生被陈列的豪车样本所吸引,争相向讲解员询问这些豪车的特性、价格等问题,并讨论起自己的偶像喜欢开的车型,讲解员计划的关于汽车历史的讲解无法正常完成。参观结束后,学生返校,因乘坐的国产大巴车较为陈旧,部分学生对车辆状况很不满意。显然,上述研学旅行课程是一次失败的课程。请结合研学旅行课程理念,以研学旅行指导师的身份,设计相关场景的讲解,引导学生达成研学旅行的目的。

五、课程任务

研学旅行课程的根本任务是立德树人。党的十八大以来,以习近平同志为核心的党中央要求全面贯彻落实党的教育方针,坚持教育为社会主义现代化服务、为人民服务,把立德树人作为教育的根本任务,培养德智体美劳全面发展的社会主义建设者和接班人。2016年年底,教育部等11个部门《关于推进中小学研学旅行的意见》也指出,研学旅行以立德树人、培养人才为根本目的。研学旅行课程的根本任务必须紧密遵循和依照立德树人的教育根本任务,培养担当民族复兴大任的时代新人。课程是教育思想、教育目标和教育内容的主要载体,课程任务应当以教育根本任务为基础,是教育根本任务的具体化和延伸。

通过研学旅行让中小学生走进祖国名山大川、走进革命老区、走进改革开放的社会现场,他们对山川风物、社会人文和科学技术都有切身体验,不再是借助于文字、视频等工具了解。通过研学旅行课程能够提升学生分析问题和解决问题的能力,与传统课程相比,研学旅行课程可以面对真实具体、复杂多样的世界,引导和教育学生对个人感兴趣的领域展开广泛的实践探索,提出具有一定新意和深度的问题,将学科中所学到的知识迁移到具体情景中,看清弄懂真实世界的不同,综合运用知识分析问题,用科学方法开展研究,增强解决实际问题的能力。

集体观念和担当精神的培养是研学旅行课程的重要目的。传统课堂对集体观念的培养更多是通过令行禁止、整齐划一来进行,形式有余而内涵不足,学生很难从真实的集体合作中提升担当意识,反而有可能培养出精致的利己主义者。而研学旅行课程的意义在于让学生以集体生活的形式,去开拓眼界、增长见识、探讨学习,是一种创新型的课堂,是学校生活的生动延伸。通过"集体食宿和集体旅行"的方式,让学生在共同的生活情境中增强团结意识、开拓眼界,培养团队意识和集体观念,这是研学旅行课程的具体任务之一。研学旅行通过小组探究方式开展,要求团队成员配合默契,分工合作,这种方式不仅让集体观念得以强化,也让学生明白自己身上的责任,有助于培养其独立自主的意识和担当精神。

任务三 研学旅行课程设计原则

一、教育性

研学旅行的活动课程要结合学生的接受能力和实际需要,注重系统性、知识性、科学性和趣味性,着力培养学生的社会责任感、创新精神和实践能力。把教育性原则放在研学旅行课程主题设计的第一位,才能避免研学旅行出现"重游轻学"的现象。研学旅行作为一门课程,首先要具备教育属性,要把教育性作为第一基本原则,育人功能放在首位,彰显实践育人功能。从乡土乡情、县情市情、省情国情的真实生活情境和学生的发展需要出发,引导学生从个体生活、社会生活和与大自然的接触中获得真实的感受、丰富的体验和实践,形成并逐步提升对自然、社会和自我之间内在联系的整体认知,培养他们对国家、对民族的情感认同、思想认同、政治认同和价值认同。通过研学旅行课程能够起到以下几个教育目标。

(1) 知识性目标:研学旅行中学生获得的知识,跟学校系统的学科课程相比是有区别的。学校的学科课程主要是教师的系统教授,而研学旅行的学科课程来源于学生的实践和体验的过程。

(2) 能力性目标:在研学旅行课程中的这种能力目标,应该不是单一维度的,而是多元维度的综合能力。这里既有认知与思维能力,也有发现问题与解决问题能力以及社会参与合作能力等方面维度。

(3) 情感、态度和价值观目标:在研学旅行的意见中,我们看到有大量的文字涉及情感、态度、价值观领域,情感领域目标是学生在研学旅行活动课程的体验过程中的重要目标维度。

(4) 核心素养目标:现行我国中小学生发展核心素养总体框架是以科学性、时代性和民族性为基本原则,以培养"全面发展的人"为核心,分为文化基础、自主发展、社会参与三个方面。体现了马克思主义关于人的自主性、社会性、文化性等本质属性的观点,整合了学生个人、社会和国家三个层面对学生发展的要求。

二、实践性

实践教育环节薄弱甚至缺失是当前教育中普遍存在的现实性问题,如何解决这一问题需要完善课程体系,丰富教学方法。研学旅行课程是让学生走出课堂、走出学校,走向自然、走向社会,在实践中学习知识,以引导探究和合作学习为课程教学方式,在自然、社会的真实情境中开展丰富多样的实践活动,引导学生主动适应社会,促进书本知识和生活经验的深度融合,培育学生主动学习的态度和创新实践能力。通过实践教育,打破青少年成长过程中对各种知识学习的人为分离,消除人与自然之间的人为屏障,消解人与社会的分裂,从而建立起知识、文化与人格完善的桥梁,实现人的全面发展。研学旅行活动因地制宜地开展,引导学生走出校园,在与日常生活不同的环境中拓宽视野、丰富知识、了解社会、亲近自然和参与体验。

三、安全性

坚持安全第一,建立安全保障机制,明确安全保障责任,落实安全保障措施,确保学生安全。安全性原则是研学旅行课程的基本原则,也是影响和制约研学旅行发展的关键因素,社会和学生家长对研学旅行的安全性也提出了越来越高的要求。《关于推进中小学生研学旅行的意见》要求研学旅行以预防为重、确保安全为基本前提,把安全性作为基本原则之一。研学旅行课程涉及面很广,教育行政部门、学校、旅游部门、交通部门、研学旅行基地、营地都要制订科学有效的中小学生研学旅行安全保障方案,探索建立行之有效的安全责任落实、事故处理、责任界定及纠纷处理机制,实施分级备案制度,做到层层落实,责任到人。

> **延伸阅读**
>
> 研学旅行中安全事故主要类型如下。
>
> 1. 交通安全事故
>
> 进入21世纪以来,我国道路交通事故年平均死亡人数10万人,平均每天有280多人死于车祸,其中中小学生占总人数的8%左右。研学旅行涉及学生出行乘坐大巴车、船等交通工具,因交通意外事故造成学生人身伤亡或者财产损失事件时有发生。2017年11月13日,湖北恩施来凤县实验小学组织310名学生赴武汉市参加研学旅行活动,其中一辆车行至武汉下高速时,不慎与交通附属设施发生碰撞,造成9名学生受轻伤。
>
> 2. 食品安全事故
>
> 食品安全事故是指食源性疾病、食品污染等源于食品、对人体健康有危害或者可能有危害的事故。研学旅行活动过程中,中小学生进行集体管理、集中食宿,密集化的餐饮供给对食品安全提出了更高的要求,但往往因食品卫生管理不到位导致发生集体餐饮安全事故。2019年7月22日,四川省内江市第二中学参加暑期赴京研学旅行的师生392人中,39名学生在返程列车上出现拉肚子、呕吐、发烧等症状。经卫生部门诊断,为细菌性集体食物中毒,而食物是由旅行社准备的方便食品。
>
> 3. 体验安全事故
>
> 研学旅行体验安全事故指学生在研学目的地、研学营地、景区等场所体验性学习时发生的意外伤害事故。相关数据显示体验安全事故占基地、营地全部人身伤害事故总数近20%,居于首位。2021年2月13日15时34分许(农历正月初二),湖南省邵阳市邵阳县五峰铺镇弄子景区大型游乐设施"高空飞翔"运行时发生机械故障,导致16人受伤,其中3人伤势较重。

四、公益性

教育部等11个部门《关于推进中小学生研学旅行的意见》指出研学旅行所需费用确应由学生个人承担,收费标准须经物价部门核准,只能收取成本费用,不得开展以营利为目的的经营性创收,对贫困家庭学生应减免费用。各地可采取多种形式、多种渠道筹措中小学生研学旅行经费,探索建立政府、学校、社会、家庭共同承担的多元化经费筹措机制。鼓励通过社会捐赠、公益性活动等形式支持开展研学旅行。如果由于无法参与研学旅行让一些学生没有学习的体验,也没有情感的交互,甚至自卑的心理加剧,那么让家庭困难的学生有机会参与到研学旅行当中就变得尤为关键。作为研学组织部门,研学课程实施机构,要坚持公益性原则,拒绝资本过度注入带来的负面性影响,一切以服务学生为目的,让家庭和学生能够承担起参加研学旅行课程费用支出。

随着研学活动时间、空间跨度的增大,学习内容的增多,学习质量的不断提升,研学旅行课程所需要的费用也越来越高,因此在设计课程时要综合统筹考虑学生的实际情况,尤其是对费用支出要做好预见性的准备工作。教育主管部门、学校和社会研学组织应该合力构建研学公益体系,切实解决家庭困难学生的研学难问题。教育主管部门要制定有效的研学帮扶政策,减免或补助家庭困难学生的研学费用;学校应该做好家庭困难学生的认定和保密工作;社会研学组织应当适当让利,充分考虑到不同家庭的经济情况,并提供一些免费名额。

五、普及性

国务院《关于促进旅游业改革发展的若干意见》率先提出将研学旅行纳入中小学生日常教育范畴,教育部等 11 个部门《关于推进中小学研学旅行的意见》更是重点突出"全员参与、集体活动"。研学旅行并不是少数优质资源学校的特权,也不同于面向少数学生的精英活动,而是面向全体中小学生的必修课程。研学旅行普及性原则要坚持以人为本,以学生为主体,面向全体中小学生,保障每一个学生都能享有平等参与活动的机会,把研学旅行课程的实施纳入教育公平的重要环节。

从现阶段研学旅行课程实施开展来看,研学旅行呈现出全员参与的态势,让学校或每一个年级的中小学生进行集体活动,学校应该创造条件,让每一个学生都能享有参与研学旅行的机会。普及性则体现了研学旅行中的集体性原则,让每一个学生都能够参与到研学旅行,在集体研学中习得知识和经验,完成教育教学目标。

课间小练习 研学旅行的课程设计:请分组围绕以下命题进行小组辩论:①研学基地、营地的研学旅行课程应不应该免费提供?②由旅行社组织中小学生参加的"名校探访夏令营"属不属于研学旅行课程?

任务四 研学旅行课程目标

课程目标是指课程本身要实现的具体目标和意图。它规定了某一教育阶段的学生通过课程学习以后,在发展品德、智力、体质等方面期望实现的程度,它是确定课程内容、教学目标和教学方法的基础。研学旅行课程目标是通过亲近和探究自然,接触和融入社会,关注和反省自我,体验和感受集体生活,使中小学生提升价值认同、实践内化、身心健康、责任担当等意识和能力。研学旅行课程设定所要实现的具体目标,是通过研学旅行课程学习之后,德智体美劳等方面达到的期望目标。作为综合实践活动课程,研学旅行以立德树人、培养学生综合素质为根本目标,学生通过研学旅行能够形成并逐步提升对自然、社会和自我的整体认知,能够培养学生价值观、社会责任担当、问题解决能力以及创新意识品质,从而成为合格的社会主义建设者和接班人。一般来说,研学旅行目标包含了知识与技能目标、过程与方法目标、情感态度与价值观目标,如图 5-1 所示。

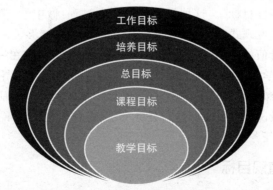

图 5-1 研学旅行课程目标

课程目标一般采用知识与技能目标、过程与方法目标、情感态度与价值观三维目标表示。三维目标不是三个目标，而是目标的三个维度，是需要我们写在课程方案中的目标，实际上就是每次活动的总目标。它是由浅层认知到深层认知的一个过程，如图5-2所示。

图 5-2 三维目标

一、知识与技能目标

知识与技能目标是对学生学习结果的描述，即学生通过学习所要达到的结果，又叫"结果性目标"。这种目标一般有三个层次的要求：学懂、学会、能应用。知识与技能目标包括收集、处理、运用信息等各种能力，包括创新精神、实践能力。通过亲历主题教育活动，参观爱国主义教育基地，获得有意义的价值体验，围绕研学生活体验，培养学生热爱生活的态度。寻访红色场馆、基地，走访模范人物故居，参观文化遗产，渗入国家认同、文化自信，培养具有中国特色社会主义共同理想和国际视野。例如，某小学组织学生前往生态农博园开展研学活动，这次研学的主要目的在于提高学生辨识农作物的能力，了解农业种植环境，通过亲身体验农作物种植的艰辛，强化学生节约粮食的优良品德。

二、过程与方法目标

过程与方法目标是学生在教师的指导下如何获取知识和技能的程序和具体做法，是过程中的目标，又叫"程序性目标"。这种目标强调三个过程：做中学、学中做、反思，主要以自主学习、小组合作学习、发现式学习、探究式学习为主。学生能够关注自然、社会中的现象，深入思考并且提出有价值的问题，学会运营方法开展研究。例如，在一次六年级科技研学旅行主题活动中，为训练学生收集科技发展成果的能力，研学旅行指导师设置了一个特别任务，班级全体学生进行课题小组划分，每个课题小组需要找到与本次研学活动相关的科技成果发展简介。小组成员围绕任务目标进行任务分工，每个学生负责不同的任务，最后进行汇总，从而最终达成小组任务的目的。

三、情感态度与价值观目标

情感态度与价值观目标是学生对过程或结果体验后的想法和感受，是对学习过程和结果的主观经验,又叫"体验性目标",有认同、体会、内化三个层次。其中,研学情感态度目标维度是通过研学体验使学生保持乐观的生活态度、宽容的人生态度。而研学价值观目标层面,既倡导个人价值的充分表达,也强调个人价值与社会价值的有机统一,是学生追求真善美、塑造人与自然可持续发展的理念的路径。例如,某小学组织四年级学生开展校外研学活动,这次研学活动的目的地是"三味书屋",在参观鲁迅三味书屋时,可以设置这样的问题:三味书屋是鲁迅先生曾经读私塾的地方,假如你穿上长衫体验三味书屋,你会想到什么?借助适当的情境问题设计,让学生能够在研学的过程中更好地思考问题,在研学旅行指导师的指导下强化正向价值观的形成。

2016年9月,教育部课题组发布了《中国学生发展核心素养》。中国学生发展核心素养以培养"全面发展的人"为核心,分为文化基础、自主发展、社会参与三个方面,其综合表现为人文底蕴、科学精神、学会学习、健康生活、责任担当、实践创新六大素养,具体细化为国家认同等18个基本要点。

研学旅行是培育学生核心素养的一条重要路径。适当的主体确定在研学旅行中能够起到积极作用,将研学作为研学旅行的目标是其价值所在,旅行只是研学的载体,在研学中实现知识与技能目标、过程与方法目标、情感态度与价值观目标。中小学校所开展的研学旅行应立足于学生身心的全面发展,始终秉持教育性原则,依据其培养目标、办学特色、办学宗旨等确立研学旅行总体的发展道路,切不可因为市场上层出不穷的研学旅行产品而迷失方向。善于利用所处的地理优势、旅游资源、文化特征等开发不同的研学路线,在扎根本土资源中获得发展。教师需根据整个的学情、学生的需求、具体的课程目标、教学目标等确立不同目标与主题的研学旅行,做到有的放矢。尤为注意的是,研学旅行的目标不是机械、固定不变的,而是随着开展过程、具体的开展内容不断变化、生成的,只有建立了相应的目标才能够在实践操作过程中,形成科学有效的现代综合管理机制和调控手段,才能解决以往教学中的不足之处。具体来说研学旅行活动目的如下。

(1) 通过研学体验和户外运动,促进身心的健康成长和人格的完善。

(2) 在集体生活中,培养团队协作精神和人际交往能力。

(3) 运用"从做中学"的体验教育手段培养解决问题的能力。

(4) 加强对自然的关心,正确认识人与自然、人与人的关系,提高对未来社会的适应力。

研学旅行课程通常情况下会持续数日,包含了出发前的准备课程以及回程之后的总结课程,一次完整的研学旅行是一个系统性的工程。在课程实施中常采用多条线路并行、多年级参与的方式,这就要求研学旅行课程设计者要针对各个年龄段学生特点开发出具有特性的研学课程体系。

任务五　研学旅行课程目标特点

研学旅行课程特点决定了研学旅行是一门跨学科的综合课程,政治、经济、文化、地理、历史等众多学科内容都有纳入研学旅行中。工业、农业、渔业、商业、林业、服务业等众多行业都是现代研学旅行中不可或缺的一部分。中小学生研学旅行是由教育部门和学校有计划地组织安排,通过集体旅行、集中食宿方式开展的研究性学习和旅行体验相结合的校外教育活动,是学校教育和校外教育衔接的创新形式,是教育教学的重要内容,是综合实践育人的有效途径。研学旅行是以中小学生为主体对象,以集体旅行生活为载体,以提升学生素质为教学目的,依托旅游吸引物、爱国主义教育基地、科普教育基地等社会资源,进行体验式教育和研究性学习的一种教育旅游活动。

研学旅行课程内容的开放性决定了研学旅行是一门跨学科的综合课程。中小学阶段涵盖的语文、数学、物理、化学、地理、生物、历史、政治、自然科学等学科课程,在研学旅行的教学内容中都有所涉及。所以,研学旅行课程对开发者、实施者、学习者都有较高的要求,相较于一般的学科课程,它是一种新的挑战。研学旅行作为一门活动课,具有一定的特征性。

一、教学目标的多元性

研学旅行课程承担着培养人才的作用,中小学生在研学旅行课程中习得知识与技能目标、过程与方法目标、情感态度与价值观目标,多元性目标特征意味着要通过研学来实现学生综合能力的塑造。一次研学活动的开展所要达到的培养目标是特定的,在实现这目标的过程中会设置多项任务,每一个任务的完成都承载一个可以实现的研学小目标。3~16岁在校中小学生群体是研学旅行的主力对象,占比超过80%。研学旅行决策与消费分离,家长是购买方,学生是消费体验方,研学旅行产品需要兼顾学生的兴趣以及家长的消费倾向。因而,中产家庭、低龄化成为研学旅行客群画像的两大关键词,身处一线城市群的70后、80后父母及其子女是研学旅行的主力消费人群。这一年龄段的学生有着众多的需求,城市学校、农村学校在研学旅行课程开展方面也会呈现出一定的差异性。

例如,某研学机构在开展一次乌镇研学活动过程中,为学生制定了多元化目标。
(1)突破成长困境,培养孩子们为达成目标而坚持不懈的品质。
(2)提高孩子们的自主能力和创新能力,在体验式教育中发现不一样的自己。
(3)形式多样的国际运动,拓展孩子的视野,增强孩子自信心与社交能力。
(4)给予孩子多样化的成长场景,这是越来越单一的现代核心家庭所无法提供的。
(5)深度探索乌镇最先进的世界文明成果与最悠久的中华文明积淀。

二、教学内容的开放性

研学旅行是在校外展开的,政治、经济、文化、地理、历史、自然等众多资源都是研学课程的重要构成部分,目前常见的研学基地(营地)很大一部分是由景区、博物馆、纪念馆转变而来,这些资源是独立于校外的、开放式的,这些资源的面对受众不仅是在校学生,也对社会公众开放。

国内青少年研学以营地、博物馆、自然生态探索、科研、红色旅游等产品形式为主,产品层次丰富,需求多样。在研学旅行课程中,军营体验、红色旅游等带有政治教育意义的以及注重学生独立性培养的项目更引人关注。最受欢迎的产品类型分别是名校探访、户外挑战、本土营地、博物馆游览、乡村夏令营、人文行走、科学探索、自然探究、军营体验、红色旅游等。家长在激发学生潜能,培养学生独立、勇敢、尝试和自信精神方面有着相似要求,例如通过青少年军事体验营学习野外生存技能,学会使用生存包、露营、帐篷、野外取火等,或是通过沙漠徒步等户外活动锻炼学生的毅力。教学内容开放,能够提升学生的学习兴趣和感染力,技能的习得比较持久。

三、教学内容的独立性

研学旅行是一门课程,承担着育人的功能,针对不同年级学生要进行相应的教学内容应用,即使是小学阶段的学生,不同年级也有不一样的知识接受能力。因此,在教学内容的设计方面要考虑学生的年龄层段特点,同时内容导向上要具有一定的独立性。通常研学旅行课程内容都有特定的主题,不同主题研学旅行活动所要达到的教学目标是不一样的,例如农业生态主题研学与工业科技主题研学的研学目标就存在着明显的差异性。

除考虑到学科特点外,学生年龄层段也是一个重要因素。小学、初中、高中不同学段的教育目标、学生能力、学生知识等有较大差异,所以要分学段选择研学旅行主题方向。小学阶段的学生处于基础知识夯基阶段和认识外部世界的启蒙阶段,因而小学阶段的研学课程主题方向可以偏向观察能力、认知能力和启发式的主题内容;基于初中学生的身心成长特点和"三观"塑形关键时期,因此初中阶段研学主题按照学段进行课程设计,应主要方向是自然科学认知、中华优秀传统文化、爱国主义教育等;由于高中学生在学科认知和自我管理上已经具备了一定的水平和能力,且具备"远行"的基本条件和能力,因此高中阶段的研学主题方向主要包括科学研究思维、人文素养提升、文化认同意识的培养等。针对不同年级开展不同内容的研学旅行教学课程安排非常重要。

四、教学过程的实践性

研学旅行通过"研""学"来开展,强调通过学生的实践参与来提升体验感,只有亲身参与才能够达到良好的教学效果,任何类型的研学旅行课程安排都要以实践性为依据,让学生在参与的过程中获得更为直观的感知记忆。另外,研学旅行活动是学校教育和校外教育衔接的创新形式,是教育教学的重要内容,是综合实践育人的有效途径,其本质与校内课堂教学有着显著的差异,强调学生实践动手技能,在实践中获得知识。

研学旅行课程是一门综合实践课程,实践性、探究性是它的核心特征,但是不乏有很多研学旅行出现了"只旅不学"的现象,忽视学生的体验与探究,偏离了研学旅行的本质和方向。当前,很多研学机构将研学旅行搞成了一个热闹的活动,至于学生在此过程中"学到了什么""获得什么"往往不予关注,整个研学过程缺少对学生研学实践的过程性指导,而研学旅行活动结束后也不愿意就提高研学课程"研"的质量上增加思考和总结提炼。

按照行前、行中、行后的研学课程实施过程,研学课程教学实践在行前阶段应按照研学旅行手册的课程安排,准备好研学前的各项课程的知识准备;在教学实施中,研学指导师要对学生进行实时指导,针对重难点知识进行更加有针对性的讲解,同时也可考虑连线家长,邀请家长以志愿者的身份共同参与,增强课堂教学的参与感。学生在完成既定研学任务后,通过研学评价和分享来促进学生研学成果的物化成形及反思,尤其对中高年级的学生,在每个学期参与这样有目标、有计划的研学旅行之后,他们可以有更多新颖的成果表达。

五、教学结果的发散性

处于中小学阶段的学生思维活跃,具备很强的创新潜质,在研学旅行课程设计中要避免因封闭式问题设计所带来学生发散性思维得不到锻炼的问题。莎士比亚曾经说过:"一千个读者就有一千个哈姆雷特"。研学旅行中,不同的学生关注的重点不一样,形成的思维认知也不一样,要通过开放式问题来激发学生想象力。在同一个主题研学活动中,不同学生的收获会存在差异性,作为研学旅行指导师要善于激发学生表达能力,让学生在研学中有收获。例如,某小学组织五年级学生前往庐山开展研学活动,在研学结束之后有一个任务是学生要描述一下自己心目中的庐山,并说明原因。不同的学生对于庐山的认知是不一样的,任何一种认知形象的形成都是建立在学生切身感受基础之上,没有对错之分,学生可以自由发散思维。

研学旅行是有组织有计划的活动性课程,学生的旅行观察与体验是开放的,研学内容也是开放的。组织中小学生开展研学旅行,就是要鼓励学生超越教材、教室和学校的局限,向生活世界延伸,从而密切学生与真实世界的联系。研学旅行涉及旅行知识的专业设计以及与学校课程教学的融合等问题。比如,在一些学校的研学旅行活动中,很多景点的教学讲解主要由景区导游完成。如果不做区别,面向成人游客群体的解说词与教育教学目标取向不同,并不太适合中小学生的学习。另外,为防止"有游无学"现象的出现,学校可以根据不同年级、不同学科的教学情况,选择能够与该年级学习相关联的旅游线路或景点,或者与旅游企业共同开发符合国家课程标准且适合该学期教材内容的研学旅行主题活动方案,促进研学旅行活动与学校课程有机融合。

"带着课本去旅行"是推进研学旅行内容适应性的一种探索,这不是将教材和教学简单搬家,而是为了聚焦教学目标内容,更好地适应学生实践学习的需要。例如在一次乌镇研学活动结束之后,研学旅行指导师对学生的感悟进行了收集、整理,得到了不同的研学结果。

1. 开拓视野

在此次研学旅行课程中学生们多方位探索乌镇,了解城市文化,风土人情。助力营员从个人成长到国际视野的开拓,激活学生与生俱来的好奇心、敏锐力、想象力和创造力,对自身的成长起到了重要作用。

2. 收获成长

基地(营地)生活和学习,让学生勇敢地去探索、尝试,提升自己在陌生环境中适应能力、生活自理能力和在研学旅行活动中的积极性、自信心以及面临问题时的担当意识与解决问题的能力。

3. 收获友谊

研学旅行课程开展中,来自不同地方的学生们一起生活、一起学习、一起游戏、一起分享,相互协作、体验成功,学会关爱他人。在自然、友好与开放的营地环境,结下最美好的朋友情谊。

任务六 研学旅行课程目标制定依据

一般来说,研学旅行课程内容结构由以下几个方面构成:课程名称、上课地点、课程时长、涉及学科、教学目标、实施方式、课程资源详述、过程性学习任务、课后作业、即时评价、注意事项。研学旅行课程制定要遵循一定的教学理念,坚持以德育人,实现中小学生全面发展为目标,因此在课程制定中要坚持以下几个方面的理念。

一、以全面落实立德树人根本任务为宗旨

中华民族非常重视道德教育,《左传》记载有"太上有立德,其次有立功,其次有立言,虽久不废,此之谓不朽"。这句话的意思是人生的最高境界是立德有德、实现理想道德,其次才是事业追求,建功立业,最后有知识有思想,这三个方面是人生不朽的直接体现。将立德作为现代教育的第一位,万事要从做人开始。"立德树人"是我国历代教育共同遵循的理念。社会主义教育事业发展的过程中必须要解决好的根本问题是"培养什么人、怎么培养人"。党的十八大报告提出了"立德树人",有力回答了这一关系党和国家命运的问题,抓住了教育的本质,明确了教育的根本使命,符合人才培养规律,进一步丰富了人才培养的深刻内涵。

德是做人的根本,是一个人成长的根基,在复杂的国际环境和多元文化时代下,抓好青少年教育至关重要,青少年学生处于世界观、人生观、价值观形成的关键时期,德育工作更加具有紧迫性和必要性。德育为先,要在传承的基础上不断创新,在创新中不断发展。学校德育教学工作要从课程德育、社会实践和学校文化三个方面进行。在研学旅行课程中要融入德育内容,以培养学生德育为核心,创新德育形式,丰富德育内容,不断提高德育工作的吸引力和感染力,增强德育工作的针对性和实效性。

立德树人必须着眼促进学生全面发展。人的全面发展是人类的崇高追求,是人的发展和社会发展的最高目标、最终价值取向。研学旅行课程设计与实施的主要目的在于不断提升学生的综合实践技能,以实现学生全面发展作为根本目的,在实践中学习知识,在实践中提升能力,在实践中全面发展。研学课程能够实现文化知识学习与思想品德修养的统一、理论学习与社会实践的统一、全面发展与个性发展的统一,促进德育、智育、体育、美育、劳育有机融合,着力培养学生的社会责任感、创新精神和实践能力,提高学生综合素质,使之成为德智体美劳全面发展的社会主义建设者和接班人。

二、以真实问题情境为学生素养培育的课程内容

情境教学是从情与境、情与理以及情与全面发展的辩证关系出发,创设典型的场景,激起学生热烈的情绪,把情感活动和认知活动结合起来的一种教学模式。这种教学方式在于探索高质量的现代课堂实施环境和应用方法,教师在教学过程中创设的情感氛围,这种教学手段是在日常的教学中形成的,并且在实践中发挥了重要的作用和影响力。学生的日常发展和现场教学有着密切的关联性,任何类型的教育教学活动的实施都要综合性考虑到学生的实际情况,只有这样才能够在规范化的现代教育实践中将学生的能力和兴趣进行全面的激发和创造。一般来说是为了实现情境教学效果最优化,通常采取适当的教育教学方法,在现代教学探索中不断完善和调整,创设情境不仅要体现学科特色,还要紧扣教学内容,凸显学习重点。教学情境应是能够体现学科知识发现的过程、应用的条件以及学科知识在生活的意义与价值的一个事物或场景,通过教学情境的创设有效地阐明学科知识在实际生活中的价值,帮助学生准确理解学科知识的内涵,激发他们学习的动力和热情。

生活中处处有研学,要让学生认识到相关的知识点是从日常的生活中获得的知识,需要通过研学来实现,这样才能帮助学生更好地认识到学习的乐趣和价值,教师可以有意识

地把一些生活素材与教学内容有机地结合起来,让学生"听得见、看得着、摸得到",通过日常生活案例的引入,使学生思维方式变得更为活跃,思路相应地会得到锻炼,学习起来自然轻松愉快。研学来源于生活,同时它又服务于生活。但是,生活案例的使用要做到恰到好处,不能过于死板和单调,要不断地调整和变化,这样才能够实现教育的针对性,形成一种持久性的现代教育实施,激发学生的学习兴趣和积极性,利用生活来提高研学学习质量。

三、以引导探究和合作学习为课程教学方式

启发性原则要求在教学中,学生能够获得一定的知识提升,按照最新发展趋势进行教育教学指引。研学活动中教师要调动学生学习的主动性,使他们能够经过自己的积极思维,去理解掌握所学数学内容,并能将所学知识创造性地运用于实际,最终能够提高学生分析问题、解决问题的能力。要积极引导学生从正反两方面去思考,让学生学会自己去推理得出正确的答案,在研学中不单是教给学生某一个知识点,而是教给学生一种能力,凭借自己已有的知识去探求新知识,以此来实现举一反三的教学目的。启发性原则主要的目的在于引导学生自主学习,变被动为主动。学生是学习的主体,学习成绩的提升也是通过学生的努力来实现的,因此在相应的教学中要明确启发式教学方法的实施要在一定的范围内才能够发挥作用,培养学生主动学习的意志力,不是由教师强迫学生的,而是帮助学生养成独立思考的能力和习惯,最终形成科学、理性的认知。

教育是一种实践活动,在研学课程内容的选择方面要尽量贴近实际、贴近生活,让学生在学习中体验到乐趣,在乐趣中习得知识,不断地进行内容丰富和调整,将日常生活中的案例更好地应用到实践教学中,从而在更为广泛的教学中,起到激发学生学习兴趣,提升学习质量的效果。教育形式对学生来说是非常重要的,灵活多样的教育形式,对形成持久性的教学兴趣激发来说有着积极的作用和影响力,教师要善于让学生应用研学知识去解决生活实际中的问题,让研学走进现实的生活中,体会研学的应用价值,进一步培养学生应用研学的意识和综合应用研学知识解决问题的能力。

合作式学习是在日常教学中通过一定的方式将学生组织在一起,借助多元化的现代教育引导应用方式,相互之间发现问题,互相帮助,降低学习的困难程度,同时锻炼学生的发展能力。合作式教学在现代教育中具有重要的作用和价值,现代意义上的教学实施在复杂的环境中才能够发挥价值实践效果,相应的教育事实也要在合作教学指引下形成高效的教学模式。通过适当的教学引导,帮助学生更好地掌握所学的知识,并且将知识应用到日常生活中,通过分析问题、解决问题来提高自己的能力和素质。这就要求在实践教学中,将学生的需求更好地进行分析,引导学生积极主动地合作,不断地探索学习,让学生在应用中更深刻地理解和掌握知识,在应用中感受知识的魅力。例如,某中心小学开展"数学改变生活"的主题研学活动,很多小学生对学习数学的意义和复杂的数学计算存在着一定的认知困难,教师在分析问题的过程中,要适当地给予引导,在引导的过程中帮助学生更好地自我调整,借助合作学习的方式,互相帮助。

四、以思维品质的培养作为重要的课程目标

研学旅行注重联系学生的现实生活,在日常生活环境中发现、挖掘学习资源,在"生活

即教育"的理念下,不仅可以拉近课程与生活的实际距离,还能形成一种寓教于乐的现代教学方式。正如陶行知先生所说的"接知如接枝",可以将情境教学结合学生已有的认知经验和生活经验作为教学活动的起点。例如,某研学课程设计的教学情景适合城市学生,但若用于农村学校的研学课堂教学中,则有可能产生理解障碍;同样取材于农村生活的教学情境因城市学生不了解,也可能降低教学效果。寓教于乐是教学的一个新阶段,也是改变当前教育教学手段的一种尝试和优化,从推动多元化教学发展的角度来说,全面高效的现代教育需要在更为复杂的环境中才能够发挥价值,将课本中的知识点融入日常的事物中,学生对这种学习的实际感知能力是比较高的,而且可以进行一定范围内的教学兴趣培养。比如,在研学课程情境教学中融入游戏环节,不仅能满足他们好奇的心理,还能广泛调动中小学生的学习积极性。但不同学段的学生课堂专注力持久程度不一样,借助课堂小游戏作为教学方式的补充,要注意课堂游戏的启发性和与教材内容的结合,不可偏离研学课程主旨。

研学情境教学能激发学生的情感,可以使学生心动情发,培养学生的思维品质。学生健康成长是时代发展的必然要求,也是现代综合教育教学实践的归旨。在信息时代下,互联网在各个领域范围内的广泛应用,为学生的成才成长提供了便利,同时也具有一定的负面影响,尤其是各种负面信息借助互联网进行快速传播,对学生的成长带来了一定的影响。因此在系统性的社会经济发展中,需要形成更为积极有效的教育实践探索模式,改变复杂教育所形成的教学滞后性的问题。研学旅行的开展能够帮助学生摆脱互联网的束缚,让学生放下手机、走进自然。当前,学生面临的成长环境受到外界的诱惑因素增多,教育也需要一种逆向思维,研学旅行在一定程度上引导着学生以一种谦逊的态度,离开冰冷的屏幕,打开本真的心灵,走向纯粹的自然界。在研学旅行中,学生能够感受到新的环境所带来的积极影响,自觉主动地融入学习中,避免了过多地使用互联网等相关的设施设备,对学生的身心健康发展能够带来良好的效果,使学生健康成长的有效尝试。

在日常的教学过程中,积极主动地开展各种类型的研学旅行活动,能够促进校内教育和校外教育之间的有效衔接,将社会、学校和家庭有机连接在一起,形成一种有效的沟通交流方式,以此探索更为有效的教学教育新方式方法。新时期的学生知识需求呈现多样化、多元化的特点,不同的教育主体参与到教学当中,而研学旅行是推动学生素质全面发展,提升学生综合能力素养,引导学生主动适应到社会发展中的重要方式。研学旅行实施会提供更多的机会让老师、学生和家长之间讨论学习之外的问题,利于家长和老师发现学生的兴趣爱好,提升社会责任、探索能力,加强同伴友好、自理能力、创新精神和实践能力,并为学生创造一个良好的成长环境。

延伸阅读

通过某次研学活动,学生有了极大的收获,思想品质得到锻炼。

1. 营员收获

通过体验式教育,提升学生的学习兴趣与自驱力,培养学生的良好习惯,提高学生的自学能力。给学生们最好的童年,陪伴学生们一起成长,提供给学生们亲密接触大自然的路径。体验最真实的户外生活,品尝最美味的田园风味,像贝尔一样,成为站在食物链顶端的人。

2. 开拓视野

形式多样的活动,拓展学生的视野,增强学生自信心与社交力。助力学生从个人成长到国际视野的开拓,激活学生与生俱来的好奇心、敏锐力、想象力和创造力。

3. 收获成长

给予学生多样化的成长场景,让学生勇敢去尝试,提升自己在陌生环境中的适应能力、生活自理能力以及解决问题的能力。提高学生们的自主能力和创新能力,在体验式教育中发现不一样的自己。

4. 收获友谊

营会期间,来自不同家庭的学生们一起生活、一起学习、一起游戏、一起分享,相互协作、体验成功,学会关爱他人。在自然、友好与开放的营地环境中,结下最美好的朋友情谊。

 思考题

1. 与传统的学科课程相比,研学旅行的课程目标有哪些特点?
2. 课程目标是实现研学旅行教育的重要途径,一般来说,研学旅行目标包含哪些方面?
3. 研学旅行课程目标的实现离不开特定的方式方法,研学旅行课程目标制定有哪些依据?
4. "双减"政策下,研学旅行发展进入了新的阶段,与传统的课堂教育比较而言,研学旅行课程有什么特点?
5. 阐述研学旅行课程设计的基本原则。
6. 如何理解研学旅行课程设计的公益性原则?
7. 在研学旅行课程中如何贯彻安全性原则?

项目六　研学旅行课程实施

> **项目概况**：分析研学旅行课程实施的三个阶段，即行前课程、行中课程和行后课程。
> **学习目标**：了解并掌握研学旅行课程实施过程中的各个阶段工作内容及步骤要点。
> **学习重点**：研学旅行课程的行前准备；研学旅行课程的行中管理；研学旅行课程的行后总结。
> **学习难点**：研学旅行课程的行中课程的各项管理内容存在很大的变数，需要有较强的管理能力和应变能力。

研学旅行是"行万里路前读万卷书，行万里路中阅人无数，行万里路后思索回顾。"即课前准备充足，课中精彩纷呈，课后可圈可点，如图6-1所示。

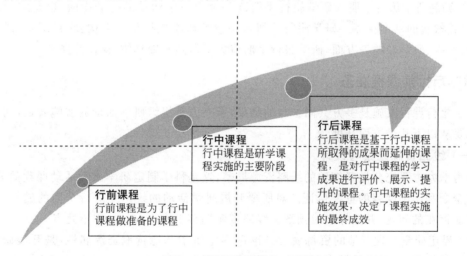

图6-1　研学旅行课程三阶段

任务一　行前课程

行前课程准备工作对研学旅行课程的顺利开展具有非常重要的作用。研学行前课程应当按照一定的组织标准体系开展，并考虑学生的心理特征、知识水平、学科特性等因素。其次，研学行前课程要结合当地教学实际，结合学生身心发展状况、各学段特点和地域等因素确定研学行前课程的内容，并把研学行前课程纳入学校教育教学计划，与综合实践活动课程统筹考虑，促进研学旅行和学校课程有机融合。另外，学校层面紧扣当前课程改革大背景，充分利用研学旅行载体与语文、数学、英语、物理、化学、生物、政治、地理、历史、音乐、美术、历史等学科课程进行嫁接交互,把研学旅行彰显地域特色、承载优秀文化的载体当作校本课程资源去开发。不少学校已经进行初步探索,学校在课程上增加了"跟着教材去旅行""访学护照""博物馆"课程等研学内容,一方面让学生了解当地的历史文化,另一方面发挥研学旅行"实践育人"的最大作用,培养学生综合素养,提升学生的综合能力。

课前阶段是研学旅行活动课程实施之前的准备阶段。这个阶段要做好课程方案上报、机构选择、确定路线、实地考察、方案确定、学生教育等很多准备工作。其中,准备过程中最核心、最关键的三个方面内容如下。

(1)确定课程目标。确定课程目标是做好其他准备工作的最基础、最重要的工作内容,课程目标要基于研学主题整体概念来明确。比如,某中学选择"探寻齐鲁文化,弘扬中华优秀传统文化"研学旅行课程的主题,并把泰山、曲阜、济南作为研学旅行目的地,称为"一山(泰山)、一水(趵突泉)、一圣人(孔子)"。

(2)搭建课程组织架构。研学旅行活动课程属于室外活动课程,课程组织的有序性、安全性、教育性是非常重要的课程目标,而这些课程目标的实现,关键是要建立起研学旅行活动课程的组织架构。这种组织架构除了常规的教师、学生、家长三位一体关系网外,其本质上是学生自我管理组织体系的构建,自我管理、自我教育应该成为研学旅行活动课程最主要的管理方式和教育方式。

(3)编制研学旅行手册。研学旅行手册既是整个研学活动的行动指南,也是实现自我管理、自我教育的基本保障。研学旅行手册应该包括研学旅行组织架构、联系网络、课程简介、行程安排、研学课题等方面,研学旅行手册应力求做到明确具体、操作性强。

一、承办方行前课程准备

研学旅行课程实施是多方共同参与的结果,承办方是组织研学活动的实施者,行前准备工作主要从以下几个方面开展。

(一)线路资源勘察与设计

作为承办方要充分做好细致的线路资源勘察,这是科学制定研学旅行活动课程的前提,也是安全顺利实施课程的重要保证。对所要开展研学活动的线路要进行全面的勘察,及时发现可能存在的问题,并做好应对预案。线路资源勘察工作主要包含以下几点。

(1)界定研学基地营地的资源属性。准确界定研学基地营地资源属性,是开展研学旅行的前提和依据,同时也是制定研学旅行课程的主要参考标准之一。研学具有多元性,因此在对资源属性界定的过程中要尽可能多地挖掘资源的多重属性,为学生从多角度认识和理解学习资源提供便利条件。

(2)确保研学线路全过程的安全性。安全第一原则要求在资源线路勘察的过程中对研学旅行基地营地、交通线路、交通工具等进行全面的考察,及时发现存在的安全隐患,对有重大安全隐患的供应方要坚决采取措施更换,制定有效的安全注意事项和安全防范对策。

(3)确定实施研学旅行课程的时间安排。在课程制定之前要初步掌握每个单元课程学习所需要的时间长短,合理分配各个课程时间,实现有效、有序衔接。

(4)明确研学全过程的后勤物资供给。在线路资源勘察的基础上,需要确定课程实施所必备的物资,同时还要深入了解课程资源特殊要求,例如一些必须要携带的证件、禁止使用的物品等。

（5）保障研学旅行交通安全。对学生而言，研学活动一般会要求离开惯常环境去到异地开展相关研学活动，因此需要借助一定的交通工具来开展。在实地勘察的基础之上，要结合各个学习单元之间的距离以及时间安排，合理选择出行方式，确保交通安全。

（6）筛选最佳研学活动线路。有些研学旅行课程线路不具有唯一性，要对所有线路进行勘察，在安全第一的原则下，合理选择路线。

（7）做好住宿酒店勘察。到研学活动中所涉及的住宿酒店进行勘察，对酒店设施设备安全性、舒适性进行全面调查和了解，对各种资源图文信息进行收集，为制定研学旅行手册做好准备工作。

（二）制定研学旅行手册

研学旅行手册是研学旅行活动最好的载体，其不仅能够将研学活动过程具体化，也能引导学生开展研学旅行活动。在行前准备工作中要精心设计研学旅行手册，因为研学旅行不是一场说走就走的旅行，是经过精心设计的，具有教育属性有目的、有安排、有规划的特色研学线路。研学旅行课程行前中的知识储备、行中的实践探索以及行后的思考感悟都需要经过科学的设计，研学旅行手册能够为学生在研学旅行中的各个阶段提供思维框架，因此需要科学地设计研学旅行手册。

（三）签订与供应方、保障方的合作协议

在研学旅行课程开展的过程中存在众多参与者和实施者，经过实地勘察，确定课程资源和线路之后，承办方要与各类供应方签订合作协议，通过协议来约定和规范服务质量标准、课程实施时间、各方的权责以及意外情况下的违约责任等。研学旅行课程实施过程中的保障方主要有保险公司、驻地公安机关、驻地医疗机关等，要与保障方签订相应的保障协议。

（四）制订安全防范措施和应急预案

承办方作为研学旅行课程的实施者，要始终坚持安全第一的原则，做好安全防范措施，制订应急预案。应急预案一般包括：地质与气象灾害应急预案、交通事故应急预案、食物中毒应急预案、突发疾病应急预案、意外伤害应急预案、暴恐袭击应急预案、机动车火险应急预案、财物失窃及证件丢失应急预案。

（五）开展行前课程专项培训会议

首先，开展研学旅行课程资源介绍会议，让家长、学生掌握研学课程信息和整体研学课程安排，为下一步研学工作开展提供保障，这也是学生选课的参考依据。

其次，组织开展相关工作专题会议报告，包括研学旅行主题、时间、线路、人员安排、安全保障等内容，部分专题可以邀请相关领域的专家学者来做报告，也可邀请承办方工作人员开展相关专题报告。

最后，搭建联系渠道，实现承办方与学校及时有效的信息沟通与对接，例如建立QQ群、微信群等。

二、学校行前课程实施

学校是教书育人的主阵地，同样也在实施研学旅行课程中具有不可替代的作用，做好研学旅行课程行前工作意义重大。

（一）研学旅行的组织与动员

学生的组织与动员。在研学旅行课程开始之前，需要做好学生动员工作，让学生了解研学旅行课程的政策大背景，理解研学旅行课程的价值与意义，树立良好的思想认知，为开展研学旅行做好思想准备工作。为了让学生更好地了解研学旅行课程，需要将学校所开展的工作以及后续所要开展的工作向学生说明，可以让学生参与各项行前课程中的准备工作，让学生了解研学课程的课程特点和实施方式，做好参加研学旅行的各种相关准备。

课程（线路）选择与编组。各地在开展研学旅行课程的过程中需要充分考虑到当地的实际情况，有针对性地制定校本课程，才能发挥研学课程的实践育人的效果。首先，学校与承办方沟通交流，承办方应该根据学校提出的建议及时修改课程设计，对课程进行优化编组，之后制定研学旅行手册；其次，学校及时面向学生发布各条研学旅行课程线路的相关信息，组织学生选课；最后，课程结束之后，根据各条线路的选课人数建立课程规范与管理制度。例如每条线路选定一名小组长，组长负责将相关信息传达给小组成员。

建立通信与沟通渠道。与承办方一起建立通信联络与信息沟通渠道，包括电话通信录、QQ群和微信群等，重要信息在群里及时发布。

（二）对家长课程培训

研学旅行课程实施开展离不开家长的参与和支持，针对家长开展相关的课程培训工作非常重要。首先，对家长重点宣传国家有关研学旅行课程的相关政策，开展研学旅行课程的时代背景和价值，让学生家长理解研学旅行课程与一般意义上的观光旅游、夏令营、冬令营的区别以及研学旅行课程对学生健康成长和未来发展所具有的特色意义；其次，面向家长介绍研学课程基本内容和行程安排，详细说明研学旅行课程的特点以及课程实施方法；再次，让家长更好地参与研学旅行课程中，应向家长介绍该如何配合学校和承办方开展研学旅行工作的相关事项；最后，向家长介绍说明研学旅行中可能出现的问题以及所采取的安全防范措施和各种应急预案，并解释有关安全责任的法律规定，向家长倡议与学校一起携手努力为学生参加研学旅行课程创造安全的环境。

（三）对研学旅行指导教师的培训课程

对学校教师的培训。为让学校老师（班主任）更好地参与研学旅行课程中，应开展相关课程培训，内容主要包含：开展科学研究的一般方法和研究规范、研究报告的结构和范式、研学旅行课程目标的制定与陈述、研学旅行课程内容的选择与表达、研学旅行课程实施的组织与方式、学生管理的技巧与规范、研学旅行课程的成果与评价、研学旅行的安全与防范等，学校带队教师还要具备相关法律知识和合同知识。

对承办方研学导师的培训。研学旅行指导师作为研学旅行课程的实施者，是确保研学旅行课程能够顺利实施的关键，要让指导师了解景点背景知识，具有景点的讲解能力，特别是要理解研学旅行和观光旅游活动的区别，要对研学旅行的教育性有深刻的认知，能对学生的研学活动进行专业指导。承办方研学指导师必须及时掌握研学旅行的最新动态和技巧，以便在今后能够带领学生更好地进行系统化、专业化的研学活动。

安全责任培训课程。研学旅行始终坚持安全第一的原则，进行安全责任培训至关重要。因此应面向师生开展安全防范知识和技能培训，使其详细了解安全防范的注意事项和安全保障措施，让每一位带队教师明确安全责任和安全岗位，也让每一位学生树立安全防范意识。另外，安全内容培训应该重点让研学指导师掌握紧急情况下学生的疏散、转移与紧急救助,充分了解各种应急预案的具体内容,知晓应急预案的响应条件,一旦发生应该启动应急预案的情况,如何立即启动,并按照预案中的操作流程紧急行动。

(四)面向学生的行前课程

当前研学旅行已纳入学校教育教学计划,各年级每个学期都会安排相应的研学旅行活动,但是每次研学目的地不一样,还有一些同学是初次参加研学活动。为了确保研学活动能够顺利实施开展,需要有针对性地做好行前准备工作,因此做好文明旅行行为规范专题讲座非常重要。

(1)乘坐火车与飞机的文明行为规范。前往校外研学目的地通常情况下要借助交通工具来实现,近距离一般乘坐汽车、火车,而远距离的需要乘坐飞机,无论乘坐何种类型的交通工具,都要遵守乘车行为规范。作为研学旅行活动组织方,需要提前将本次研学乘坐的交通工具告知学生。在乘坐交通工具时学生要遵守公共交通秩序,听从老师的安排和指挥,不插队、不追逐打闹。

(2)景区入口排队进入的秩序规范。研学旅行是集体性活动,尤其是在研学旅行开展的旺季,同一研学旅行目的地可能会存在多个研学团队同时开展研学活动,这种情况下学生大量聚集在一起,如果没有良好的纪律规范,可能会出现秩序混乱的问题。为避免类似问题的发生,在行前动员中,需要向学生说明在景区入口排队纪律的重要性。排队入场不仅是学生应该具备的基本素质,同时也是避免安全隐患问题出现的有效手段。

(3)研学活动组织实施的注意事项。每次集合出发时,各小组长要清点人数,清点完毕后要第一时间向研学旅行指导师汇报,确保一个都不能少。参观游览过程中要遵守秩序,遇突发情况反应要机敏,确保人身安全。分组参观游览的过程中要以团队的形式开展,注意团队协作能力,规范团队成员行为。禁止独自行动,服从集体活动安排,如遇特殊情况确需暂时离队的,比如去卫生间,要及时向小组组长和研学旅行指导师汇报,不得私自脱离队伍,单独行动。

(4)室内研学基地(场地)参观的行为规范。针对室内的研学场馆,在参观过程中要严格遵守场馆秩序,比如不得在馆内大声喧哗,不得嬉戏打闹,不得在禁拍场所随意拍照等。严格遵守基地(场馆)参观时长规定,结合实际做好参观计划和时间安排;参观体验时,爱护公共设施,不随意触摸展品及展柜,理解尊重他人工作,听从指示劝导,遇到问题礼貌询问,做好垃圾分类文明有序。

(5)酒店住宿的行为规范。学生必须服从研学旅行指导师的管理,按时起床、按时就寝。严禁乱窜客房,熄灯后或者午睡时不说话、不嬉笑打闹、确保睡眠质量。按时回客房,按时离客房,上下楼梯靠右行、爱护公共财物,客房用的设施设备不得损坏,损坏者要按照价格进行赔偿,情节严重的要受到相关律法处分;严格遵守酒店消防要求,禁止在客房吸烟、生火、玩火等,远离任何可燃物,以防火灾事故发生。

(五)与承办方和保障方的协议

为了更好履行责任,学校要与承办方签订合作协议,明确双方的责任和权益。学校要与承办方签订研学旅行服务承诺书,明确承办方应对研学旅行过程中所发生的一切安全伤害事故依法承担全部责任。同时,学校还要向保险公司购买校方责任险,签订保险合同。

(六)与承办方的沟通与监理

学校要依据招标公告要求和合作协议,监督承办方与学生家长签订研学旅行协议。学校要及时与承办方和学生家长就在筹备和课程实施的过程中出现的各种问题做好沟通、协调、处置的工作。学校要监督承办方购买相关保险。

任务二　行中课程

研学旅行开展时会涉及多个方面的管理工作,做好行中课程实施关系到研学旅行课程实施质量。课中阶段是研学旅行的实施阶段,按照研学课程安排开展相关研学实践活动,内容多,也最容易出现问题。

一、乘车管理

乘车管理包括往返家庭过程中的乘车设计与管理、通往旅行目的地过程中的交通设计与管理、活动过程中的交通设计与管理等。乘车管理包括乘车秩序、座位安排、文明要求等内容,最好的乘车管理方式是自我管理和小组合作管理。引导学生有序乘坐交通工具,养成良好的遵守秩序习惯。

二、食宿管理

研学旅行是集体性的,需要集中食宿,食宿管理属于生活管理,也是安全管理的重要内容之一。食宿管理中,较好的管理方式是提前设计好餐桌人员分配、餐桌号、餐桌长以及住宿人员房间分配、住宿管理制度规定、查岗查房等内容,以便实现食宿管理的有序化、自动化、科学化、效能化以及学生自治。

三、活动管理

研学活动管理贯穿研学课程的实施全过程,做好活动管理至关重要。目前,比较普遍的管理方式是以学校、年级、班级为单位的大一统管理,这种管理可以充分保障预设性、有序性,但同时也存在着一些缺点,例如缺乏灵活性,学生个性化难以在这种活动中得到锻炼和提升。学校与基地、营地、营运机构应积极配合,为学生设计更多的模块化、个性化、微型化的选择性、探究性、合作性课程,构建新型研学活动管理模式,实现学生全面发展。

四、教学管理

（一）教学环境

研学旅行活动课程不同于在学校教室内教学的课程,它是一种真实场景中的教学,是实景教学,学生能够在真实的环境中得到良好的体验和认知。

（二）教学团队

1. 教师团队化

（1）主办方人员配置。主办方作为研学旅行课程的重要参与者和实施者,应派出一人作为主办方领队,负责督导研学旅行活动按计划开展,通常情况下每10~20名学生宜配置一名带队教师。带队教师全程带领学生参与研学旅行各项活动,配合承办方的研学旅行指导师开展课程实施工作,负责指导学生完成并批改课后作业,提升研学旅行课程教学质量。

(2) 承办方人员配置如下。

① 承办方应为研学旅行活动配置一名项目组长,项目组长全程随团活动,负责统筹协调研学旅行各项工作。

② 承办方应为每个团或每辆车至少配置一名研学旅行指导师,负责制订研学旅行教育工作计划,在主办方带队教师、地接导游等工作人员的配合下提供研学旅行教育服务。

③ 承办方应至少为每个研学旅行团队配置一名安全员,安全员在研学旅行过程中随团开展安全教育和防控工作。

④ 承办方应为每个研学旅行团队配置一名队医,负责旅行团队成员常见疾病的预防及治疗,对突发疾病、意外伤害进行紧急处理,对需要启动应急预案的情况为项目组长提供专业建议,并采取应急救助措施。

⑤ 承办方应要求供应方至少为每个团或每辆车配置一名地接导游,负责提供导游服务,并配合相关工作人员提供研学旅行教育服务和生活保障服务。

2. 教师的跨界化

相较于学科课程来说,研学旅行侧重学生的实践体验,这不仅对教师专业知识提出了更高的要求,同时对教师跨学科知识融合提出了新课题,研学指导师团队围绕研学旅行知识储备要求,需要涉猎来自教育学和旅游学两个专业领域的知识,同时思考如何把双方各自的专业优势进行有机结合,最终达到跨界合作的教学效果。

(三) 教学方法

教学方法的核心指向是如何组织好教学活动,目的在于方便学生更好地学习,教学内容要适应学生的学习水平、学习兴趣和特长。教师要善于指导学生学习,有效的咨询和指导,不断启发学生。在教学方法应用中要提供必要的学习材料,让学生自主学习。结合研学旅行课程实际情况,采取行之有效的、多元化的教学方法非常重要,常用的教学方法有角色教学法和杜威教学法。

1. 角色教学法

美国心理学家罗杰斯(Carl Rogers)认为,教师在教学活动中的角色是"促进者",教学方法就是促进学生学习的方法。他认为,能够影响一个人行为的知识,只能是他自己发现并加以同化的知识,教的知识相对而言是没有用处的,对人的行为基本上不产生影响。所以,教学不应是直接传授知识本身,而应该是传授获取知识的方法。他提出教学方法应该包括以下几个方面。

(1) 组织好教学内容,目的在于方便学生的学习。

(2) 教师要善于指导学生学习,而不是一味地传授知识,而有效的咨询和指导的艺术在于适当的启发。

(3) 提供必要的学习材料,让学生自己学习。

2. 杜威教学法

杜威(John Dewey)根据学生的思维活动过程所提出的"五步教学法",对研学旅行课程的教学也具有很好的指导意义。在《民主主义与教育》一书中,他认为教学应按照以下五个步骤进行。

(1) 学生要有一个真实的经验情境——要有一个对活动本身感兴趣的、连续的活动。

(2) 在这个情境内部产生一个真实的问题作为思维的刺激物。

(3) 他要占有知识材料进行必要的观察来对付这个问题。
(4) 他必须有条不紊地展开他所想出的解决问题的方法。
(5) 他要有机会通过应用检验他的观念，使这些观念明确，并且让他自己发现它们是否有效。

五、学习管理

1. 学习方式

采取何种学习方式对学生来说非常重要，研学旅行课程实施中以学生自主探索学习方式为主，让学生在团队协作下自主学习，提高学习积极性、主动性。

2. 学习任务

在学习任务方面，研学旅行主要是培养科学探究的能力，培养学生要具备的核心素养，养成正确的情感价值观。

3. 学习素养

研学旅行过程中，学生要学会带着问题去体验，在研学中不断思考。在不同类型的学习资源中应该具备一些基本素养，例如，在研学旅行过程中，当研学指导师进行课程讲解时，学生保持认真听讲、积极互动是最基本的素养。

4. 学习成果

研学旅行过程中的学习成果一般包含外显成果和内化成果。其中，外显成果包括文本成果（研究性学习报告、随笔、游记、完成的模块作业）、影像成果（研学旅行过程中拍摄的照片、视频）、制作成果（研学旅行过程中参与制作的手工艺制品、采集的标本、购买的纪念品）等。而内化成果包括知识成果（研学旅行过程中通过观察、探究等自主学习活动习得的知识）、能力成果（在研究过程中所形成的分析问题、解决问题的能力）、态度成果（研学旅行过程中经过体验所获得的态度、情感、价值观的变化）、行为成果（文明行为的养成）等。

六、评价管理

评价管理是按照课程内容对学生的行为进行适时适当的指导，按照研学旅行手册中的评价指标对学生的行为进行评价。在研学旅行中要及时提醒和引导学生注意基地和营地的特殊要求，并且能够对这些特殊要求做出即时性的评价，相关的评价结果会作为最终成果认定时的参考。

任务三　行后课程

行后课程是基于行中课程所取得的成果而延伸的课程，是对行中课程的学习成果进行评价、展示、提升的课程。研学旅行行程结束之后，并不意味着课程的结束，行后课程包括研学成果加工、研学成果汇报、研学成果展示以及研学成果评价与认定。

课后阶段是研学旅行的评价总结阶段。这个阶段是非常重要的课程学习阶段，也是很多学校容易忽视和轻视的阶段。课后阶段的主要内容包括研学作业的完成、研学成果的展示、研学成绩的认定等。

第一,研学作业的完成。按照研学课程方案的设计,学校会在研学旅行的课前阶段布置相关研学作业,并要求学生在课中阶段通过体验、探究等方式记录研学所得,回到学校后再汇总资料整理,并按要求完成相应的作业。

第二,研学成果的展示。研学成果的展示应该以小组为单位,以体现小组合作学习的效果。研学成果的展示实际上是一种课程评价方式,其目的是检验研学旅行目标实现情况。另外,研学成果的展示还可以实现研学成果的物化和延续,以提升研学的实效性。

第三,研学成绩的认定。研学旅行课程既然已纳入学校教育教学计划,应参照传统学科课程的成绩和学分认定标准,出台符合地方教育教学实际的研学旅行课程成绩认定和成绩管理规范的机制,这也是推动学生有效参与研学的重要手段。

一、研学成果加工

研学成果加工是指研学旅行活动结束之后,学生在规定时间内完成相关工作,是研学旅行行后课程的重要组成部分。

(一)文本类成果撰写

不同年龄层段、不同学习情况的学生在完成文本类成果撰写方面存在着一定的差异性,因此研学课程方案要分类别、分层次、分难易进行任务布置。高中学生文本类成果撰写应侧重研究性课题,比如撰写课题研究报告、试验报告等。初中学生可相较高中学生的要求,适当地降低任务的复杂性和文本成果内容的深度要求。而小学生的文本成果撰写应该侧重于学生对外界事物的观察和记录,不宜太深入,难度也不宜太大,鼓励他们撰写其他文本类成果,如随笔、散文、游记等。

(二)影像类成果编辑加工

在研学旅行过程中,学生会拍摄一些图片、视频,针对这些图片、视频等影像素材,借助一些软件工具(或家长的协助)进行编辑和加工,从中选出具有代表性的进行交流与展示。通常情况下,为了配合成果交流,还可以要求学生制作与成果相配套的 PPT 课件。

(三)制作类成果完成标签说明

通过对在研学过程中所采集的标本、收集的有代表性的纪念品等进行筛选,选出有代表性的成果,加以文字说明,制成标签,准备展示交流。

二、成果汇报

对成果加工之后,需要做好成果汇报工作,一类是课题研究成果汇报交流,另一类是其他学习成果汇报交流。高中阶段学生可采取课题研究成果汇报交流的方式,而初中和小学阶段的学生则宜采取学习成果汇报的方式。

1. 课题研究成果汇报

课题研究成果汇报流程通常为:学生提交报告交由指导老师批改→指导老师批改并反馈修改意见→以小组为单位进行课题成果交流→经小组评议,推选出能够代表小组的研究报告→班级举办优秀课题成果交流汇报会→各班推选出优秀成果参加学校的成果展示→学校遴选优秀成果结集成册,印制或出版《学生研学旅行优秀课题成果集》。

2. 其他学习成果汇报交流

其他学习成果是指除研究报告以外的其他所有学习成果,包括各种类型的文本成果、影像成果、制作成果等外显的学习成果,以及研学旅行中学生的所见、所闻、所思、个人思想与能力提升等内化的学习成果,这些都是其他学习成果汇报交流的内容。在班级内部可以充分结合学校的成果展示方案,利用教室内部的墙壁空间或建立网上学习交流平台,对成果进行分类展示,并进行优秀成果分类推选,为参加学校的展示做准备,激发学生汇报交流积极性。总之,其他学习成果汇报交流途径多种多样,采取多种途径的成果汇报方式有助于学生不断提升交流收获和学习的质量。

三、成果展示

成果展示就是学校按照不同的成果类型,分类设立展示项目。在各个班进行展示的基础上,推选一些具有代表性的成果,举办研学旅行课程成果展。展示方式上要灵活多样,既可以通过展厅、展台、展板等传统方式,也可以拓宽展示渠道,通过微信、QQ、视频网站等新媒体平台展示。展示评价中要激发学生的积极性,让学生主动参与评价,发扬民主精神,让学生在评选和评价的过程中进一步相互学习。通过对学生的各类学习成果展示和评价,让成果和经验共享,对学生起到启发和激励的作用。

四、成果评定与认定

在各类评比展示结束后,结合展示的结果,指导教师需要对学生研学旅行学习成果给出评价,在评价的过程中要根据不同年级的实际情况进行,充分体现出年级差异性。高中学校可以根据有关规定把学生的学习成果记入学生发展素质评价报告,并予以学分认定。初中和小学则可以根据学校的相关规定,对学生的学习结果进行成绩认定与表彰。

> **延伸阅读**
>
> 研学旅行课程化是其走向科学化、规范化和有效性的必然要求,也是其常态化开设的实然路经。那么,在建构研学旅行课程体系时都需要注意哪些问题,如何保证其课程的专业性呢?
>
> 1. 组建课程研发团队
>
> 组建研学旅行课程研发团队,建构开放可持续发展的研学旅行课程体系。在开发研学旅行课程的过程中进行以下内容。
>
> (1) 分类分层进行。必须根据学生的年龄和身心发展的特点,分年级与分类别进行设置,研学旅行必须体现梯度、序列地开展,彰显活动的序列化和渐进性。
>
> (2) 坚持趣味性、丰富性与自主性。保持其内容的开放性、趣味性,将兴趣作为课程教学的目标和评价的标准,而且从学生兴趣需要出发选择、组织课程教材内容。
>
> (3) 保持课程系统性。以主题活动方式系统性开展研学旅行,把研学旅行有机整合起来形成系统化的课程。同时,注重研学旅行活动的总结与提升,开发典型性的课程资料,以丰富研学旅行课程资源。
>
> 由于研学旅行是一种复杂的综合实践课程,每个学校、每个地方的环境不同、条件不同,课程资源也不同,因此,研学旅行课程开发的主体不是研究专家学者,而是需要进行本土化开发,需要因地制宜地根据本地区经济社会发展、本学校的实际情境和学生具体情况进行开发。

研学旅行的进程是不断变化的,其目标和主题将会不断生成和发展,因此,需要进行动态性的开发。每次研学旅行活动结束后应及时总结,并且根据学校研学旅行目标与内容,师生协作,形成分段、分层实施的研学旅行活动。

由于研学旅行没有教材,且关于中小学研学旅行研究尚处在探索阶段。因此,需要从研学旅行的内涵与外延入手,对研学旅行进行重新梳理,并将其转化为研学旅行规范化的形式和内容。

如果学生需要亲身履历、观察、体验与感悟等获得生存能力与建构个体知识,则开展体验式的研学旅行;如果学生需要对一些间接性经验进行验证,以提高学生分析问题、解决问题的能力,则开展研究性的研学旅行。

2. 组建专兼职结合的教师队伍

根据研学旅行目标和课程内容,结合不同学段的学生认知水平,整合研学旅行课程素材,编写研学旅行教学设计和活动方案,开发研学旅行校本课程资源。在开发的过程中,需要注意各项活动要有一定的内在连续性和层次性,才能保持研学旅行有效持续化开展。从系统思维的角度,全面分析研学旅行的目标确定、内容安排、方法选择等问题,整体建构中小学研学旅行课程体系,有助于该课程的可持续发展。

3. 需要组建相对稳定的校内外专兼职相结合的研学旅行指导团队

学校内部以分管校领导为组长,以班主任、团委和专业性的指导教师,以及不同学科、专业、领域的教师为成员,负责研学旅行课程计划、课程实施方案的制订,组织开展活动,并具体指导学生研学旅行,形成学习型研学旅行团队组织。同时,多渠道吸引具有研学旅行指导能力的人员,聘请有专业特长的品德高尚的志愿者担任研学旅行指导教师,共同实施课程计划,并提供实践层面的引导与示范,对研学旅行进行统一管理、分类指导。

案例 1

1. 潍坊市坊子区第二实验学校——以劳动清单为载体

潍坊市坊子区第二实验学校以潍坊市教育局出台的《关于实施劳动教育清单制度的指导意见》为指导,以劳动清单为载体,形成了家、校、社协同联动的劳动育人新模式。

(1)科学制定劳动教育清单。从家务劳动、校内劳动、社区劳动三个层面确定各年级劳动内容。

(2)落实家、校、社协同育人。通过"班内指导、家庭练习、校外实践"的路径落实清单内容,提高劳动技能。在每周一节的劳动教育课中,教师根据训练目标,教给学生劳动方法。在每周的劳动实践体验中,家、校、社及时做好评价和指导,重在劳动习惯养成。

(3)开展劳动主题系列展示。每月设立一次主题劳动周,开展劳动活动,如个人卫生、公益实践、校内服务等,在展示中分享成果、感受快乐。此外,学校还根据劳动主题成果展示,评选劳动实践小明星,童娃劳动优秀班级等,在学校公众号进行宣传,树立劳动榜样,深化劳动精神。

2. 潍坊市坊子区实验学校劳动教育立体课程

(1)以潍坊市小课题《综合实践活动与学科融合视域下的劳动技能分层设计研究》为载体,分析小学各学科劳动育人点,挖掘学科劳动教育基本内涵,打造分层劳动教育课程体系。

(2) 日常教学以综合实践活动课为课程主体,采用按年段分层建立劳动清单,以日常劳动为平台,开展个人学校劳动、居家生活劳动、日常家务劳动、庭台农植生产劳动、居家手工创作劳动等知识教育。

(3) 知识类、方法类、技能类课程依托综合实践活动课开展;劳动习惯培养类课程在全学科相应课时中开展;动手类、表现类、创新类课程与美术、科学、音乐等学科结合开展。

(4) 建立学校特色劳动实践基地,打造小博士种植园,进行劳动项目化管理。

(5) 合理设计研学课程,学中做,做中学。

(6) 利用一天劳动30分,每月一个劳动日,每学期一个劳动周(上半年五一,下半年元旦),每假期一个劳动项,建立"四个一"劳动实践课堂,打造全面完善课程体系。

3. 潍坊市坊子经济发展区中心小学劳动教育做法和亮点

潍坊市坊子经济发展区中心小学在市教育局和区教体局的正确领导下,结合学校阳光办学理念,深入挖掘校内外资源,紧紧围绕劳动育人目标,开发1~6年级校内劳动、家务劳动、农场劳动、社会公益四个层面独具特色的"阳光劳动"课程体系,找到劳动教育特色发展的突破口。

本着给孩子多点场所就会多点实践体验的原则,学校加大资金投入,打造"2+N"个学农基地、"5+N"个学工劳动体验教室,将校内外资源结合使用,充分发挥劳动综合育人功能,为课程有效实施提供保障。

学校采用教师选课、家长辅教、校外辅导员走教等方式,统筹安排周五下午集中授课,设计"阳光少年劳动清单月报表"记录学生日常家务劳动情况,打通了劳动教育在家庭落地的"最后一公里"。将学校劳动规范化,家务劳动日常化,社会劳动多样化,形成协同育人格局。

学校劳动课程采取平时表现评价、学段综合评价、劳动素养监测等多种评价方式,推行次评—月积—期兑模式,最终通过劳动争章兑换"校园币"的方式来实现激励性评价效果,促进学生全面发展、个性发展、特长发展和长远发展。

案例2

寿光市侯镇第二初级中学——"老把式"带"小把式"。

为增强学生的劳动实践能力,学校依托当地丰富的"非遗传承"资源,打造校内实践基地,开发校园农场,开设"乡村田园"劳动课程,大力开展劳动教育。

(1) 成立"双组"。学校成立以校长任组长的劳动教育领导小组和以骨干老师领衔的劳育教学研究小组,科学规划,让劳育教学落实落地。

(2) 开发劳育课程。学校深挖本地特色资源,开发"绿萃"特色劳育课程:"非遗传承"课程,包括剪纸、土陶、面塑、草编等地方非遗传承;"亲农耕"田园课程,包括"五谷丰登""六畜兴旺""瓜果飘香""菜蔬满园"课程;其余还有"绿化美化"园艺课程、"内务整理"课程。

(3) 搭建活动平台。学校建设5个劳育功能室,4个校内劳育基地和2处校外实践基地。利用"五一劳动节"和"十月金秋节"开展大型校园劳动节活动。规定每天全员卫生值日劳动半小时,每周统一安排两节劳动课,每生周末在家劳动一小时。

(4) 完善评价机制。完善《教师绩效考核方案》《学生综合素质评价》,把教师承担劳动教育课工作量纳入成绩绩效,让教师劳有所获。把学生在劳动教育取得的成绩纳入综合素质评价,提高师生参与劳动教育的积极性。

案例 3

昌邑市下营镇九年一贯制学校发展陆海融合劳动教育。

昌邑市下营镇九年一贯制学校秉承"陆海融合"理念,多维融合,加强劳动教育课程建设。

(1)创新家长学校模式,开通线上智慧家长课堂,线下家校互访活动,线上线下双引擎,多维融合促发展,建设家校育人课程超市,开发家庭教育主题课程。

(2)利用行知苑、蔚蓝馆、浩源养殖场等校内外实践基地,从"劳动小达人、自然小农人、海洋小卫士"三个维度,进行陆海融合,成立了"巧手编织""贝壳艺术制作"等8个海洋社团和"小小农场""花卉培植班"等8个体验种植社团。举办"讲海洋故事""学编织技巧""展贝壳文化""学农耕技术"等一系列活动。

课程的研发,让孩子们增长了劳动技能、收获了成功的喜悦,树立了劳动光荣的观念。学校的办学特色显著,得到社会各界的广泛赞誉。

任务四　研学旅行课程教学方法

一、项目教学法

项目教学法是指在老师的指导下,将一个相对独立的项目交由学生自己处理,包括信息的收集、方案的设计、项目实施及最终评价,全过程由学生自己独立负责,学生通过该项目的进行,了解并把握整个过程及每一个环节中的基本要求。项目教学法具有周期短的特性,见效比较快,具有很强的可控性,注重理论与实践有机结合。在实施中教师与学生共同参与,共同取得进步。

项目教学法通常由教师设定主题,以小组为单位完成任务,主张"先练后讲""先学后做",强调学生的自主学习,引导学生主动参与,调动学生学习的主动性、创造性、积极性,研学指导师在项目过程中承担促进者、帮助者和合作者的角色,这样可以充分发挥指导师的主导作用,实现师生角色的合理定位。

项目化学习要求对教师能力进行提升,一是提问能力,教师应该是一个爱提问、会提问的人,照本宣科的教学方式已经退出了现代教育的舞台;二是适应教学变革的能力,教师不能只看眼前每节课的知识点,应该重心关切"如何培养人";三是整合学科资源的教学能力,教师未来不是只能教一门学科的老师,而应成为一个具备教授多项交叉学科能力的人。

二、任务驱动教学法

任务驱动教学法,指导师根据教学要求对学生提出具体的研学任务,以完成一个个具体的"任务"为线索,把教学内容巧妙地隐含在每个"任务"之中,学生自主或在指导师的指导下提出解决问题的思路和方法,然后进行具体的操作,指导师引导学生边学边做完成相应的

"任务"。"任务驱动"基本结构：呈现任务→明确任务→完成任务→任务评价。

　　任务驱动对于学生来说是一种有效的学习方法。在学习的过程中从浅显的实例入手，逐渐深入深层次。研学指导师从浅显的实例入手，带动理论的学习和应用软件的操作，可以大大提高学习的效率和兴趣，培养学生独立探索、勇于开拓进取的自学能力。一个"任务"完成了，学生就会获得满足感、成就感，从而激发他们的求知欲望，逐步形成一个感知心智活动的良性循环。随着一个接着一个的成就感，减少学生们以往由于片面追求信息技术课程的"系统性"而导致的"只见树木，不见森林"的教学法带来的茫然。

　　从教师的角度说，任务驱动是建构主义教学理论基础上的教学方法，将以往以传授知识为主的传统教学理念，转变为以解决问题、完成任务为主的多维互动式的教学理念；将再现式教学转变为探究式学习，使学生处于积极的学习状态，并根据自己对当前任务的理解，运用共有的知识和自己特有的经验提出方案，解决问题。任务驱动为每一位学生的思考、探索、发现和创新提供了开放的空间，使课堂教学过程充满民主、充满个性、充满人性，课堂氛围真正活跃起来。

三、情境教学法

　　情境教学，是指导师依据研学目的、研学内容的需要，利用或创造一定的情境，引导学生去学习、去探索、去发现、去创新等。特定情境下的研学，更容易调动学生参与到研学中，激发学习积极性、主动性和创新性，更易理解和接受研学的内容。

　　情境教学法强调，知识是在具体情境中建构的，它与具体情境紧密相连，指导师应把学生置于一定的社会情境中学习，通过社会互动或活动来促进学习，这对于改善课堂学习的去情境化、抽象化，增强学生学习动机和学习的互动性，具有重要的指导意义。

四、榜样示范教学

　　榜样的威信直接影响德育的效果。研学指导师要善于引导学生进行分析鉴别，学习榜样高尚的思想和道德品质。同时在选择榜样时要注意青少年的年龄特征、接受能力、社会氛围和时代特点，使榜样具有亲和力和鲜明的时代特征，能有效地影响学生。研学指导师应积极宣传最美人物、身边好人，让不同行业、不同群体都能学有榜样、行有示范，形成见贤思齐、争当先进的良好局面。

　　选择的榜样必须来自生活，具有真实性、可信性、可行性，能以他们高尚的情操和感人的事迹，赢得人们发自肺腑的敬仰和爱慕，这样才能让学生产生敬仰之情和崇向之心，从内心深处产生学习的动力；相反，把榜样任意拔高，甚至"神化"的做法只能让学生产生怀疑和反感。引导学生尊崇褒扬、关心关爱先进人物和英雄模范，建立健全关爱关怀机制，维护先进人物和英雄模范的荣誉和形象，形成德者有得、好人好报的价值导向。

思考题

　　1. 好的课程设计是研学旅行工作的基础，研学旅行课程设计应该遵循哪些原则？

　　2. 在课程设计之前，应该先进行旅行线路资源勘察，那么研学旅行线路资源勘察的主要内容有哪些？

3. 承办方应为主办方提供哪些行前课程？
4. 安全注意事项、安全防范措施和应急预案有什么区别？
5. 承办方通常应该制定哪些方面的应急预案？一份规范的应急预案一般应该包括哪些内容？
6. 学校应该面向学生开设哪些必要的行前课程？
7. 一个研学旅行指导师团队应该由哪些人员构成？他们分别承担什么职责？
8. 根据罗杰斯关于教学方法的观点，研学旅行课程应采取什么教学方法？
9. 研学旅行课程教学与学习成果包括哪些类型？不同学段的学生研学旅行成果主件分别是什么？
10. 高中学生撰写研学旅行的课题研究报告必须满足哪些方面的要求？
11. 学校通常可以采取哪些方式对学生的研学旅行成果进行展示？
12. 请你为一所高中学校制定一个研学旅行成果展示的活动方案。

项目七　研学旅行课程评价

项目概况：阐述研学旅行课程的评价内容、评价依据及评价原则；分析研学旅行课程评价方式及评价标准。
学习目标：能够对研学旅行课程行中管理的研学旅行效果进行初步评价。
学习重点：研学旅行课程的评价内容；研学旅行课程的评价原则。
学习难点：掌握并运用好研学旅行课程的评价方式及评价标准。

任务一　了解评价

　　评价是教育活动中的重要环节，全面有效的评价不仅能够让教育管理者掌握活动的开展情况，从而总结经验教训并为更好地开展下一次活动奠定基础，也能让学生进行自我感知，自我教育。依据研学旅行的目的，本着关爱、呵护、督导、培育、评估的原则，研学旅行课程评价可分为过程性评价和终结性评价两部分。最终的评价结果可以是晨会、班会、校级主题演讲、摄影展、征文比赛、橱窗成果展等形式进行展示。

　　评价作为研学旅行内容的重要构成部分，能够对研学旅行效果进行初步判断，掌握学生参与研学旅行的效果，进而为下一步的研学旅行活动实施提供基本的判断依据。因此，适当的评价可以指导和帮助研学指导师以及学生改进研学活动流程，不断提升研学旅行质量。

一、评价内涵

　　研学旅行的评价是按照教书育人准则，在研学旅行家教育目标指导下，通过特定的技术手段和方法，对研学旅行中的实践活动、教育过程以及教育结果进行科学判定，进而为研学旅行教育决策和个人发展提供客观依据。

　　良好的评价在实践中具有非常重要的作用，能够有效监督研学旅行是否有序开展。例如在井冈山红色研学过程中，要把握好正确的政治方向，活动要与中国发展紧密结合在一起，激发学生爱国热情。为了实现这一目标需要借助适当的评价，以保证研学旅行的质量和教育价值。

　　评价还具备一定的诊断功能。对研学旅行活动进行针对性的诊断能够及时发现存在的问题，进而采取应对措施解决问题，提升研学旅行质量。例如，在研学旅行活动开展中，同一主题研学活动，针对不同年级的学生也要采取不同的教学方法，结合学生所处年龄段，采用不同的解说词,这样起到的效果会更加真实有效。

二、评价原则

(一)主体性原则

研学旅行活动的主体是中小学生,在实施评价时要充分体现学生主体性原则。主体性原则就是在研学旅行活动课程全生命周期中始终贯彻学生主体性思想,把学生作为出发点,将学生主体地位评价落实到实处。中小学生是研学旅行活动的主体,学生的自主性是研学旅行活动主要动力来源,学生对自己在研学中的活动有着绝对的发言权。因此在评价中要秉承以学生自评为主的理念,不断增强学生的自我意识,提升学生主体性。

实践发展表明学生是学习的主体和主要参与者,因此在实践教育过程中,建立以学生发展需求为主导的研学旅行教育教学方式,开展以学生为中心的各种类型教学活动,坚持以学生为主体的评价显得尤为重要。研学旅行通过创造真实、直观的场景,通过一系列的直观化教学,把学习者和外部世界紧密联系,不仅能让学生对原有知识进行巩固,从而再发现和再创造,更重要的是学生的身心充分参与其中,综合素养能得到全面提升。学校应确保每一个学生都能积极投入研学旅行过程,研学内容、旅行路线、时间以及方案的制订、活动的安排等应充分考虑学生的身心发展情况和兴趣特点,倾听学生的声音,充分尊重学生的意愿和需求。在研学旅行开始之前,教师可通过让学生观看相关视频、书籍资料的方式使学生对目的地有一个大概的了解,激发学生的好奇心,同时可让学生确定研学旅行主题,预习研学内容。

(二)发展性原则

研学旅行的目的在于促进学生得到全面提升,在评价时注重学生发展功能至关重要,观察和记录学生通过研学是否取得了进步,在哪些方面取得了进步,进而建立能够促进学生个性化发展的评价机制。借助课程评价,可以让学生发现自身存在的问题和不足,发扬自身的优势和长处,教师能够有针对性地及时调整课程内容,让各种职能都能够在研学活动中得到利用和发挥,促进学生创造性地发展,实现学生全面素养提升。借助发展性原则能够有效识别出学生的优势领域,为学生提供发展自己优势领域的机会,或者鼓励优势不明显的学生努力发展其他潜力较大的优势领域。

(三)过程性原则

过程性原则就是以过程作为评价的价值取向,要求评价贯穿整个教育过程,指向教育过程本身,关注教育活动的内在价值,进行全程评价。研学旅行课程在确定主题、策划内容、招标、实施等各个环节都包含了如何更好地让学生在研学活动中获得知识技能提升,这就要求在开展评价时不仅要关注学生活动成果质量,还要关注学生的参与态度、解决问题的能力、创造能力、获得的直接经验教训,关注学生参与整个过程。研学旅行课程内容包含多个目标,重点在于培养学生的情感态度和能力,而不是传授单一的知识,因此在评价的过程中要更多地关注整个过程,对全程进行评价,而不是过度地关注学生在研学旅行课程中获取知识的对错、成果作品的优劣。过程性原则要求评价要贯穿于整个研学活动,在各个阶段均能够对学生进行全面的评价,这种评价既是对全过程的评价,又是在过程中进行的评价,是动态性的。

（四）综合性原则

评价的综合性原则就是评价内容要兼顾认知、情感与技能等各个方面，进行综合整体地评价，要综合考虑各评价主体所需和各种方法的综合运用。

从研学旅行目标上说，研学旅行活动强调学生态度、能力、知识综合性的培养，因此不仅要关注学生知识技能的掌握以及智力的发展，同时还要关注学生情感体验、态度、价值观的养成。

研学旅行课程内容不是以单一的学科知识为中心，而是要注重学科之间的关联性，强化知识综合应用以及学生综合实践能力的培养，注重知识的综合性、广泛性和超前性。研学旅行活动课程强调一切有利于学生活动的积极性和探索欲望的活动形式，强调各种感官的参与和各种心理能力的投入，通过调动学生"五感"能够更好地参与到研学旅行活动课程中，提升实践综合技能，因此要强调活动形式的丰富多样灵活。

（五）真实性原则

评价的真实性原则就是要求研学旅行活动要把学生在现实情况下的真实表现作为评价的基础，并对将来学生在现实生活中的表现有一定的预见价值。对参与研学旅行课程的学生进行全面真实的评价，让学生认识到生存和发展的重要意义。真实性评价特别重视研学旅行活动整体目标在学生身上的实现情况，特别重视学生的特殊发展领域，通过真实评价情境的设置和对学生真实性的全面把握，对学生的实际情况做出精细的分析，从而促进教师在坚持统一目标的前提下，对不同的学生提出不同的要求，使具体的活动安排和指导更具有针对性和有效性。

开展研学旅行课程评价不仅是课程设计的重要环节，同时也是衡量学生综合素养提升的有效途径。科学有效的评价是对学生自身能力的准确衡量，也是现代教育教学过程需要重点改进和控制的方式方法。在实践教学工作开展的过程中，应积极主动地探索多种教学方法，丰富评价方法，做到评价结果科学有效。旅游与研学旅行最大的区别在于，前者注重游玩的趣味性，后者则需要在事后进行及时总结评价，以判定其开展效果，确保活动质量。学校则应根据学生在研学旅行中的活动表现，建立相应奖励机制，并将其作为衡量学生综合素质的重要标准；各中小学校也应尝试探索、制定多种评价方式，做到过程性评价与结果性评价兼顾。旅行结束后，教师可对学生的活动表现、身心变化程度等进行评价和记录，通过举办征文、摄影、绘画比赛等活动，进一步提升学生的综合素质。

（六）激励性原则

研学旅行评价中要关注学生的成长和发展，通过适当的研学旅行课程应用来达到提高学生学习兴趣、更好地自主学习的目的。无论是过程性评价还是终结性评价，最终的目的在于实现学生的全面发展，确保研学旅行活动开展之后，能够对学生形成持久性正面性的影响。因此需要在评价中建立一定的激励保障机制，让学生能够通过研学活动的学习增添成长动力。

（七）公正性原则

公平、公正、公开是研学旅行课程评价的基本要求，公正原则是保证教育评价客观性的基本实施前提。在实施评价的过程中，要对全体参与研学旅行活动的学生一视同仁，不能够出现厚此薄彼的现象，同时也要避免传统意义上的课堂教学存在的"优生"与"差生"的区别。坚持公正原则，为参加研学旅行课程的学生创造公平的学习与成长空间。

任务二 研学旅行评价机制

一、研学旅行评价机制的含义

研学旅行教育评价是在落实中小学研学旅行工作目标的前提下，按照立德树人、培养人才的目的，借助一定的技术方法，对实施的研学旅行课程教学活动、教学过程、教学结果进行科学评定。通过评定能够不断自我完善，同时为研学旅行活动决策提供有效依据。

与其他教学课程有些类似的是，研学旅行评价是动态的过程，把评价对象的状态和效果作为核心，采取科学的评价方法，最终的目的在于不断完善评价对象行为，不断提升研学旅行教育教学质量，为研学旅行教育决策提供服务，从而促进学生全面发展。

二、研学旅行评价机制的意义

研学旅行评价机制的构建是建立在中小学生全面发展的基础之上，因此积极主动做好动态性评价工作非常重要。

(1) 研学旅行评价具有导向与监督功能。每一次研学旅行活动课程的开展都具有一定的目标性，通过研学活动能够让学生获得一定研学知识。为确保每一次研学活动目标的实现，需要借助评价机制及时发现在研学活动开展过程中存在的问题，确保研学活动按照特定的目标实施。在评价的过程中能够监督各方行为，确保研学旅行目标能够实现。

(2) 研学旅行评价具有鉴定与管理功能。评价既是一种机制，也是一种方法，研学旅行评价类似于其他课程中的考试评定，通过评价能够对中小学生参加研学的实际情况进行全面的衡量，对中小学生的研学效果进行总结。评价的过程中还能够发现一些学生的不良行为，例如乱丢垃圾、不排队等，针对这些不良行为进行管理，提升中小学生的综合素养。

(3) 研学旅行评价能够调动各方参与人员的积极性和创造性。研学旅行是一项系统性的课程，需要多方的参与才能完成。如何调动主办方、承办方、家长等众多参与者的积极性和创造性需要借助一定的研学评价，通过评价能够让各个参与者及时掌握中小学生参加研学的效果，进而做好下一步的工作。

三、研学旅行评价机制依据

2016 年 11 月 30 日，教育部等 11 个部门发布《关于推进中小学生研学旅行的意见》，在组织保障部分明确指出：各地要建立健全中小学生参加研学旅行的评价机制，把中小学组织学生参加研学旅行的情况和成效作为学校综合考评体系的重要内容。作为研学组织方的学校要充分尊重学生的个体差异性，在鼓励学生多元发展的前提下，对学生参加研学旅行的情况和成效进行科学评价，并且将评价结果逐步纳入学生学分管理体系和学生综合素质评价体系中。

2017 年 8 月 17 日，教育部发布《中小学德育工作指南》，其中明确指出：各级教育行政部门要将学校德育工作开展情况纳入对学校督导的重要内容，建立区域、学校德育工作评价体系，适时开展专项督导评估工作。学校要认真开展学生思想道德评价，并将其纳入综合素质评价体系，专门建立学生综合素质档案，对学生成长做好记录，及时反映学生成长实际状况。

2017年9月25日,教育部发布《中小学综合实践活动课程指导纲要》,其中明确指出:综合实践活动情况是学生综合素质评价的重要内容。各学校和教师要以促进学生综合素质持续发展为目的来设计与实施综合实践活动评价。要坚持评价的方向性、指导性、客观性、公正性等原则。

四、评价指导思想

2016年11月30日,教育部等11个部门发布《关于推进中小学生研学旅行的意见》,在组织保障部分明确指出:各地要建立健全中小学生参加研学旅行的评价机制,把中小学组织学生参加研学旅行的情况和成效作为学校综合考评体系的重要内容。学校要在充分尊重个性差异、鼓励多元发展的前提下,对学生参加研学旅行的情况和成效进行科学评价,并将评价结果逐步纳入学生学分管理体系和学生综合素质评价体系。

20世纪70年代以后,"量化评价"逐步为"质性评价"所取代,质性课程评价也日益兴盛起来。许多问题只能通过描述性、解释性的语言来实现,质性评价就是要对与课程相关的行为及其原因和意义作出判断。质性评价不强调在评价开始就对评价问题进行理论假设,假设可以在评价过程中形成,也可以随着评价的进行而改变,因此质性评价本质上是一个自下而上的归纳过程。评价者把评价过程视为评价者发现课程潜在价值的过程。

五、研学旅行评价内容

研学旅行构成要素涉及学生、研学指导师、基地(营地)、研学课程等众多内容。作为一门综合实践课程,研学旅行评价具有自身的内容。目前针对研学旅行课程评价标准并没有统一的规定,一般从以下几个方面进行。

(1)学生评价。教育评价从本质上讲,就是判断课程和教学计划在多大程度上实现了教育目标的过程,而教育目标"旨在让学生的行为产生期望中的改变",对学生的教育评价即"判断这些行为实际上产生了多大程度上的变化"。学生是研学旅行活动的主体,对学生进行评价主要从学生认知结构变化、思维变化、探究能力变化、情感认知、价值观变化等方面进行。例如,在研学旅行活动结束之后,有一个交流讨论环节,每个学生都会有自己的认知体会,认知体会是学生思维变化的一个方面,也是当前研学旅行课程评价中比较常用的方式。研学旅行是集体性的活动,通过全体学生的参与来实现,因此做好全体学生参与度评价工作非常重要。

(2)对研学旅行教学任务目标的评价。课程是学生成长的资源保障,是研学旅行实施的主要依据,也是教育评价的基本参照。课程评价应从课程主题的明确性、线路规划的合理性、课程内容的内涵性、课程资源的代表性等方面进行。主要评价课程内容选取是否符合学生发展实际,是否有利于校内外资源的整合,是否有利于学生发展核心素养,是否有利于立德树人教育目标的实现等。通过课程评价结果,主办方可以为下一期课程设计开发提供参考依据,承办方可为课程修订作参考,为进一步完善课程提供依据。在开始研学旅行课程之前会设定相应的任务,任务完成的效果需要借助评价来实现。

(3)对研学旅行教学过程的评价。作为主办方的学校、承办方的研学组织机构都要制订研学活动实施方案,对这些方案实施的过程进行评价可以检验评价方案是否科学有效。

(4) 对研学旅行教学的环节设计情况的评价。研学旅行教学环节包含了活动实施前的动员、实施中的活动、实施之后的总结,每个环节都要经过科学严谨的设计,各个环节实施效果需要通过评价来实现。

(5) 对引导学生提出问题及解决问题情况的评价。研学旅行具有创新性和探究性,在研学活动中激发学生提出问题、思考问题、解答问题的能力非常重要,积极引导学生提出并解决问题,对学生的相关行为进行评价,通过评价激发学生的探究能力。

(6) 对研学旅行氛围的评价。研学旅行在集体的参与下实现,因此集体教育非常重要,建设一批具有良好示范带动作用的研学旅行基地,打造一批具有影响力的研学旅行精品线路,建立一套规范管理、责任明确、多方筹资、保障安全的研学旅行工作机制,探索形成中小学生广泛参与、活动品质持续提升、组织管理规范有序、基础条件保障有力、安全责任落实到位、文化氛围健康向上的研学旅行发展体系,这些目标的实现都需要借助科学的评价机制来实现。

(7) 对研学旅行教学效果的评价。研学旅行作为培养学生综合素质的一种方式,教学效果的评价非常关键。在研学旅行中,学习是一种旅行,旅行也是一种学习,这种实践方式能让学生感到新奇美妙,进而引发探求兴趣,使学生产生"实践无限好,探索真奇妙"的追求。对教学效果进行评价,能够检验研学旅行课程是否科学,在总结经验的同时,能够及时发现问题并改进,为后续研学活动开展提供保障。

(8) 基地(营地)评价。基地(营地)是开展研学旅行的活动场所,是课程开展的主要空间,也是课程提供者之一。对基地(营地)的评价主要是从场地设备、教学设施是否完善成熟,是否能够为参加研学旅行的学生提供良好的体验环境和适宜的学习空间,基地(营地)的课程设计情况等角度进行。

(9) 安全管理评价是研学旅行的前提条件。其评价内容主要有:安全防范措施是否有针对性和可操作性;注意事项是否清晰明确,安全防控机制是否完善;是否有应急预案,是否全面、严谨、流程化和可操作;行程距离及交通工具选择是否适当;安全防控教育知识读本、行前说明会是否到位等。

(10) 学校评价。学校是整体研学旅行的设计、实施、管理、评价的主导者。活动的策划是否理想,教育活动目的是否明确,活动安排是否与教育计划吻合,教育评价机制是否健全等都是评价要点。

(11) 研学旅行手册评价。研学旅行手册是研学旅行的行动指南,是实现自我管理、自我教育的基本保障。研学旅行手册包括研学旅行组织架构、联系方式、课程简介、行程安排、研学旅行课题、任务、带队老师或研学指导师评价、家长评价等方面的内容。

(12) 其他评价。研学旅行是跨领域、跨学科、跨行业的实践教育活动,家长和社会相关部门、热心教育人士、地方教育主管部门、交通、卫生、文化旅游等部门都是研学旅行的重要组成部分。将"学"与"游"完美结合起来,把学校教育与校外教育衔接好,才能真正达到以评价促进学思结合、知行统一的目的。教育评价可以有效地调动研学旅行参与方的积极性,为参与各方提供科学、合理的反馈,有利于研学旅行的长远发展。

研学旅行课程评价内容具有多元化,按照不同的标准选取的评价指标具有一定的差异性,无论采用哪些指标,最终的目的在于为学生参加研学创造良好的保障机制,提升研学质量。目前比较常见的研学旅行评价表如表 7-1 所示。

表 7-1 研学旅行评价表

阶段	赋值	评价内容	评价标准	自我评价	老师评价
行前	10	行前准备	对研学任务熟悉承担		
			提前查阅资源量		
行中	10	组织纪律	遵守时间，服从统一管理		
	10	自我管理	生活自理能力		
	10	安全管理	不参与违规活动		
	10	环境保护	保护环境不乱丢垃圾		
	10	文明礼貌	尊重老师和同学		
	10	团队协作	集体互助		
	15	沟通能力	能够与其他成员顺畅交流		
	15	表达能力	敢于表达自己的想法		
行后	10	研学报告	条理清晰、内容丰富		
指导师评价					盖章
学校评价					盖章

六、CIPP 课程评价模式

研学旅行活动课程评价目的不仅是为了说明课程的现状，更是为了课程的改进。研学旅行活动课程评价方式多样，建议使用 CIPP 课程评价模式，从背景、投入、过程、影响、成效、可持续性和可推广性评价等方面进行系统评价，提供有效信息。

（1）背景评价。评价研学旅行活动课程背景，主要从需求、问题、有利条件和机会、教学目标、考核等维度进行评价。即回答下列问题：

学生、教师、社会、学科对研学旅行有何需求？研学旅行活动的开展遇到哪些问题？专业知识和专家服务、指导教师、物质资源、经费等保障条件是否有利？研学旅行活动课程实施的时机能否满足需求和解决相关问题？研学旅行活动课程教学目标及其他配套服务是否明确？学校对研学旅行活动课程的师生考核方式和评价标准是否合理？

（2）投入评价。在背景评价的基础上，进一步评价研学旅行活动课程及其服务的策略、课程实施所需预算、课程实施的可行性和效用性。

要评价达成研学旅行目标所需条件、资源，各种课程的目标、内容、方法、学业评价设计是否科学合理，哪一课程最佳，投入的人力、物力、财力是否足够等。

（3）过程评价。对课程实施过程进行监督、记录、反馈，以不断调整和改进实施过程。包括评价学校是否完成研学旅行活动课程建议课时和学分，是否全体学生参与研学旅行，课程实施状况以及实施过程中的事件、问题、费用是否得到合理解决，教师指导是否适时、适度、适当，评价过程中的反馈信息如何，课程实施过程是否需要调整和改进等。

（4）影响评价。要评价研学旅行活动课程对目标受众的影响程度、课程实际服务对象与计划受益者切合的程度，包括评价课程对学生的影响以及学生对影响的感知、师生教学实践总结和成果的质量、课程对学校和教师的影响、课程服务非预期受益者的程度等。

（5）成效评价。评价研学旅行活动课程实施成果的效用性。与影响评价相比较，成效评价更侧重对受益者长久利益的影响，即评价学生、教师或学校发展所发生的质变。主要测评学生发展核心素养和学科核心素养相应的提升、师生对课程优缺点的分析、课程影响的深广度、课程目标达成的程度、与其他课程相比的成效等。

（6）可持续性评价。评价研学旅行活动课程能否制度化循环使用。包括评价学生、教师和其他利益方对课程可持续开展的看法、制约课程可持续开展的问题、课程可持续开展的概率等。如果课程可持续开展，即可着手建设研学旅行的资源包或教材。

（7）可推广性评价。评价可持续实施的研学旅行活动课程可推广的程度。评价研学旅行参与主体对该课程的态度、其他地区学生对该课程的态度，以及该课程对学生发展核心素养、学科专业素养养成、各学段学业水平要求等的适宜程度。

任务三　研学旅行评价基本理念

一、课程评价主张多元评价和综合考察

研学旅行课程倡导学生多种技能发挥，以学生全面发展为目的，因此在评价的过程中需要体现出多元化。评价要突出学生的发展价值，肯定学生生活方式多样性、解决问题策略多样性，鼓励学生积极自我评价，与同伴进行合作交流和经验分享。把学生在综合实践活动中的多种表现和实际活动成果作为分析现场实施状况与发展状况的依据，对学生活动过程和结果进行综合评价，如图7-1所示。

图7-1　质性评价方式

二、采用多元评价方式

评价方式会直接关系到最终的结果，因此在评价结果的选择和制定方面非常重要，要针对不同年级采取不同的评价方法。2016年11月30日，教育部等11个部门《关于推进中小学研学旅行的意见》中指出"充分尊重个性差异，鼓励多元发展"，结合研究性和体验性原则，应发挥教育评价指导学生在研学旅行中拓宽视野、丰富知识、了解社会、亲近自然、参与体验的教育价值。

（一）评价内容多元化

评价时不仅要关注学与教的结果，还应关注学与教的过程；不仅要考查学生学到的知识技能、教师的行为表现，还要考查学生的情感态度和教师的教育理念，以及研学旅行主题内容。

（二）评价方式多元化

不同的评价目的需要不同的评价方式，需要多种方式的组合。

（三）评价主体多元化

经济主体包括教育管理人员、研学指导师、项目组长、家长、学生、社会相关人士、班主任等。多方相关人员参与评价更有利于充分收集反馈信息，使评价结果更为全面、客观。

（四）评价环节多元化

研学旅行实施前期、研学旅行实践中期、研学旅行后期各环节评价的侧重点应有所区别。

（五）评价结果多元化

评价结果可以用定量、定性方式多样化呈现，评价者与被评价者关于评价互动可以采用书面或口头、个别化或集体化、不同的研学成果表达方式等不同结果呈现方式。

在评价中要突出发展导向，坚持学生成长导向，通过对学生成长过程的观察、记录、分析，学校和教师能够更好地掌握学生成长规律，了解学生的个性与特长，在教学中不断激发学生潜能，促进学生更好成长。评价的主要功能在于能够让学生及时获得关于学习的反馈，从而改进后续活动，在评价过程中避免只注重结果，不注重过程的现象。在分析学生研学作品的过程中，要深入挖掘作品背后所蕴藏的学生思想、创意理念和实践体验，坚决避免对学生作品随意打分、简单排名等方式。

三、评价标准

实施研学旅行课程评价要依据一定的标准，依据标准所进行的评价才会具有针对性。

（一）学生参加研学旅行活动的态度

态度是一个学生在研学旅行课程开展过程中所表现出来的外显性行为，例如一个学生对此次研学活动是否感兴趣，参加小组任务时是否能积极完成自己承担的任务，分析和处理问题时是否能主动提出新的解决思路，研学活动中是否能不怕困难迎难而上等，这些都是学生参加研学旅行活动所表现出来的态度。在研学旅行活动中，要培养学生的合作精神，根据学生在参与小组以及班级活动中态度进行评价，如是否乐于帮助同学、主动配合其他同学、认真倾听同学的意见等。

（二）学生创新精神和实践能力的发展

在研学旅行活动中，会设计很多的问题，学生在提出问题、分析问题以及解决问题的过程中所表现出来的探究精神、实际操作能力，可以根据学生在探究性学习中的表现给予全面客观的评价，也可以根据学生在参与探究性学习活动前后的状态或者几次活动中的表现来进行评价。

（三）学生对学习方法和研究方法的掌握

研学旅行活动强调学生学习方法的塑造和培养工作，对学生学习方法和研究方法进行评价非常重要，主要评价学生掌握和运用查阅资料、调查研究、整理资料、实地观察记录、处理数据、运用工具等方面的能力。

四、研学旅行活动课程评价方法

（一）自我评价

学生是研学旅行课程的主体，在参与研学旅行课程的过程中对自身的态度和行为能够更为准确地把握,因此自我评价是学生学习过程中的一个重要组成部分,要引导学生采用一系列的方式对自己的进步、成果以及不足加以记录。自我评价有助于学生了解活动目标以及自我调控进程,增强学习的自信和责任感。通过自评可以提升学生自我认知、自我分析的能力。

例如,在某一次红色研学活动中,一个学生自我评价:通过此次研学活动我的收获颇多,对红色文化有了新的认识,学习了中国老一辈革命家艰苦奋斗、不怕困难、勇于牺牲的精神。在研学活动中,通过集体活动,增强了集体观念和合作意识。这些知识和技能的习得对自己今后成长发展具有非常重要的作用。

(二)小组评价

研学旅行通常是以小组的方式展开来完成各项任务的,小组评价是对学生在小组里的表现情况进行反馈。研学旅行活动强调合作,活动过程的开展、活动结果的形成都离不开集体的力量,因此在评价时由小组根据评价原则开展。小组评价包含了学生自主学习、自我发展和自我评价能力,这些都能有效促进小组成员之间的交流沟通。

(三)研学旅行手册记录评价

研学旅行手册是研学教育评价内容之一,要收入档案,它既能为学生开展研究性学习提供方向性指导,又能为评价提供资料参考,是学生实现自我管理、自我教育的依据。研学旅行手册记录评价是学生自我评价、同伴互评、教师评价学生的重要依据,可作为综合评价的重要参考。在划分出评价的各种类别后,要根据评价的重点,赋予不同评价项目不同的权重系数,综合评价学生在研学旅行活动课程实施过程中的发展状况。

(四)老师或研学指导师评价

研学旅行课程实施中,应有带队老师或者研学指导师参与全程,带队老师或研学指导师要根据学生的实际情况,运用发展性评价原则,给予学生评价。带队老师或研学指导师的评价要有正式评价,比如量化或分数等,但更重要的是非正式评价。通过多元化评价原则,能够起到更好的作用。例如在研学旅行中,教师不仅要对学生给予书面评价,同时也要通过激励性的语言等其他的评价方式,时刻关注学生的全面发展。

(五)评语

评语反映学生在研学旅行过程中客观、真实的表现,研学指导师评价要有真实情境,描述学生的真实表现。评语要充分肯定学生的优点,同时又恰如其分地指出学生有待进步的地方,并提出中肯的建议。编写原则如下。

(1)以客观公正为标尺,勾画学生真实的人格。
(2)以鼓励表扬为引线,点燃学生希望的火花。
(3)以细腻具体为刻刀,雕镂学生生动的个性。
(4)以亲切生动为雨露,滋润学生干渴的心田。
(5)以含蓄委婉为清泉,冲淡学生心头的阴影。
(6)以精练优美为画笔,描绘学生五彩的生活。

(六)作品

研学旅行活动实施中可有针对性地围绕一个确定的主题,由学生进行作品创作,学生的兴趣、爱好、理想、知识等往往容易从作品中反映出来。通过分析学生的作品,可以得到许多关于学生智力发展的信息,从中推断其知识与技能、情感态度和价值观的发展水平,较为准确地把握学生的学习状态,深入了解学生的精神世界。

(七)表现性评价

表现性评价强调在完成实际任务的过程中来评价学生的发展,不仅要评价学生知识技能的掌握情况,更重要的是要通过对学生表现的观察分析,评价学生在创新能力、实践能力、与人合作的能力以及健康的情感、积极的态度、科学的价值观等方面的发展情况。

表现性评价主要包括以下方式。

(1) 结构性表现测验,如撰写报告、海报设计等。

(2) 口头表述,如演讲、辩论、朗诵、背诵等。

(3) 模拟表现,如角色扮演、课本剧等。

(4) 实验操作,如科学小实验或制作、设计舞蹈等。

(5) 完成作品,如演奏乐曲、作画等。

(6) 项目研究,包含个人及小组合作性学习。

(八)其他评价

虽然研学旅行活动中的项目组长、研学指导师、安全员及医护人员等没有全程指导学生的学习活动,但他们也与学生有阶段性的交集,他们也应该就客观事实对学生做出评价。教育评价中,应综合考虑量化评价与质性评价互补;过程性评价与总结性评价并重;自我评价与他人评价结合;正式评价与非正式评价共存;以及对多元评价的重视,通过多元的评价方式促进学生全面发展。

研学旅行课程目标以培养学生综合素质为导向,以立德树人、培养人才为根本任务。课程应引导学生在研学旅行过程中树立正确的世界观、人生观、价值观,培养良好的行为习惯和品德修养,强调学生综合运用各学科知识认识、分析和解决现实问题,提升综合素质能力。

 思考题

1. 研学旅行课程评价应该包括哪几个层次的问题?
2. 研学旅行课程评价对哪些评价对象实施评价?
3. 课程评价通常有哪些价值取向?研学旅行课程评价应采用什么价值取向?
4. 如何依据课程成果类型建立评价指标体系?
5. 某小学要组织学生赴博物馆和科技馆开展为期一天的主题为"从过去走向未来"的研学之旅。请你依据博物馆和科技馆的学习可能产生的学习成果类型,制定一份对学生学习结果的评价方案,方案中应该包括必要的评价量表。
6. 对研学旅行课程应该从哪些方面进行评价?
7. 对研学旅行线路规划的评价应该从哪些方面实施评价?
8. 如何评价研学旅行课程整体设计的情况?
9. 对课程设计的四个基本要素应如何分别进行评价?
10. 对承办方工作情况的评价包括哪些内容?
11. 对承办方工作评价的结果如何使用?

项目八　研学旅行课程开发主题

项目概况：常见的研学主题类型；研学主题设计的原则。
学习目标：掌握常见的研学主题类型；了解不同研学主题内容；了解研学主题设计的原则。
学习重点：研学课程主题设计的原则；研学课程设计原则。
学习难点：根据研学主题及课程设计原则设计研学课程。

任务一　常见主题类型

研学旅行活动课程开展要依据一定的主题，只有主题明确了才能够让中小学生在研学旅行活动中学习到相关知识，研学旅行目标才能够达成。主题是研学旅行的灵魂，良好的主题可以起到事半功倍的作用。一次研学活动不能没有主题，通常也不能有多个主题，而是要有一个鲜明的单主题，通过主题引导来提升学生综合素质。按照不同的标准，研学旅行课程具有不同的类型。

一、单一主题

单一主题就是在研学旅行活动开展的过程中，具有明确的主体核心的目标，以某一类型的研学活动作为对象。目前各地研学旅行基地主要是以单一类型的研学活动为主，这种类型的研学活动具有很强的针对性，学生参与相关的研学旅行活动可以获得某一主题类型的知识。

例如中草药研学主题，可以让学生亲身体验中药是如何制成的，以及中药原材料的来源。在中草药研学活动中，可以让学生亲自体验用杆秤称重，让学生知道中药是按照克来进行重量计算。

例如大熊猫研学主题，可以让学生近距离观察熊猫生活习性，通过观察国宝大熊猫，切身感受环境保护对大熊猫这一物种所起到的重要作用，养成良好的生态文明习惯，自觉维护生态文明。

例如农业研学主题，可以让学生回归农田，能够为学生提供一个接触自然了解食物来源的机会，这也是当前在全国范围内已经推广开来比较常见的一种研学形式。古人云："耕读传家久"，农业是人类赖以生存的产业。农业研学中，学生扮演"农民"，以"农民"的身份采摘蔬菜、水果，体验农业种植的艰辛，从而养成勤俭节约、不浪费粮食的生活习惯。

研学旅行进入2.0时代，研学市场进一步细分，众多类型的研学项目不断出现，工业研学悄然兴起。开展工业研学能够让学生认识到我国当代产业发展现状，了解科学技术在生产实际中的应用，更加有利于学生了解国情，树立学业报国的远大理想，激发学生大国匠心的"火种"。

少年们总是对这个世界充满好奇心，只因为好奇了那一眼，整个世界就变得更完美。他们在制作和实验中明白神奇实验现象背后的原理，扩大视野和知识储备，打破常规的学习环境和空间，从多角度观察世界，培养学习兴趣，提升学习动力；在学习插花、压花工艺的过程中，制作属于自己的花艺作品；学习法式西点、私房西点历史及制作工艺，亲手制作面包、曲奇饼等香甜可口的小点心；融合色彩美学，学习中陶冶情操，提升审美；制作珠宝胸针；学习皮影的历史、制作技巧，亲手制作属于自己的皮影，零距离感知皮影非遗文化的过程中，培养动手能力及创造能力。

二、综合主题

综合主题是指并列的多角度多内容、没有主次的主题。

（一）北京研学

北京作为全国的政治中心、文化中心、国际交往中心、科技创新中心，其独具特色的历史文化和民俗文化，以及奥运会现代化设施、大型文化场馆、先进公共设施等使之成为研学内容最丰富的城市。如以故宫、天坛为代表的皇家建筑，是开展建筑类主题的研学资源；以天安门广场、长城、圆明园、颐和园等为代表的名胜古迹是可以开展人文历史类、体验类主题的研学资源；有中国科学院等科学研究机构和号称中国硅谷的北京中关村科技园区、中国科学技术馆、北京科技博物馆等，可以组织学生开展科技类主题的研学活动；作为举办了北京2008年夏季奥运会以及2022年冬季奥运会主场地的鸟巢、水立方等地，可以开展体育类主题的研学活动。

（二）西安研学

西安有着悠久的历史文化，研学内容丰富多彩。例如，《秦军出征》主题研学活动前往临潼兵马俑，车程中温习秦历史；感受秦风秦韵，探秘兵马俑做行前铺垫；参观兵马俑一、二、三号坑，了解秦军指挥部、学习秦军英勇奋战的作战精神，了解秦始皇兵马俑的形制特征与历史价值；参观碑石如林的《碑林博物馆》，认识"昭陵六骏"、学习《开成石经》、了解书圣王羲之等；前往书院门一条街，寻觅非物质文化遗产；走进丝绸之路起点大唐西市，感受丝路文明，体验大唐西市经商之道。

（三）上海研学

上海市拥有数十个教育部认证的"全国中小学生研学实践教育基地"。上海的研学旅行资源相对丰富，适宜开展不同主题的研学旅行活动。龙华烈士纪念馆是上海规模最大的集陵园、纪念馆、遗址为一体的红色胜地，是中国纪念第一次、第二次大革命英烈人物的重要圣地。上海有数量众多的科学博物馆和自然博物馆。游览上海历史博物馆，在上海的历史长河中了解上海从哪里来，为何成为上海，以及上海在中国近代史上经济中心的地位，在中西文化的碰撞中形成的海派特色；集聚上海大世界，在百年上海大世界感受非遗嘉年华；探访紫竹高新区，这里有着中国商飞等众多知名企业，可零距离感受紫竹高新区培育的科技创新企业；参观崇明长兴岛振华重工长兴岛基地的港机生产基地，分享近年振华重工承建的多个引以为傲的项目故事；观看江南造船厂历史、成就、风采图片和实物模型，为江南造船的百年历史积淀而感叹。

除了按照以上的原则进行主题划分外,目前还有其他的分类方式。
(1) 地理类:地质地貌、气象水文、土壤植被等。
(2) 自然类:湿地公园、风景名胜区、自然保护区等。
(3) 历史类:历史遗迹、革命遗址、历史名人等。
(4) 科技类:高等院校、科学探索、人工智能等。
(5) 人文类:乡村聚落、教育基地、社会科学研究机构等。
(6) 体验类:劳动教育基地、国防教育基地、体育训练基地等。

任务二　研学旅行课程的设计原则

教育部等 11 部门《关于推进中小学生研学旅行的意见》是中小学研学旅行课程设计的纲领性文件。它对研学旅行工作明确提出了四项基本要求。

一、以立德树人、培养人才为根本目的

《关于推进中小学生研学旅行的意见》指出:"让广大中小学生在研学旅行中感受祖国大好河山,感受中华传统美德,感受革命光荣历史,感受改革开放伟大成就,增强对坚定'四个自信'的理解与认同;同时学会动手动脑,学会生存生活,学会做人做事,促进身心健康、体魄强健、意志坚强,促进形成正确的世界观、人生观、价值观,培养他们成为德智体美全面发展的社会主义建设者和接班人。"这些要求和中小学生核心素养体系的要素是完全相符合的,因此研学旅行课程对于培养学生的核心素养有着不可替代的教育意义。

二、以预防为重、确保安全为基本前提

安全是研学旅行课程设计与实施的基本前提,没有安全,一切都将失去意义。安全保障要以预防为主,要在行前课程中加强教育培训,要制定各种必要的应急预案。

三、以深化改革、完善政策为着力点

研学旅行是跨学科、跨领域、跨行业的综合实践活动课程,既是教育行为,又是旅行活动。要切实推进研学旅行教育工作,就必须深化改革、完善政策,调动各方面的积极性,相互配合,通力协作。

四、以统筹协调、整合资源为突破口,因地制宜开展研学旅行

研学旅行的课程资源极其广泛,涉及教育、旅游、体育、科技、文化、农林牧渔、交通、公安、保险、食品药品监管等各个行业,只有对资源进行统筹协调、有效整合,才能突出教育主题,达到课程实施的教育效果。

《关于推进中小学生研学旅行的意见》中所提出的关于研学旅行工作的四项基本要求和四项基本原则是研学旅行工作的指导纲领。研学旅行活动的筹备、组织与实施,必须遵照这些要求和原则进行。依据上述总体要求与原则,结合课程与教学的基本原理,研学旅行课程的设计应遵循以下原则。

（一）教育性原则

研学旅行是综合实践活动的组成部分，本质上是教育活动，所以研学旅行课程设计必须体现课程的教育性。教育性原则的落实主要在课程目标的确定和课程内容的选择与呈现上。课程目标的确定必须依据国家课程标准关于课程综合实践活动标准与研学旅行相关的规定，要结合研学旅行的具体资源的性质来科学界定。课程内容的选择要有明确的教育主题，内容的呈现要能够引领学生进行深度的思考和体验，研究问题或作业的设置也要能够引领学生对学习、参观、游览、体验等旅行资源有更加系统和深入的分析和认识，对学生选定的研究课题提供相关的材料和思维启发要有助于学生获得研究成果，或者有助于学生获得预期的情感体验和价值态度。

（二）安全性原则

课程设计要充分考虑课程实施的安全性，在旅学线路的规划上要充分考虑景点资源的安全性，在研学旅行手册中尽可能地列出详细的注意事项，科学制定安全防范措施和应急预案，在行前课程中专门开设安全教育单元。课程的设计还要考虑各学段学生的生理特点，旅行的运动量要设计在合理的范围，既要能够达到锻炼学生毅力的教学目标，又要注意不能超过学生所能够承受的合理限度。

（三）科学性原则

课程的科学性应该体现在课程设置合理、规范。研学课程必须要有明确、具体、准确的课程目标，要有完善、合理、适切的课程内容，要有规范、有效、深刻的课程实施方案，要有科学、全面、多元的课程评价。

（四）综合性原则

研学旅行是一门多学科综合的跨学科课程。在课程设计时要充分挖掘旅行资源的学科课程属性，在研学实践中体验、巩固、深入理解学科知识，拓展学科知识的外延。让学生体验现实问题的复杂性和综合性，学会综合运用学过的知识分析解决现实问题，把书本上的知识变成现实中的知识，通过知识的综合运用形成解决问题的能力。

（五）模块化原则

研学课程设计要有总的研学主题。总的课程由若干模块组成，每一个课程任务就是一个课程模块，也就是一个课程单元。每一个模块或单元应该突出体现课程主题的一部分或几部分内容，各个模块或单元组成完整的课程体系，表达课程完整的教育主题。由景区或研学实践教育基地基于自身资源所打造的课程自成一体，但要结合周边区域的景区资源打造适合不同的旅行线路主题的模块表达形式，以便能够植入不同的旅行线路中。

（六）体验性原则

研学旅行是通过旅行体验达成课程教学目标，是多感官刺激，在场景化、情境化的教学场景中实施教学的特殊课程。课程的教学方式不是以情感传授为主，课程目标的达成以体验自主生成为主要途径。所以在课程设计中要考虑调动学生多种感官的综合运用，让学生通过对情境化知识的体验形成正向的情感和正确的态度与价值观。

（七）多元化原则

学校应同时安排多种主题或多种类型的研学旅行课程，给学生提供多元化的课程选择。既要考虑研学内容和研学主题的多元化，也要考虑学生不同的生理和经济承受能力。每一课程在模块设计安排时要考虑模块内容的多元化,模块的设置要能够多角度体现教育主题的完整性和丰富性。研学旅行要实现多元化评价,就评价对象而言应包括对学生的评价、对课程的评价、对承办方的评价;就评价的内容而言要从不同的维度上,对学生的旅行过程表现和研学成果进行综合评价。

(八)适切性原则

由学校自行开发的课程以及学校委托承办方或通过招标方开发的课程,必须适合主办方学校的学生情况,符合学校的相关教学理念和课程设计要求。由景区或研学实践教育基地基于自有资源设计的课程要考虑不同学生的学段特点,要满足多学段学生需求,对不同学段学生的研学旅行课程要以不同的内容呈现方式体现。课程还要满足多时段适合,同一景点的旅行资源的课程表达要能够满足学生不同时长的学习要求,比如既可以满足半天行程的研学旅行,也可以满足一天或更长一点的时间的研学旅行。

任务三 研学旅行课程案例

案例1 江西省现代农业博览园研学实践课程(小学版)

【上午】
一、课程点1:农耕博物馆(45分钟)
(1)"一粒米的旅程"科普讲堂——30分钟(基地老师定点讲解)
(2)参观农耕博物馆——15分钟(辅导员/导游边走边讲解)
二、课程点2:报告厅(45分钟)
(1)二十四节气影片——30分钟(辅导员/导游组织学生有序入座观看)
(2)二十四节气小讲堂——15分钟(基地老师定点讲解)
三、课程点3:手工制作工坊(45分钟)
(1)导入二十四节气贴画制作课程——5分钟(辅导员/导游讲解)
(2)学生制作二十四节气贴画——40分钟(辅导员/导游组织)
【中午】
用餐点:一楼制作工坊下方位置、户外草坪处
【下午】
四、课程点4:现代农业基地(90分钟)
(1)现代农业知识科普——45分钟(辅导员/导游边走边讲解)
(2)无土栽培种植体验——45分钟(辅导员/导游讲解组织)

☞**农耕博物馆讲解词(小初高通用)**
(授课时间:约15分钟)

参观农耕博物馆

师:同学们,接下来跟随老师的脚步,让我们一起去参观下农耕博物馆。入口的大厅叫序厅,在序厅的正上方可以看到一个悬挂的"赣"字水晶灯。水晶灯由两千四百七十颗水晶

组成,代表江西两千四百多条河流。赣江是境内主川,故江西简称赣,我们用赣字水晶灯来彰显江西的特色,以及江西孕育的厚重农耕文化。江西自古以来就是一个人文荟萃的地方,是东晋诗人陶渊明、北宋文学家欧阳修、南宋理学大师朱熹、明代戏剧家汤显祖等文化名人的故里。唐代诗人王勃在其千古名篇滕王阁序中称江西为一方物华天宝、人杰地灵的土地。

进入馆内,大家首先看到的是以万年仙人洞为创作素材的"世界稻源",以雕塑的形式表达江西是稻作文化起源地,是世界上最早烧造出陶器的地方,表明江西是中华文明乃至世界文明的发源地之一。

接下来是二十四节气的展示,主要展示了二十四节气的内容、民谚民俗等,也展示了一些农业场景,同学们可以依次看下。

这里展示的是农民用耕牛犁田的场景,一般在春分时节就要开始平整土地、翻耕农田,准备播种了。

这里展示的是开秧田的仪式,南昌郊县农民,在早稻开始拔秧移栽时,会准备香及爆竹在秧田燃放,以祈土地菩萨保佑丰收,俗称"开秧田",这个风俗随着科学种田的普及而逐渐消失。

我们江西一般一年种植两季(早稻和晚稻),传统水稻的耕种是要先找一块水田用稻谷进行育苗,等秧苗大概25厘米的时候就移栽到稻田里,这个过程叫插秧,这里展示的是早稻插秧的场景,早稻插秧一般在雨水节气。

这里展示的是谷雨摘茶,谷雨这天的茶喝了会清火、辟邪、明目等,所以江西有谷雨摘茶习俗,谷雨这天不管是什么天气,人们都会去茶山摘一些新茶回来喝,以祈求健康,江西的采茶戏也是由谷雨采茶发展而来的。

这个四四方方的是谷桶,是在水稻收割后把收割的水稻抱着根部往这个木桶的边上摔打,从而让稻谷脱落下来。

这里展示的是晚稻插秧时将秧苗从秧田拔出时候的场景,晚稻插秧一般在大暑节气。

下面展示的是江西婺源的篁岭晒秋的场景,江西婺源有着中国最美乡村的称号。婺源篁岭的晒秋是百姓将五彩缤纷的农作物放在自家的屋前院后窗台、房顶进行晾晒。从而形成独特的风景,深受全国人民的喜爱。

在大家的右手边展示的是中国江西古代的榨油机,百姓将菜籽放入圆饼当中蒸熟,将形成的油饼放入榨油机中间的凹槽,用木棍进行挤压,从而把油从榨油机下方挤出来。

冬至时节,江西的百姓会打糍粑,将糯米浸泡一整晚,再用蒸笼蒸熟,放入石臼当中,一边捶打一边洒热水,这样打出来的糍粑香甜软糯白,深受百姓喜欢。是走亲访友,馈赠亲朋的佳品。

正月杀年猪,百姓经过一年辛勤的农作,将养了一年的家猪进行宰杀,邀请邻里和亲朋好友一起庆贺丰年。

这边展示的是舞板凳龙的场景,板凳龙就是乡村之间迎新年的方式。每家每户出一个板凳,板凳灯越长,凸显村庄越兴旺。时至今日,江西的大部分村庄依然保留了这个风俗,例如在江西新建、德兴都还有。

现在展现在大家眼前的是江西农耕博物馆的镇馆之宝——天宫开物动画长卷。天工开物这部书是明代科学家宋应星所著,宋应星本人也是江西奉新人,这本书中讲述了中国传统的农业生产技术和手工业技术,被称为东方百科全书。

江西素来是鱼米之乡,孕育了丰富的物产,同时也培养了非常多的文化名人。在此,博物馆选取了十位以上与农业有关的文化名人向大家展示,分别是许逊、曾安止、侯叔献、王安石、宋应星、王祯、解缙、欧阳必进、徐贞明、龙钟洢,他们都对农业的发展做出了积极贡献。

在传统农耕时代,江西是农耕文明的发源地;在今天,江西农业承载着中华民族的悠久历史、深厚文化、伟大智慧,借助国家"一带一路"倡议,江西农业将再次登上属于自己的历史舞台,从农业大省走向农业强省。

☞ 二十四节气贴画制作教案

(授课时间:约45分钟)

1. 教学目标

知识与技能:认识二十四节气及其对应的农耕活动、民谚以及民俗。

2. 教学重点

二十四节气对农耕的指导作用。

3. 教学过程

师:同学们,二十四节气是用来认知一年中季节、气候、植物变化等变化规律所形成的知识体系,节气在人们日常生活中发挥了极为重要的作用。它指导着农民耕种,更包含有丰富的民俗。它指导了古代农民的耕作与生产生活。下面就请同学们根据春分节气的特点,对应农耕农谚的内容,根据指导步骤,参考样图,制作一幅春分节气的贴画。

☞《现代农业小讲堂》教案(小学版)

(授课时间:约45分钟)

1. 教学目标

知识与技能:

(1) 认识农作物的生长期、生长条件。

(2) 认识现代农业种植。

2. 教学重点

(1) 农作物的生长期、生长条件。

(2) 现代农业种植。

3. 教学过程

(1) 认识农作物的生长期和生长条件。(15分钟)

师:同学们,我们现在来到的是现代农科基地,在这里有各种各样的蔬菜和先进的种植技术,同学们跟着老师,我们来近距离认识这些蔬菜吧。

师:同学们,你们知不知道我们现在看到的是什么?

生:略。

师:对,他是黄瓜/小番茄(根据实际),植物一般分为种子植物与孢子植物,大家看到的这个蔬菜(番茄、草莓)是属于种子植物,种子植物一般都是由根、茎、叶、花、果实、种子这6部分组成的,同学们观察下这些植物的这6个部分分别在哪里?是不是都有呢?

生:略。

师：那有没有同学知道这部分为什么没有？（那是不是这六部分都是一直会有的呢？）

生：略。

师：这是因为所有的种子植物的不同部分是根据不同的生长阶段产生的，植物的生长包括发芽期、展叶期、开花期、结果期四个阶段。

发芽期植物的特点是：植物在发芽的时候，只是种子里面的不同结构进行生长，还没有明显的根茎叶；发芽后种子开始萌发，进入展叶期，进行根、茎、叶等营养器官的生长，这个时候就进入了幼苗期；幼苗经过一定时间的营养生长，感受到光照、温度等，外界条件合适，就会慢慢长出花，这时候就进入了开花期；开花后会吸引蝴蝶、蜜蜂来采蜜，采蜜的过程中就会对花进行授粉，现代农业也会采用人工授粉。授粉后经过一定时间就会由花慢慢长成果实，进入结果期。

师：同学们观察下，看看这个棚里的蔬菜处在哪个生长阶段？

生：略。

师：对的，你们看这些番茄/黄瓜，已经开始结果了，所以是结果期（在开花、开花期/幼苗，幼苗期）。

师：一株黄瓜/番茄从一粒种子跨越4个阶段到最后结果新的黄瓜/番茄，离不开5大生长条件，它们分别是空气、水分、适宜的温度、光照和土壤。空气中有很多成分对植物生长影响很大，比如氧气、二氧化碳等，这些气体能让植物吸收并合成营养物质；水是构成植物体的最主要物质，植物的根和叶都可以吸收水分，每一种植物的生长都离不开水；植物吸收营养物质、生长还与温度有关，一般植物生长喜欢的气温是8～38℃，也就是我们春天和夏天的温度，所以大部分的植物都是在春天发芽，夏天成长，到了秋天就开始结果；光是植物合成营养物质的条件，像番茄/黄瓜这样的种子植物除了用根吸收营养也用叶子进行光合作用合成营养；而土壤是植物用来将根固定的，并从土壤里吸收水分和营养。

（2）认识现代农业。（30分钟）

师：同学们，我们刚刚说了这么多植物的知识，大家在这里观察下不同的植物，看看它们的结构和生长过程吧。（研学导师带领学生，根据展板的内容介绍不同的蔬菜和无土栽培方式。看到不同的蔬菜随机提问其结构与生长期，与学生互动，让学生带着思考参观。）

师：我们有知道种子植物生长所需的5个条件吗？同学们想一想在自然环境里植物是怎么获取这5个条件，然后在这个大棚里找一找，这5个条件在哪呢。大家观察下我们这个大棚里无土栽培的植物，看看大棚里的植物与室外的植物在空气、水分、温度、光照、土壤这些生长条件有什么不同，然后将你们的调查结果填到研学旅行手册的调查表里，如表8-1所示。

表8-1 大自然生长与大棚栽培生长调查表

生长地	条件				
	空气	水分	适宜的温度	光照	土壤
自然界					
大棚					

师：有没有同学告诉老师，植物在大棚里和自然生长有什么不同呢？

生：略。

师：大家有没有看到两侧的大风扇和上面的风机？同学们猜一猜它们的作用是什么？

生：略。

师：旁边大风扇的作用是改变空气流动方向，上面的风机是制造二氧化碳，创造适合植物生长的二氧化碳浓度。传统种植的蔬菜只能通过自然界的空气情况来调整自己的生长，而大棚里能通过这些装置让这些蔬菜有更适合它们生长的空气，让它们一直处在一个快速生长的环境。

师：同学们有没有找到这个大棚里的植物是怎么获取水分的呢？

生：略。

师：是的，这些管道就是按照蔬菜生长需要给它们供应水分的，而传统种植只能靠下雨或者农民浇水，如果下很多雨还会被大水淹死。而且这个管道里面供应的不只是水，还有蔬菜成长需要的各种营养元素，里面的营养是按照蔬菜的生长需要经过科学配比的，蔬菜需要多少供给多少，既适合植物需要又不会有农药和化肥的残留。在自然界这些蔬菜只能从土壤里面吸收营养，有什么就吸收什么，并不能完全符合蔬菜的生长需要，肥料的补充也只能通过施农家肥，农家肥产生臭味污染环境，里面还会有很多害虫，容易产生病虫害，危害作物的生长。

师：大棚里面的温度也可以根据这些小番茄/小黄瓜生长的需要来调整，同学们抬头看，外面黑色和里面白色的布拉开就可以用来遮阳，然后两侧通风就可以降温，冬天关上门窗，输送暖风也可以保温，创造完全适合蔬菜生长的温度。而传统种植在自然界里，夏天很热的话如果缺水就可能晒死，冬天很冷也可能会冻死。

师：同学们，你们再抬头看看头顶的玻璃，你们看是斜的顶对不对？同学们猜一猜为什么要设计成斜的呢？

生：略。

师：设计成斜的是为了折射光线并增加光的接收面积，让大棚里的蔬菜能晒到更多的太阳，长得更好，如果太阳很大，还可以通过这个顶上的遮阳布来调节，减少棚内的阳光。

师：来，同学们来观察下这些土，看看它们和你们在外面看到的土有什么不同？

生：略。

师：其实这不是土，这个叫基质，同学们猜一猜它是什么做的。

生：略。

师：这其实是椰糠，就是椰子外面的壳粉碎做的（是草炭，是草被埋在地下经过亿万年形成的）。它的作用是用来固定这些小番茄的根，并储存管道输送来的水和营养液。它不能叫作土壤，所以这些种植在椰糠/草炭里的番茄/黄瓜也是无土栽培的哦，而且传统种植如果土壤很紧实，植物的根吸收不到空气也不会很好地生长，这种椰糠/草炭的基质疏松多孔，会让植物的根很好地进行呼吸。因此无土栽培使农作物彻底脱离了土壤环境，不受土地、灌溉条件的限制，地球上许多沙漠、荒原或难以耕种的地区，都可采用无土栽培方法摆脱土地的约束。无土栽培还可以不受空间限制，利用城市废弃厂房、楼房的平面屋顶种菜种花都是可以的。而且不需要进行翻土、锄草等作业，省力省工。浇水施肥通过供液系统定时定量供给，管理方便，不会造成浪费，大大减轻了劳动强度，这样大一个棚，只需要两个人就可以了。

（菌类植物知识，课程落点菌菇大棚。）

师：同学们，我们现在来到的是菌菇种植大棚，这里面种植了蘑菇、香菇、木耳等不同的菌菇，菌菇属于孢子植物里面的细菌植物，一听到细菌，同学们是不是都觉得很脏很可怕啊？

生:略。

师:其实细菌也分有益菌和有害菌,同学们要勤洗手讲卫生防止有害细菌的伤害;但是像我们可食用的这些蘑菇,它们虽然也是菌类,却可以给我们提供丰富的营养。同学们,你们吃的馒头、喝的酸奶都是因为有益菌才能那么美味的哦!那么同学们观察下这些菌菇,看看它们和我们刚刚说过的种子植物有什么不同呢。

生:略。

师:同学们说了很多的不同,大家都很棒!菌类植物和我们常见的种子植物不同的是它没有根、茎、叶、花、果实、种子等器官,同学们看到的蘑菇通常是由菌盖、菌褶、菌柄、菌丝、孢子这五部分结构组成的,它的身体的全部都是由菌丝构成的,菌类植物从自然界的腐烂植物中获取营养,自身不能合成营养,所以菌类植物的生长是不需要光照的。

☞无土栽培制作教案(小学版)

(授课时间:约45分钟)

1. 教学目标

知识与技能:学习并进行无土栽培制作。

2. 教学重点

无土栽培制作。

3. 教学过程

师:同学们,我们刚刚有讲到无土栽培的诸多优点和神奇的地方,那同学们想不想自己来做一个无土栽培的工具呢?下面老师就教同学们如何制作无土栽培的装置、配比营养液和选种育种。

无土栽培的实验步骤分为以下五点。

(1) 领取培养小花盆与种子。

(2) 装基质土:将基质土装进培养小花盆。

(3) 培育种子:将种子放进基质土约2厘米深,轻轻埋好。

(4) 配制营养液:领取一小包营养液原粉,回家后稀释配置成10kg营养液,日常管理中浇水用这个营养液进行浇灌。

(5) 日常管理:放在家里太阳充足的地方,1~2天浇1次含营养液的水(天热一天一次),观察它的生长情况。

案例2 江西省现代农业博览园研学实践课程(初、高中版)

【上午】

一、课程点1:农耕博物馆(45分钟)

1."稻作文化源江西"科普讲堂——15分钟(基地老师定点讲解)

2. 参观农耕博物馆——30分钟(辅导员/导游边走边讲解)

二、课程点2:报告厅(45分钟)

1.《典籍里的中国——天工开物》影片——30分钟(辅导员/导游组织学生有序入座观看)

2. 天工开物小讲堂——15分钟(基地老师定点讲解)

三、课程点3:手工制作工坊(45分钟)

1. 榫卯拼装课程导入——15分钟(辅导员/导游讲解)
2. 学生拼装榫卯——30分钟(辅导员/导游组织)

【中午】

用餐点:一楼制作工坊下方位置、户外草坪处

【下午】

四、课程点4:现代农业基地(45分钟)

1. 现代农业知识科普——40分钟(辅导员/导游边走边讲解)
2. 现代农业大棚智能监控管理系统调查——5分钟(辅导员/导游讲解组织)

☞ **农耕博物馆讲解词(小初高通用)**

(授课时间:约15分钟)

参观农耕博物馆

师:同学们,接下来跟随老师的脚步,我们一起去参观下农耕博物馆。

博物馆入口这个大厅叫序厅,在序厅的正上方可以看到一个悬挂的"赣"字水晶灯。水晶灯由两千四百七十颗水晶组成,代表江西两千四百多条河流。赣江是境内主川,故简称赣,我们用赣字水晶灯来彰显江西的特色,以及江西孕育的厚重农耕文化。江西自古以来就是一个人文荟萃的地方,是东晋诗人陶渊明,北宋文学家欧阳修,南宋理学大师朱熹,明代戏剧家汤显祖等文化名人的故里。唐代诗人王勃在其千古名篇滕王阁序中称江西为一方物华天宝、人杰地灵的土地。

进入馆内,大家首先看到的是以万年仙人洞为创作素材的"世界稻源",以雕塑的形式表达江西是稻作文化起源地,是世界上最早烧造出陶器的地方,表明江西是中华文明乃至世界文明的发源地之一。

接下来是二十四节气的展示,主要展示了二十四节气的内容、民谚民俗等,还展示了一些农业场景,同学们可以依次看下。

这里展示的是农民用耕牛犁田的场景,一般在春分时节就要开始平整土地、翻耕农田,准备播种了。

这里展示的是开秧田的仪式,南昌郊县农民,在早稻开始拔秧移栽时,会准备香及爆竹在秧田燃放,以祈求土地菩萨保佑丰收,俗称"开秧田",这个风俗随着科学种田的普及而逐渐消失。

我们江西一般一年种植两季(早稻和晚稻),传统水稻的耕种是要先找一块水田用稻谷进行育苗,等秧苗大概25厘米的时候就移栽到稻田里,这个过程叫插秧,这里展示的是早稻插秧的场景,早稻插秧一般在雨水节气。

这里展示的是谷雨摘茶,谷雨这天的茶喝了会清火、辟邪、明目等,所以江西有谷雨摘茶的习俗,谷雨这天不管是什么天气,人们都会去茶山摘一些新茶回来喝,以祈求健康,江西的采茶戏也是由谷雨采茶发展而来的。

这个四四方方的是谷桶,是在水稻收割后把收割的水稻抱着根部往这个木桶的边上摔打,从而让稻谷脱落下来。

这里展示的是晚稻插秧时将秧苗从秧田拔出时候的场景,晚稻插秧一般在大暑节气。

这里展示的是江西婺源的篁岭晒秋的场景,江西婺源有着中国最美乡村的称号。婺源篁岭的晒秋是百姓将五彩缤纷的农作物放在自家的屋前院后窗台、房顶进行晾晒。从而形成独特的风景,深受全国人民的喜爱。

在大家的右手边展示的是中国江西古代的榨油机,百姓将菜籽、茶籽放入圆饼当中蒸熟,将形成的油饼放入榨油机中间的凹槽,用木棍进行挤压,从而把油从榨油机下方挤出来。

冬至时节,江西的百姓会打糍粑,将糯米浸泡一整晚,再用蒸笼蒸熟,放入石臼当中,一边捶打一边洒热水,这样打出来的糍粑香甜软糯,深受百姓喜欢。是走亲访友,馈赠亲朋的佳品。

正月杀年猪百姓经过一年辛勤的农作,将养了一年的家猪进行宰杀,邀请邻里和亲朋好友一起庆贺丰年。

这边展示的是舞板凳龙的场景,板凳龙就是乡村之间迎新年的方式。每家每户出一个板凳,板凳灯越长,凸显村庄越兴旺。时至今日,江西的大部分村庄依然保留了这个风俗。江西新建、德兴都还有。

现在展现在大家眼前的是江西农耕博物馆的镇馆之宝——天宫开物动画长卷。天工开物这部书是明代科学家宋应星所著,宋应星本人也是江西奉新人,这本书中讲述了中国传统的农业生产技术和手工业技术,被称为东方百科全书。

江西素来是鱼米之乡,孕育了丰富的物产,同时也培养了非常多的文化名人。在此,博物馆选取了十位以上与农业有关的文化名人向大家展示,分别是许逊、曾安止、侯叔献、王安石、宋应星、王祯、解缙、欧阳必进、徐贞明、龙钟洢,他们都对农业的发展做出了积极贡献。

在传统农耕时代,江西是农耕文明的发源地;在今天,江西农业承载着中华民族的悠久历史、深厚文化、伟大智慧,借助国家"一带一路"倡议,江西农业将再次登上属于自己的历史舞台,从农业大省走向农业强省。

☞《天工开物》——榫卯拼装教案(小学版)

(授课时间:约45分钟)

1. 教学目标

知识与技能:《天工开物》的作者、创作背景、意义和价值。

2. 教学重点

(1)《天工开物》的作者、意义和价值。

(2)榫卯结构、榫卯结构运用及技巧。

3. 教学过程

师:这个小玩具有很多小朋友认识,它叫"鲁班锁",是鲁国工匠——鲁班为儿子制作的可拼可拆的小玩具。是我们古代四大益智玩具之一哦!

传说春秋时期,鲁班为了测试儿子是否聪明,用6根木条制作了一件可拼可拆的玩具,让儿子拆开。儿子忙碌了一夜,终于拆开了。这种玩具被后人称作鲁班锁。鲁班锁也称孔明锁、别闷棍、六子联方、莫奈何、难人木等。它起源于中国古代建筑中首创的榫卯结构。

同学们,鲁班锁的原理就是我国古代建筑中用到的"榫卯结构",利用榫卯结构将鲁班锁严丝合缝地组装在一起,也就是"斗榫合缝"了,形容手艺非常高超。大家想一想,在我们的日常生活中,还有哪些地方会用到这样的结构呢?

是的,这种榫卯结构可通过凹凸不平的结构互相镶嵌,组成各式各样稳定的结构,广泛运用在家具、建筑等领域中。同学们可以体验一下,找到榫卯的"钥匙"进行拆解,再根据图文教程自己完成榫卯拼装,寻找藏在其中的奥秘。

☞ 现代农业小讲堂教案(初高中版)

(授课时间:约45分钟)

1. 教学目标

知识与技能:认识并掌握现代农业的模式、技术、成就和影响。

2. 教学重点

现代农业的模式、技术、成就和影响。

3. 教学过程

(1) 现代农业的模式、技术。(40分钟)

(黄瓜、番茄种植棚)

师:同学们,我们现在来到的地方是现代农科基地,在这里用现代农业技术种植了各种各样的蔬菜和水果,说到现代农业,你们知道是可以通过什么标准来判断一个国家现代农业是否发达呢?

生:略。

师:就是我们经常可以吃到的番茄,在农业中常常用一株番茄的产量来衡量这个国家的农业水平是否发达,你们猜一株番茄的产量可以达到多少?

生:略。

师:像这样种植在大棚中的番茄,产量可以达到50斤。农业发达国家像美国、新西兰,一株番茄的产量可以达到100斤,是现在中国的两倍。从这里我们可以看出来中国跟现代农业发达的国家相比,还是有一定差距的,但是我们也在通过农业模式、技术的创新,不断在追赶这个差距。像我们现在所处的大棚,就是现代农业技术的体现。同学们可以近距离观察一下,这些植物种植跟我们传统种植有什么不同呢?

生:略。

师:我们先看到这株植物的根部,你们觉得这些是土吗?

生:略。

师:如果不是土的话,你们猜猜看它是什么?

生:略。

师:其实这不是土,这个叫基质,主要的成分是椰糠,是由椰子外壳粉碎加工而成。它跟土壤不一样的是,土壤能固定植物的根系,给植物提供水分和营养。基质可以帮助植物固定根系,但它只能储存,本身无法提供水分和营养。这些成分只能通过科学配比的营养液来提供,通过椰糠旁边细长的小管道输送到基质中,像这样的种植方法就是无土栽培技术。它的优势在于降低了植物对土壤的依赖,植物可以避免被土地污染、减少灾害,更加绿色、健康;一亩地里可以种下更多的植物,获得更多的产量;种植过程中不需要翻土、锄草;浇水施肥也能通过管道输送,管理方便,不会造成浪费。节省了人力,简化了种植的步骤。因为提高了土地的利用率,节省空间,通过简单的装置就能完成种植,我们在家中也可以放置无土栽培的装置,像阳台、屋顶的平台都可以做无土栽培。也因为无土栽培技术摆脱了土地、灌溉条件的限制,地球上许多沙漠、荒原等自然条件恶劣的地区,都可以利用这种技术进行种植。像以色列干旱缺水,沙漠面积大,他们就通过无土栽培技术摆脱了地理和气候的限制,成为世界领先的农业大国。那么,无土栽培技术只有这一种装置吗?

生:略。

师:这个问题留到我们去下一个大棚,同学们再来告诉老师。

(综合大棚)

师:同学们看一看这里面都有什么样的无土栽培装置呢?

生:略。

师:无土栽培技术也可分为水培、雾(气)培、基质栽培。像这边的甜菜,采用的就是基质栽培装置,把PVC管作为种植槽进行无土栽培。你们见过甜菜吗?

生:略。

师:甜菜在南方比较少见,主要在新疆、黑龙江、内蒙古等地方比较常见,虽然它是蔬菜,但是很少会直接食用,而是像甘蔗一样作为制糖的主要原材料,它的根中含有丰富的蔗糖。通过无土栽培技术,可以把北方常见的甜菜放到南方种植。使甜菜不再受限于土壤、水利条件的约束。

师:这边的红薯像不像一棵大树呢?

生:略。

师:像红薯树采用的是空中栽培的技术,利用深液流栽培技术的方法。在种植槽中盛放5~10厘米甚至更深厚的营养液,将红薯的根系放在里面,同时开启水泵间歇供液使得营养液循环流动,以补充营养液中的氧气,并使营养液中养分更加均匀。把红薯由传统的栽培方式转为水培栽培,在营养液培养的根系为红薯提供了充足的水肥,压蔓长出的根可以结出红薯,悬挂在架子上,像红薯悬挂在天上,不仅具有观赏性,还能实现一年种植多年采收。还有那边的番茄树也是一样的原理,把番茄培养成一棵大树,大大地提高了单株的产量。其他的无土栽培技术还有墙式栽培、立柱式栽培、A字架栽培、三层水培等,甚至还有鱼菜共生技术,把鱼和蔬菜放在一起养殖。是不是很神奇呢?

生:略。

(菌菇大棚)

师:同学们,我们现在来到的是菌菇种植大棚,这个大棚跟我们刚刚看到的那些大棚有什么不一样?

生:略。

师:菌菇棚的里面都有一个个独立的小棚,相对比较密闭,这是由于菌菇这种特殊的植物特性决定的,菌类植物和我们常见的种子植物不同的是它没有根、茎、叶、花、果实、种子等器官,我们看到的蘑菇通常是由菌盖、菌褶、菌柄、菌丝、孢子这五部分结构组成的,它的菌柄都是由菌丝构成的一个整体。菌类植物没有叶子和花朵,不能进行光合作用,它们像寄生虫一样,从自然界的腐烂植物中获取营养,所以菌类植物的生长只需要保持营养、水分、空气充足,温度适宜,是不需要太多光照的。你们看,菌菇只需要一个小小的菌棒就能生长,是为什么呢?

生：略。

师：这根菌棒是用棉籽壳或者木屑、玉米芯等农副产品原料经过合理配比,再把它种上菌种。控制好温度,保持好湿度,菌菇就能一直生长。随着人民生活水平的提高,对菌菇消费需求不断增加,菌菇种植发展成了工厂化食用菌栽培,通过稳定的种植工艺流程,各种各样的蘑菇就能在"自动化"下繁茂生长。从菌种培育到菌包生产,从温度控制到生长过程,都是由计算机操控,包括固定比例配比的原料,全自动的菌包生产线,恒低温培育室,视频监控蘑菇生长,人工只介入最后的采摘环节。区别于传统的种植方式,用现代机械化的方式种出来的蘑菇不仅保质期更长,几乎不受气候环境影响,品质也更稳定。参观完这些大棚之后,同学们对现代农业有什么看法呢?

(2) 江西农业省情教育。(5分钟)

师：随着科技的进步,我们已经脱离了原先单纯靠劳动力的模式,农民也不再是"面朝黄土背朝天"的形象了,而是通过科学种植的方式获取更大的收获。为了鼓励农业发展,国家、江西省领导都予以重视,习近平总书记视察江西时对"三农"发展提出了新要求："要加大强农惠农富农力度,推进农业现代化,多渠道增加农民收入,提高社会主义新农村建设水平,让农业农村成为可以进一步大有作为的广阔天地。"时任江西省省长易炼红曾提出过："围绕'江西农业总产值过万亿元'这个总目标,解放思想、开拓创新,求真务实、攻坚克难,不断提高农业综合效益和竞争力,努力走出一条产出高效、产品安全、资源节约、环境友好的农业现代化道路,推进全省农业高质量跨越式发展,加快由农业大省向农业强省迈进。"江西农业在全国占有重要地位,是中华人民共和国成立以来全国两个从未间断向国家贡献粮食的省份之一。经过多年努力,全省现代农业建设已取得可喜的成绩,正加速从"农业大省"向"农业强省"转变。正是因为这样的省情,你们更要重视江西农业,珍惜粮食,好好学习知识和技能,投身于强省的建设中,你们说好不好?

生：略。

☞现代农业大棚智能监控管理系统教案(初高中版)

(授课时间：约45分钟)

1. 教学目标

知识与技能：认识并掌握现代农业大棚智能监控管理系统的设计构架、运作原理。

2. 教学重点

现代农业大棚智能监控管理系统的设计构架、运作原理。

3. 教学过程

(1) 现代农业大棚智能监控管理系统的设计构架、运作原理。(15分钟)

师：植物生长需要空气、水分、温度、光照、土壤这些生长条件,在大棚里这些条件是如何实现的呢?请同学们找一找。

生：略。

师：同学们有没有观察到,我们的现代农业大棚中心悬挂着一块可视化的屏幕,你们注意到上面的内容吗?

生：略。

师：这就是现代农业大棚智能监控管理系统的可视化大屏,上面实时记载着大棚里的空气、二氧化碳、湿度、温度、土壤、光照等数据。这也是现代农业中一项比较先进的技术,是温室大棚的好搭档,大棚里每个角落都可以看见它的踪影,原来还只有大棚没有智能监控系统的时候,传统的温室大棚都是依靠人工通过简单的温湿度计量设备或者仪器仪表来获取环境状态的数据,根据经验手动控制各个调节阀。这样的方式效率低下,也无法达到统一管理,在生产上体现了很多的局限性。为了监测大棚里温湿度、土壤、二氧化碳等数据,实现对各个温室大棚的智能控制,保证温室大棚内环境适合作物的生长,还能把所有数据汇总,全程实时监控,智能温室大棚检测系统解决了上面的各个难题。根据大棚内种植的作物不同,设定程序,设置温度、空气、土壤湿度、光照强度、二氧化碳浓度最大最小值,检测设备正常运行,把数据传回监控中心。通过大屏的可视化,让在大棚内的工作人员也能实时掌握温室情况。通过传感、终端、视频监控、预警、溯源、作业等不同模块形成物联网,使农业变得更加智能。你们可以找找看大棚里的传感器、灌溉系统、摄像头等设备,想一想它们在系统中承担了什么作用?

生:略。

(2)"智能监控管理系统的工作原理"课题报告。(30分钟)

师:依靠智能监控管理系统的帮助,有了"智能农业",用科学的方式栽培蔬菜,消除制约蔬菜生长的因素,通过科学管理,有效提升了大棚蔬菜的产量,增加了经济效益。智能监控管理系统是怎么工作的呢?这就是我们今天的课题任务,请同学们分成小组,围绕"智能监控管理系统的工作原理"为课题,通过观察、调查和探究智能监控管理系统的设计构架和运作原理,完成课题报告。

思考题

(1)以"红色文化、薪火相传"为主题设计一份主题研学活动方案。

(2)实训题:分组设计研学旅行活动课程。

① 实训目的:通过设计研学旅行活动课程,掌握研学旅行活动课程设计的方法,能够独立设计研学旅行活动课程。

② 实训内容:开发设计研学旅行活动课程。

③ 实训步骤:

第一步:全班分成六个小组,每个小组分别从传统文化教育、革命传统教育、国情乡情教育、国防科工教育、自然生态教育五大板块中选择一个主题来设计研学旅行活动课程。

第二步:选择一所学校,根据学校的要求,选定与其所选择的主题相对应的基地(营地)来设计课程方案。要求方案中必须要有课程名称、活动对象、活动时间、活动地点、活动主题、课程目标、活动内容、活动实施、活动评价等内容。

④ 实训成果:每个小组提交一份课程设计方案。

项目九 研学旅行人员素质

> **项目概况**：了解研学旅行人员基本素养；分析研学旅行人才选拔存在的误区。
> **学习目标**：了解研学旅行策划与管理人才级别；掌握研学旅行人才培养路径。
> **学习重点**：研学旅行人才培养与遴选。
> **学习难点**：研学旅行人才培养存在的误区。

任务一 研学旅行人员基本素养

国家明确规定，研学旅行是教育教学活动，其执业人员的品德、知识、技能与能力素养至关重要。随意将一个传统的旅行线路改头换面，生搬硬套地加入中小学内容，便委托旅行社落地执行，这是极不负责的行为。随着教育部推进"1+X"证书制度试点工作，亲子猫北京国际教育（科技）有限公司制定了研学旅行策划与管理（EEPM）职业技能等级证书人才画像，规定了只有满足相关条件的人员才能够从事研学旅行活动，以此来提升研学旅行活动质量。人才是确保研学旅行课程能够顺利实施的关键，也直接关系到学生的成才成长，因此研学旅行人员素质至关重要。研学旅行指导师通常情况下要具备三个方面的基本素质。

一、品德素养

教育是双向性的活动，作为教育者要具备良好的品德素养，具有鲜明的政治站位，严格落实以德树人的教育宗旨，在当前的领导下开展研学教育，向中小学生传递优秀传统文化，致力于为社会主义现代化建设培养高素质人才。教育者要具有教育情怀，从事研学旅行的人员要具有崇高的职业理想，秉承"安全第一"的思想意识，爱业、敬业才能够在本职岗位上做出更好的成绩。

二、知识素养

研学旅行是一门综合性的课程，包含多种学科知识，在学生的发展中具有举足轻重的作用。一名合格的研学旅行从业人员要具备基本的语言文字知识，了解国家相关政策法规知识，熟悉旅行交通、食宿等业务知识，有合理的知识层次，不仅需要掌握旅游景点的相关知识，了解政治、经济、文化、历史、地理、社会等知识，还需涉及心理学、美学、行为学等方面的知识。多方面的能力结构是旅行服务必须具备的，包括语言表达能力、导游讲解能力、人际交往能力、组织协调能力、应变能力以及学习能力和跨文化交流能力。

研学旅行面向的中小学学生基本都处于身心发展和认知发展的时期,不同年龄有不同的心理特点,研学指导师要认识到不同年龄的学生在情绪、人际交往等方面的差异,能据此创设针对性的研学情景,开展研学活动。只有知识储备丰富,才能够更加从容地从事本职工作。

三、技能与能力素养

研学旅行活动由多个环节构成,每一环节都要有专业人员的参与,各个环节对于人员技能与能力素养提出了相应的要求。例如,研学旅行指导师不仅要具备规划设计能力,能够清晰的设计研学旅行课程内容体系,掌握基本的研学旅行课程实施方法,还要具有组织、指导、管理与协调能力,引发思考和对话、跟中小学生有效沟通、教育教学能力、安全管理及突发事件处理能力等。在研学旅行过程当中,中小学生的集体旅行、集体食宿等都应将安全放在首位,在旅行中可能发生的安全隐患、天气与交通、食品卫生、疾病预防等应急事件,要做到有预案,并能及时正确地处置。

除了以上基本的能力外,研学从业人员还需具备良好的人际交往能力,例如,如何处理好与上级、同事、学生之间的关系,如何处理好涉及的职能部门之间的关系、如何处理好工作和家庭之间的关系等。

任务二　研学旅行人才培养与遴选

目前,市场中高素质研学旅行人才缺失的问题依然突出,在当前研学旅行市场快速发展的时代背景下,需要通过多种途径做好人才培养工作。

一、做好培训工作

高素质人才是确保研学旅行课程顺利实施的关键,如何对人才进行培训非常关键,是否科学培养会直接关系到后期研学旅行课程质量的高低。单纯的培训只能传授有限的理念、知识、技能,而这些知识技能只有被培训者充分理解、消化,并运用到工作中,才能带来课程质量的提升。

当前研学旅行发展迅猛,但人才匮乏,在这一片新领域亟须专业的导师。随着《中小学生研学旅行系列团体标准》的推出,对研学导师也有了新的定义与要求,研学导师是否合格是让研学旅行具备项目式教学的核心因素,而这也成为研学导师个人能力的直接体现。市场上出现了很多研学旅行人才培养机构,致力于通过人才培养来提升研学旅行导师素养。素养不是教会的,而是被培训者在实践活动中经历挫折、沮丧、惊喜等习得的。由此可见,大量的实践才是 EEPM 人员培养的最重要途径。这就不难理解,为何要求 EEPM 职业技能等级证书(中级)持有者,需在推荐实习接待单位服务过学生团体 10 次以上,EEPM 职业技能等级证书(高级)持有者,需服务中小学生 500 小时或 3 000 以上人次。

二、优化专业设计

当前国内已经开设了研学旅行管理与服务专业,作为一门新的专业,旨在为我国研学旅行发展培养高素质人才,从而更好地推动我国研学旅行市场高质量发展。如果花费更多的时间等待研学旅行管理与服务专业学生毕业进入社会，势必会影响到研学旅行市场的发展，师范类和设置旅游管理类专业的院校要及时调整人才培养方案，开发包含"研学旅行"内容的校本融合课程，保证毕业的学生具备从事研学旅行方案的开发、设计和执行的理论知识和操作能力。

研学旅行人才培养要打破原有的路径，突破传统学科知识传授的束缚，打破学科逻辑系统的界限，进行跨学科融合培养。要促进各学科知识的综合学习运用和融会贯通，避免仅从学科知识体系出发。现实中的实践问题是不分科的，具有综合性，这就要求学校教师能够打破学科界限，选择富有意义的研学主题，鼓励学生跨领域、跨学科探究。比如，要善于综合分析研学地点有哪些特色资源可以整合，将各种资源整合转化为教育资源，认真研究如何利用这些资源确定研学主题，开发精品课程，引导学生有效开展研究性学习与旅行体验相结合的实践教育活动。

三、鼓励校企合作培养人才

人才培养的目的在于服务社会经济发展，在研学旅行人才培养中，要引入企业元素，通过校企合作的模式提升人才培养的专业性和针对性。近年来推进的"1+X"证书制度教学改革，是校企合作的一个典型案例。"1+X"证书制度是近年来职业教育的一个重要制度设计，随着教育部等部门联合印发《关于在院校实施"学历证书+若干职业技能等级证书"制度试点方案》，对职业教育提出了新的要求，把学历证书与职业技能等级证书结合起来，探索实施"1+X"证书制度，是职教20条的重要改革部署，也是重大创新，通过校企合作方式共同开发课程，这也彻底改变了以课堂为中心的传统人才培养模式。

四、注重非智力因素

招聘时，智力因素固然重要，只有具备了基本的智力才能够从事相关的工作，除了考查求职者的知识、技能外，重点要看非智力因素。非智力因素主要包括以下几方面。

（一）师德为先

师德师风建设，是推进社会文明的需要。教师的角色地位、社会责任崇高于其他职业，在于其言行、仪表、道德修养会影响其教育对象和社会公民。师德之"德"远远超过了一般的道德范畴。西汉学者杨雄说："师者，人之模范也。"教师对于传播人类文明、开发人类智慧、塑造人类灵魂起着重要作用，一代师风影响着一代人的精神风貌。

（二）学生为本

研学旅行最主要的角色是学生，让学生有所获、有所得才是研学旅行的意义所在。但有些研学旅行弱化了学生的角色，致使学生收获甚少，而优质的研学机构会十分重视学生是否真正学到知识。参加研学旅行的学生能够运用所学的知识提出假设、选择方法进行研究，提出想法和解释，最后和老师、同学们一起交流总结，分享成果，反思不足，进而能力得到提升，视野得到开阔，见识得到扩大，这才是学生最大收获。将学生安全放在第一位，以学生为本才能够做好研学旅行活动。

延伸阅读

2014年4月16日，载有476人的"岁月"号客轮在韩国海域进水并在2小时后最终沉没，造成314人遇难，其中大部分遇难者为前往修学旅行的韩国某高中学生。这是韩国近几

十年来最严重的海难事故,韩国教育部门一度取消研学活动。韩国总理引咎辞职,海洋警察厅由于救援中未尽应有责任而被解散。包括沉船运营商主管、船长、船员、海警、船务公司和安检机构有关人员等约400人被立案调查,其中154人被逮捕,多人被判刑。

学生为本,另一个核心体现在因材施教,面对研学旅行规定学段,针对小学、初中、高中学生,应该提供不同的课程内容,采用不同的形式和教学方法,而不能"一刀切"。

(三) 以身作则

学生会相信教师所说的,更相信教师所做的。教师的一言一行都会在学生心中埋下一颗种子,影响学生的行为。如果带队教师有抽烟、说脏话等不文明行为,当着学生的面是绝对不允许的。在研学旅行教师队伍选拔的过程中,要制定严格的标准,只有符合标准的教师才能够作为研学旅行指导师。

五、重视实践育人

研学旅行强调实践出真知,实践是检验真理的唯一标准。没有调查,就没有发言权。研学旅行让中小学生走入真实生活,去发现和解决身边生活中的真实问题,很好地弥补了书本中知识的不足。

研学旅行与校内科学教育有着明显的差异性,是一种促进学生自主学习,将研究、学习、体验、探索等综合实践为一体,以培养德智体美劳全面发展,具备核心素养人才为目标的教育方式,担负着极大的教育功能,因此对研学旅行人才提出了更高的要求。研学旅行指导师是一个复合型、全能型的人员,他应该具有导游人员的服务能力,同时具备教师的知识储备、教学能力和职业素养,只有具备了理论知识和实践技能,才能够更好地完成研学旅行课程,为中小学生传递更好的研学知识。

任务三 人才选拔及培养常见误区

一、只看重学历

传统观念认为研学旅行人才学历越高,所开展的研学教学活动效果会越好,这种认知是错误的。通常来说,一线活动执行人员选择职校生最佳,课程策划设计人员选择本科生或研究生最佳,项目管理者要视情况而定,既需要理论方法论体系,又需要实操经验。

在开展研学旅行活动的过程中,针对不同岗位遴选不同学历人才至关重要,这样既能够确保各岗位工作能够顺利完成,又能够实现人员成本最优。由此可见,不只看重学历,根据具体的岗位职责选择合适的渠道招募人才才是王道。

二、只看重资历

从实践角度来说,一个人资历长、经历多,意味着他的社会经验丰富,在工作中出现失误的概率也就相对较小。社会中存在着一些研学机构对外宣传时,片面性地强调其所提供的研学旅行指导师具有很长的教学经验,对研学旅行活动有着丰富的实践。研学旅行是一门学科,需要专业人才才能为学生提供高质量的研学旅行课程服务,资历只能够证明从业人员具备了经验,但将资历、经历绝对化,甚至"唯资历化",就容易出问题。在实际研学活动中,也有一些户外经验丰富的人,存在责任心不足的问题。尤其当资历不能科学地总结、提炼,不能上升到理性和方法论的高度,有时会成为能力提升的阻碍,如因循守旧、观念僵化等,虽然失误概率低,但创新能力也差,上升空间小。要想做好研学旅行活动,要给能力突出者多提供机会,而不是只看重资历,这样才能真正意义上为中小学生创造一个良好的研学旅行环境。

 思考题

1. 就高校增补"研学旅行管理与服务"专业,谈谈如何培养研学旅行人才。
2. 谈谈如何选用符合研学旅行行业的人才。
3. 研学旅行人才选拔中存在哪些误区?

项目十　研学旅行组织保障

> **项目概况**：全面了解研学旅行组织保障的类型、主体、协调机制、安全措施，围绕研学旅行组织运行正常化的所需，建立资金筹措机制和研学旅行监督机制。
> **学习目标**：掌握研学旅行组织保障的基本框架；了解研学旅行组织保障机制的基本内容。
> **学习重点**：研学旅行组织的保障类型、保障主体、协调机制、安全保障措施。
> **学习难点**：研学旅行组织保障的各主体之间协调、支撑交互影响的过程。

任务一　研学旅行安全保障机制的主体

研学旅行组织协调机制是研学旅行系统内部不同的子系统之间相互协调、相互促进所形成的一种行为模式及机理。在这个系统内部，社会各个相对独立而又彼此相关的单位，通过相互顺应，遵守相同的行为规范，从而达到团结一致，形成一个均衡的研学旅行体系。

研学旅行组织协调涉及的利益主体包括政府部门、研学教育基地、研学景区景点、旅行社、学校、其他教育机构等，组织之间协调对于保障研学旅行活动顺利开展具有重大意义。政府相关部门统筹中小学生研学旅行工作政策制定、基地（营地）认定、研学课程开发指导、研学活动安排、实施情况阶段性评估等，参与线路组织和服务机构的优质品牌认定。同时，指导研学旅行的服务规范、线路组织和服务机构相关认定等，参与工作政策制定和基地（营地）认定，牵头组织审定遴选研学实践教育活动承办企业或机构，组织开展对研学基地（营地）考评（认定）。研学旅行机构积极推动研学实践教育课程研发、线路开发、研学指导教师培训，参与对学校、研学基地（营地）、承办机构的考评（认定），推进研学实践教育课题研究、成果宣传、对外交流等工作。学校层面，成立以校长为组长，由学校各部门及家长委员会组成的研学旅行工作领导小组，负责制定本校研学旅行工作规程，制订每学年研学旅行计划，确定研学旅行主题活动方案和安全预案，并认真组织实施。中小学开展研学旅行活动是基础教育改革的重大举措，是落实立德树人、全面推进素质教育的重要途径。探索建立研学旅行安全保障机制，确保研学旅行活动安全，对于推动研学旅行健康快速发展具有非常重要的意义。

一、建立部门联动机制

中小学生研学旅行是一项社会综合活动，需要社会多个部门的通力协作，合力推进。建立研学旅行工作领导小组,并由属地分管领导担任组长,明确各部门职责,各部门积极支持,履职担责。在开展研学旅行活动时,各学校向属地政府、公安、卫生、食品药品监管等部门报道,各部门主动支持,派人员全程参与活动,公安、卫生、食品药品监管等部门加强对研学旅行涉及的住宿、餐饮等公共经营场所的安全监督,依法查处运送学生车辆的交通违法行为,医院选派有经验的医生和护士预防师生突发疾病,确保活动安全。教育局牵头召开研学旅行工作会议,各部门分管科室负责人参加,研究部署工作。文化和旅游等部门日常工作中应加强对景区和旅行社的监管。

二、建立日常管理机制

研学旅行日常管理工作事务繁多,各市县教育局一般由活动中心牵头成立研学旅行活动日常管理办公室,除切实保障安全工作方面外,还应侧重做好以下三个方面的工作。

首先是做好出行规划。在规划出行目的地和线路时把关,综合评估安全因素,不成熟的景区,不熟悉的路线,不作为试点阶段活动目的地;在规划出行人数规模上把关,根据学校和服务单位实际情况切实避免超过旅行社、景区、等服务单位的接待能力。试点阶段每所学校分年级出行,规模比较大的学校各年级还要分班次出行,每次出行人数控制在500人以下;在规划出行日期上把关,利用教学时间或综合实践活动课时开展,一般情况下在3~5月、9~11月的6个月中进行,大雾天气不上路,雨雪天气不出行;在规划出行时间上把关,试点阶段外出研学以一日或两日一夜为宜,积累经验后逐步增加外出时间。

其次是做好行前审批。在中小学校组织学生研学旅行活动审批时侧重在三个方面。一是根据学校选择自行开展或委托开展的不同模式,按照"活动有方案,行前有备案,应急有预案"的要求,规范活动流程,审核学校报送的活动方案(含保单信息)和应急预案(特异体质学生名单);二是审核学校对学生的安全教育是否到位,学校安全监管的责任是否到位(学校与家长签订的研学旅行活动安全教育责任书);三是审核旅行社或服务机构等各方资质(学校与旅行社签订的安全协议)以及旅行社组织研学旅行活动工作方案。

最后是加强日常监管。在学生研学旅行活动中,研学旅行管理办公室积极协调旅游、公安、食药监、卫生、工商等部门采取现场检查、电话访问等多种方式督促学校、旅行社、服务方落实安全责任,特别是配合支持地方旅游局加强旅行社开展研学旅行活动的专项业务督查、监管。

三、建立安全责任界定机制

研学旅行活动一旦发生安全事故,往往涉及学生、学校、旅行社以及提供吃、住、行、游等服务方,在活动开展前非常有必要将安全责任界定。一是学校和家长学生要签订安全教育责任协议书。学校研学旅行领导小组、安全工作小组到实地调研、分析活动安全风险点,研究问题解决方案,制订切实可行的安全应急预案和风险预估教育方案,把课程实施中可能存在的安全风险告知学生和家长,并签订安全教育责任书,告诉家长及学生在研学旅行活动中的安全注意事项,以及各方安全责任。二是学校与旅行社或服务机构要签订安全责任协议书,学生出校门上车前安全责任由学校承担,上车后直至学生返校签字交接前相关安全责任由旅行社或服务机构承担。三是学校与带队教师和跟班教师要签订安全责任书,落实安全教育协管责任,与带队领导签订安全责任书,落实对服务方的监管责任。四是旅行社与提供吃、住、行、游等服务方要签订安全责任协议书。做到安全责任到岗、到人,层层落实。

四、建立安全三防工作机制

研学活动安全管理工作是一项非常复杂的系统工程,在活动中要切实建立安全三防工作机制。

人防方面重点是人员配置到位和安全责任落实到位。研学旅行活动要由校级领导带队,研学旅行工作领导小组相关人员参与,按年级或班级统一行动,要为每班配备不少于两人的随行教师,要安排校医或聘请医护人员随行。有条件的学校要安排掌握应急知识技能人员随队保证安全。要有针对性地对教师和学生进行安全教育,帮助他们了解有关安全规章制度,掌握自救互救知识和技能。

各班级在班主任及研学导师的带领下分若干研学小组,研学小组以 5 人为宜,形成研学活动微观单元。在组织保障方面。通过竞选组长,分工协作,营员间团结友爱、不吵架、不闹矛盾;在课程学习方面,以问题为导学,小组合作,展示分享,要特别重视课程质量的提高,枯燥的景点介绍、空洞的理论说教、走马观花式的参观只会让学生感到厌烦,产生不良情绪,增加了安全风险和管理难度;在内务管理方面分工协作,人人有事干,个个有责任。旅行社要委派有活动经验的项目经理负责统筹指挥,每班配置一名研学导师(导游)和一名安全员,保安人员和安全员上岗执勤时,要统一着装,佩戴安全标识。服务单位的工作人员应具备应急知识技能,如遇突发事件能及时实施救援。研学旅行活动中还可以邀请家长志愿者参与安全管理,对于特异体质学生参加研学旅行活动要邀请家长陪同,同时学校还要主动协调旅游、交警、食药监、文化等职能部门派员参加。要建立研学旅行活动内部安全保卫组织和安全管理制度,落实安全保卫责任,要切实做到"三查七对"。其中"三查"指排查特异体质学生,核查跟岗人员到位情况,督查吃、住、行服务质量。"七对"指核对服务方营业执照,核对出行人员保险信息,核对报备车辆信息,核对驾驶员信息,核对研学指导师信息,核对上车人数,核对结营人数。

物防方面要准备好指挥应急车辆、常见药品、防爆设备、救援设备等器材,要优先选择在车辆、停车场、餐厅、酒店、景区重点区域安装了视频监控、防盗报警、呼叫求助、防护栏、防盗门和应急照明设施的服务单位。

技防方面学校和旅行社在组织大型研学旅行活动时可装备 5G 全国范围内视频对讲机,相关管理人员人手一部,既可实施远程管理,方便及时调度和管理,又可现场记录音频视频、保存证据等。

五、建立安全保险托底机制

开展研学旅行活动安全风险较大,学校督促各方购买相关保险意义重大。一旦发生意外事故,一是可以维护学生及其家长的正当权益,并使其及时获得赔偿,有效避免矛盾的激化;二是明晰学校、家长、旅行社、服务方的各自责任,有助于促使他们加强管理,积极预防;三是将学校可能承担的风险转嫁给保险公司,从而保证学校的正常教学秩序,同时也维护了校方的合法权益,也对确保学生的人身和财产安全起到非常关键的作用。教育部等 11 个部门《关于推进中小学生研学旅行的意见》明确指出学校做好行前安全教育工作,负责确认出行师生购买意外险,必须投保校方责任险。《中华人民共和国保险法》明确了被保险人不满

10周岁,各保险公司给付的身故保险金之和不得超过人民币20万元。被保险人已满10周岁但未满18周岁,各保险公司给付的身故保险金之和不得超过人民币50万元。各学校在实际操作中要根据学生年龄情况合理购买校方责任险,在委托旅行社代办保险业务时要审核保单,确保参加活动师生一个不漏,责任险受益方是学校。学校还要在行前审核旅行社以及提供吃、住、行、游等服务方的保险情况,督促他们按照相关规定购买责任保险,确保事故发生后及时赔付,化解矛盾。

任务二　研学旅行安全保障的措施

一、行前安全管理

（1）学生报名表设置既往病史以及是否适合进行研学旅行活动两栏。如果身体条件不适合参加研学旅行,主动劝学生不参加;请家长确认学生健康状况,明确家长需严格要求子女遵守相关国家的法律法规,遵守研学活动纪律,按照研学旅行的统一日程和管理参加各项活动。

（2）研学旅行前2~3天,客服人员通过班主任与学生进行确认,进行第一次注意事项提醒和自备物品提醒。

（3）临行前一天,进行第二次注意事项提醒和身体状况问询。

（4）报到当天,进行第三次外出注意事项提醒和身体状况问询,以及特殊地点需注意的特殊说明。

二、旅行期内安全保障管理

（一）人身安全预防措施

（1）保险:为学生办理全程意外伤害险及附加医疗保险。

（2）安全员:熟悉研学旅行带团流程。每位学生的物资包里都会有学生证,上面有带队辅导员电话,所有工作人员手机保证24小时畅通,若发生任何情况每个人均可实时通报情况,确保问题得到及时妥善处理。

（3）安全提示:活动期间通过研学课程手册、车载安全视频等手段,全方位、不间断的对学生进行安全提示,宣读活动纪律。安全员全程不断进行安全提示并要求学生做好相关的防护措施。

（4）健康提示与防护:队医根据客户档案中的学生既往病史、过敏史提示,以及学生年龄、地域特点、天气情况、健康环境特点,对学生进行健康指导。在学生出现不适时,对学生进行紧急救助,需要送医的,紧急送医。学生突发疾病需要用药时,队医要再次询问以往是否过敏现象出现。

（5）家长:家长可通过拨打咨询电话了解学生每日行程安排及安全状况。

（6）比赛活动安全准备:在进行比赛活动时,队医必须在场。安全员带领学生做好充分的课程前的活动准备,以免运动中学生受伤。安全员要随时观察学生身体状况和精神状态,学生出现意外伤害或身体不适,要及时联系随团队医进行救助,严重者要及时送往医院。

(二)财产安全预防措施

(1)安全员时刻提醒学生提高安全意识,重要财物随身保管。

(2)贵重且不方便携带物品尽量寄存在酒店前台或车上。

(3)研学旅行期间,组委会设专人负责失物登记、遗失物品查找及送还工作。

(4)研学旅行路程中,做好相关车辆安全预防措施。

(三)餐饮安全预防措施

(1)严格审查餐厅资质,签订用餐合同。餐饮部负责人定期对餐饮合作单位的卫生情况进行检查,保证食品安全卫生。

(2)遇突发情况(如学生食物中毒等)应及时通知指挥中心并拨打急救电话120;达到一定级别,按规定向国家卫生部门汇报并报警。按照协议,追究餐厅责任,并将其列入资源黑名单。

(3)安全员提醒学生拒绝购买三无食品及街边卫生无保障的食品。

(四)住宿安全预防措施

(1)研学旅行选择长期合作、资质齐全的准三星以上宾馆或者研学旅行基地入住,统一住宿,统一管理,宾馆或基地在醒目处张贴安全提示语。

(2)住房部门应实地考察,严格审查住地宾馆或酒店的资质,选择符合国家标准的住地宾馆或酒店资源,签订合作协议,明确安全责任。

(3)设计科学合理的入住流程,学生人数无论多少,确保入住顺畅、安全。学生首次入住宾馆或酒店,应与协调员、安全员、带队老师沟通,讲解入住规则,提前分配房间和房卡,避免秩序混乱,以班、组为单位按顺序进驻宾馆或酒店,防止因拥堵造成的不便。如有事故,联系队医及时采取急救措施,情节严重者拨打急救电话120处理。

(4)醒目的安全提示:与宾馆负责人沟通,在宾馆的配合下张贴安全宣传提示标语,监督宾馆服务人员按时完成入住前的所有迎接、入住安排工作,并进行检查。

(5)住房设施破坏应急措施:因住房内设施(包括水电暖)破旧或学生无意造成破坏出现的事故,及时联系宾馆或酒店内采取应急处理。对学生造成伤害的,联系队医或拨打急救电话处理,事后根据实际情况追究宾馆或相关人员责任。

(6)火灾预防:加强安全培训和警示,严禁学生在宾馆或酒店内使用明火,禁止随意移动或破坏宾馆内消防设施。

(五)突发状况、特殊天气情况安全预防措施

(1)随时了解天气情况,及时制定应对措施,更改活动时间或取消行程。

(2)人员、物资、车队等各模块按照既定预案或突发事件应急处理预案的相关规定应对特殊天气、突发状况。

(3)安全员、队医、客服对学生进行疾病防控、防摔防滑等方面的安全提示。

(4)公共卫生事件、社会安全事件等发生时,服务机构成立专门的突发事件应急处理领导小组具体负责收集信息,做出准确判断,制定处理办法,必要时调整活动时间或取消活动。

(5)事后根据"以法律为准绳、以事实为依据"原则,本着"以人为本"的精神,按照上级有关部门指示,妥善做好各项善后工作及保险理赔事项。

(六)医疗保障管理措施

(1)每队配备一名队医,负责健康管理、宣传伤病防护知识和及时救助。发生一般伤病,

由随团队医第一时间进行处理,并进行后续护理至康复或旅行期结束;如遇传染性疾病或严重伤病情况,应就近送往正规医院诊断,并及时通知指挥中心,联系学生家长,妥善处理。

(2)发生重大事故,在负责人和研学导师、安全员指引下立刻救治并拨打当地急救电话进行救援,同时依次通知安全总监、服务机构领导。内容包括:事故地点、事故简况、联系电话、保险号码等信息,服务机构会立刻与发生事故地的救援和保险中心联系紧急求援。

(七)安全事故汇报机制

一旦发生紧急情况,各活动负责人第一时间向指挥中心进行汇报,由指挥中心与安全中心沟通解决问题,并将问题向接待总指挥进行报备。

任务三　研学旅行的资金筹措机制

研学旅行资金筹措是指通过各种渠道和采用不同方式及时、适量地筹集开展研学旅行活动所必需的资金的行为。文化、交通、旅游部门应出台相应的优惠政策,保障研学旅行活动顺利开展。

一、建立多元化经费筹措机制

实现研学旅行普及化,需建立政府、学校、社会、家庭共同承担的多元化经费筹措机制。

(1)政府层面:交通运输部门对中小学生研学旅行公路和水路出行严格执行儿童票价优惠政策,铁路部门可根据研学旅行需求,在能力许可范围内积极安排好运力。文化、旅游等部门要对中小学生研学旅行实施减免场馆、景区、景点门票政策,提供优质旅游服务。保险监督管理机构会同教育行政部门推动将研学旅行纳入校方责任险范围,鼓励保险企业开发有针对性的产品,对投保费用实施优惠措施。

(2)学校层面:学校应是研学旅行经费来源的第二主体,应承担该课程实施过程中的相应经费,如课程补贴费、学校带队老师加班补贴费、课程方案设计费、课程教材或教辅读本费等。上述费用应明确列入学校经费中进行预算和决算,使研学旅行课程经费成为学校经费支出的一个合理且必要的出口。

(3)社会层面:积极倡导全社会各类景区景点、场地设施等实施免费或减免优惠的常态化措施,减轻研学旅行经费支付方面的压力。比如,国家重要的历史文化、风景名胜区既是旅游资源,又是教育资源,凡是适合做研学旅行的地方,大部分具有公益属性如国家公园、国家地质公园等地,都应免费供研学旅行课程实施使用;其他非国有性质景区,也应在原来学生票价基础上,考虑再以半价收费,以减轻中小学研学旅行费用。同时,鼓励通过社会捐赠、公益性活动等形式支持开展研学旅行。

(4)家庭方面:研学旅行的核心目标是帮助中小学生"内化素养,外塑能力",以适应未来社会的人才需求。家庭在这一过程中应与学校共同担负起该主体责任,向家庭收取合理的费用作为研学旅行多元经费来源之一,并把这种收费明确纳入学校收费规范之中。

二、鼓励多种资金形式支持研学旅行

在多元化经费筹措机制的背景下,多渠道的经费来源带来多样形式的资金支持,包括社

会捐赠、公益募捐活动、公益众筹等。

（1）社会捐赠：围绕爱心的目标，自然人、法人和其他社会团体自愿无偿地向公益性社会团体、公益性非营利单位、某个群体或个人捐赠财产。研学旅行经费来源形式可充分借助"社会捐赠"的广泛性、灵活性，拓展研学旅行经费来源，增强研学旅行经费支撑。

（2）研学旅行教育基金支持：为充分保障每一位中小学生都能平等地享受参与研学活动的机会，采取公益募捐的形式，建立研学旅行基金，此项资金作为针对家庭较为贫困的学生参加研学旅行的专项帮扶基金，对贫困家庭学生参加研学旅行给予适当补助。

（3）公益众筹：充分借助"互联网＋"的优势，围绕研学旅行核心目标，制定具有公益属性的筹款项目书，开展互联网众筹募集资金。

三、加强投融资政策的扶持

近年来，国务院和各部委印发的《国务院办公厅关于进一步激发文化和旅游消费潜力的意见》《关于促进文化和科技深度融合的指导意见》《文化和旅游部关于促进旅游演艺发展的指导意见》《文化和旅游部办公厅、中国农业银行办公室关于金融支持全国乡村旅游重点村建设的通知》等文化和旅游产业政策文件中均有提及针对文化和旅游产业特点的金融新政策，不断强化对文化和旅游消费、文化科技、旅游演艺、乡村旅游、研学旅游等文旅发展热点的支持。

部分中央和地方的文化和旅游产业金融政策提出创新开发符合研学旅行特点的保险产品，提出鼓励探索开展研学企业经营权、门票收入权质押以及旅游企业建设用地使用权抵押等贷款业务。同时，创新政府和银行的合作，发展各类文旅产业专项基金，使其成为研学旅行金融政策支持的重要手段。

四、加强资金筹措人才队伍建设

加强研学旅游人才队伍建设，应着力研究四个问题：一是从宏观层面上，要以旅游产业发展为目标，加强旅游人才宏观调控，改变目前旅游人才队伍存在的"总量不足，结构失衡"状况。要积极探索建立旅游人才信息交流平台，加快培育旅游人才市场，使旅游人才培养与市场需求实现更好地对接。二是从管理层面上，要以政策引导为突破口，加强旅游人才的服务保障，改变由于政策制度缺失导致的旅游人才职业通道不畅的状况。加快旅游行业职业分类研究，根据旅游行业的职业特点，建立完善旅游职业资格和职称制度。改革完善导游等级制度，建立与导游等级相配套的薪酬制度和劳动保障制度。三是从教育层面上，要以市场需求为导向，加强旅游人才教育培训，改变目前旅游教育资源分散、教育培训与市场错位的状况。要进一步整合旅游教育资源，加强旅游学科建设，深化旅游教育改革，推动校企合作，提高产学研一体化水平，加快旅游行业紧缺人才培养。四是从人才开发主体层面上，要以旅游企业为主体，加强旅游人才开发建设。旅游企业既是旅游人才的用人单位，也是旅游人才成长的摇篮，培养人才是企业文化建设的重要内容，更是一种社会责任。旅游企业要以旅游人才开发为抓手，积极探索培养人才、引进人才和使用人才的有效机制，努力把旅游企业培育成为学习型企业、创新型企业，不断增强旅游企业的核心竞争力和发展后劲。

任务四 研学旅行的监督机制

教育行政部门、旅游管理部门要建立行业准入机制,搭建研学旅行综合管理平台。各地要建立健全研学旅行考核机制,把学校开展研学旅行的情况和效果作为对学校综合考评内容。学校要将研学旅行纳入教师考核机制,将研学旅行纳入教师的工作量,对教师在研学旅行中的履职表现作出科学评价,将考评结果作为评定职称及岗位调整的依据之一。

研学旅行监督机制是指研学旅行监督系统内部及各构成要素相互作用的关系及其运行方式。研学旅行监督是政府督察等职能部门的职责。督查既要保证研学旅行工作的执行效度,又要保证研学旅行教育方向的正确性。

研学旅行监督主体包括所有促成研学旅行教育的单位,例如教育、共青团、发改委、公安、财政、交通、市场监管、卫生、防疫、文化旅游、银保监、学校、研学旅行服务机构等单位和领域,具有多头性。

思考题

1. 推进研学旅行活动的开展,应采取哪些组织保障措施?
2. 研学旅行监督主体部门主要有哪些?
3. 阐述构建研学保障机制的重要性。

项目十一　研学旅行手册

项目概况：研学旅行手册重要性；研学旅行手册主要内容。
学习目标：了解研学旅行手册基本内容。
学习重点：研学旅行手册重要性。
学习难点：研学旅行手册构成内容。

任务一　研学旅行手册的重要性

研学旅行手册作为连接师生的重要桥梁与研学课程的主要载体，具有重要而独特的意义，研学旅行手册的设计也在一定程度上决定了研学旅行活动课程的成功与否。研学旅行手册的意义主要有以下三点。

1. 指导学生开展研学

研学旅行作为一门新的课程，对于很多老师和学生来说比较陌生，在课程开始之前，需要做好准备工作。研学旅行手册能够将研学旅行课程的主要内容展示给老师和学生，明确提出研学活动的主题和任务，指明学习方向，突出教学重点，从而更好地指导学生开展研学活动。

2. 帮助学生更好地完成研学旅行任务

每一次研学旅行课程开展过程中都会涉及特定的任务，通过参加任务来实现学生特定技能的养成。为了帮助学生更好地完成研学旅行中的任务，在研学旅行手册中对任务进行简要说明，能够让学生在最短的时间内了解研学旅行课程中所要完成的任务，同时也可以在研学旅行手册的指导下掌握所需要的知识，实现知识体系的丰富和完善，培养学生参加研学旅行课程的兴趣。

3. 记录研学成果

任何类型的课程，在完成教学任务之后，都要留下痕迹，研学旅行手册会要求学生对研学过程中的点点滴滴及相关成果进行记录，对此次研学旅行活动进行全面的总结，同时能够为下一次研学活动的开展提供经验，也能够为日常的学习和生活提供指导借鉴。

研学旅行手册对开展研学活动具有重要的作用，在设计时需要遵循以下几个原则。

1) 研学旅行手册要内容全面

研学旅行手册所要包含的内容非常多，活动目标、研学时长、学科链接、研学时间/季节、研学地点、教学流程、破冰游戏(环节一、环节二、环节三等)、成果展示、总结复盘、研学安排

(安全隐患、使用物料、预计费用)等众多内容都要囊括在其中。研学旅行手册对行前、行中、行后各个环节进行简要说明,让教师、学生、家长能够清楚地知道研学旅行课程活动的环节和相关内容。

2)研学旅行手册要图文并茂

研学旅行手册既是指导性的说明资料,也是总结性的材料,在设计的过程中要从学生的需求角度出发,通过图文并茂的方式进行设计。不同类型主题研学旅行活动所需要的研学旅行手册要有一定的差异性;同一种类型主题的研学旅行活动所需的研学旅行手册也要经常更新,避免千篇一律带来的审美性疲劳。通过图文并茂、形式新颖的研学旅行手册来进一步激发学生的学习积极性和热情。

3)研学旅行手册要注重学习性

研学旅行手册是研学旅行课程的重要构成内容,其最为主要的作用是引导教育教学工作,在设计时需要强化其内在的学习功能,强化过程性学习任务和课后作业,引导学生深入学习。在研学旅行手册的指导下,学生能够积极主动地开展学习工作,在研学旅行中获得各种知识技能。

4)研学旅行手册要方便使用

研学旅行是校外的一门课程,通常情况下需要乘坐交通工具前往研学旅行目的地,在活动开展的过程中会安排多种类型的任务,这就意味着研学旅行指导师和学生要在规定的时间内完成各项研学任务。在时间比较紧张的情况下,对研学旅行手册提出了更高的要求,在设计时要方便使用,学生能够在短时间内完成研学旅行手册填写工作,这样既不耽误太多的时间,又能够及时记录研学中的收获。

5)研学旅行手册要体现出教育性

研学旅行课程要求研学旅行手册要体现出教育性。

(1)课程简介:课程简介设计需要根据课程的内容把课程各个单元的学习资源介绍清楚,研学旅行课程内容设计要与中小学学科内容相关联,将校内知识体系与校外实践有机结合在一起。

(2)课程目标:课程目标是课程要实现的宏观目标和具体目标,要与中小学生课程纲要和核心素养两个方面来界定。

(3)课程规划:每一单元的课程学时多少,重点、难点在哪里,主要准备实现学生哪些方面核心素养的提升,体现本单元课程与其他单元课程的差异性,避免雷同。

(4)行程规划:行程规划应该将集合时间、交通工具及中途时间节点、每一个研学点的游览学习时间或者是体验活动的时间都规划到位。

(5)课程实施:包括单元标题、课程实施具体地点、课程时长、课程内容的相关学科、本单元的具体课程目标、课程实施方式、课程资源详述、过程性课程任务、课后作业、对学生的过程性指导和评价、研学注意事项等内容。

(6)课程评价:要将过程性评价和成果性评价计入评价量表。

(7)学习成果:在研学旅行手册中呈现的主要是研究报告、研学论文或研学活动总结等成果主件,高中生应该完成研究报告,初中生可以完成研学论文,小学生可以写出研学旅行活动总结或者小作文。

(8)附件:为了保障研学旅行课程能顺利实施的内容,可以在附件中体现,行前物品备忘检查表、安全知识及安全应急预案、重要信息等。

任务二　研学旅行手册的内容

　　研学旅行手册的内容应基于具体研学旅行活动行前、行中、行后三个阶段，但可以根据具体课程目标、内容、形式进行编排，适当删减、合并、扩充。针对每个阶段的实际任务设计研学旅行手册，实现研学活动顺利开展。

一、行前部分

　　做好研学前的准备工作必不可少，研学旅行手册能够起到让学生更好地提前掌握研学活动内容、目标以及所要达到成果的目的。行前阅读部分是学生必不可少的工具性阅读文本，学生借助这一部分文本内容能够了解此次研学旅行的基本内容。在研学旅行活动开始实施之前，应当安排学生在出行前充分阅读，如有需要应安排学校教师或研学机构老师开展若干次行前课，解答学生疑惑，协助学生完成行前准备工作。通常来说，完整的行前阅读包含了"前言概要""安全预案""出行指南""知识储备"四个部分，从课程、安全、出行、预习四个方面分别给予学生指导。其目标是在出行前让学生充分了解以下内容：本次研学旅行课程的目标与内容；本次研学过程中主要的安全风险与应对方式；本次研学出行前需要准备的物品；本次研学旅行课程涉及的知识领域与需要预习的内容。

（一）前言概要

　　前言部分作为学生阅读手册的第一部分，应当简洁明了地说明本次研学活动的主要内容、研学目的地、研学中的注意事项、研学目标等基本的问题。前言部分的重要性不言而喻，在设计的过程中可以进一步细分为"课程设计综述"和"课程内容引入"两个部分，也可以将二者的内容整合成综合性前言。无论哪种形式最终要对研学进行全面性的简介，让学生提前了解本次研学活动，并且做好相应的准备工作。

　　1. 课程设计综述

　　课程设计综述是展示本课程基本信息的部分，应当简略介绍课程各单元学习资源，阐明课程主题和各单元之间的内在关联性，说明对本课程学习的主要意义。课程设计综述主要的功能在于能够清晰地介绍此次研学课程设计思路、阐明本次研学活动的主要意义、明确此次研学课程主要目的与总体目标以及研学课程的主要内容。

　　2. 课程内容引入

　　课程内容引入部分主要是对本次研学课程的主要内容做一个简单的介绍，例如对研学目的地进行介绍，让学生能够提前了解将要前往的研学目的地，有效激发学生的兴趣，提高研学旅行质量。

（二）安全预案

　　研学旅行活动开展最为重要的原则是安全，安全贯穿于研学活动的各个阶段，从最开始的准备工作，到研学活动实施，再到研学活动结束，每一个环节都要向学生灌输安全的重要性。安全预案主要目的在于提升本次研学活动安全管理，有效提高研学旅行指导师、学生的安全意识，充分预估在研学旅行中可能出现的安全问题，确保此次研学活动能够安全顺利开展。

安全预案要坚持落实各项安全措施,教育学生遵守各项安全法律法规,培养引导学生具备一定的自护能力为指导思想,以确保交通安全、食宿安全、活动质量为目标进行编写。实践证明,科学的安全预案能够帮助研学旅行指导师、学校教师等明确课程中可能存在的安全风险与处理方式,也能够帮助参加此次研学旅行活动的学生更好地了解本次研学课程中所要注意的安全事项,以及当出现一些安全问题时如何有效规避,在遇到安全问题的情况下如何应急联系等。

安全预案部分应当包括"研学安全守则""重点事件对策""应急联系方式""人员安全教育"四个部分,从不同角度给学生提供应当了解和掌握的信息。在编写研学旅行手册"安全预案"部分前需编写完成对应的教师部分,如有可能则插入学生过敏原速查表、学生心理状况晴雨表、学生身体状况速查表等附加内容。

(三)研学安全守则

研学安全守则要清晰准确地罗列出来此次研学旅行课程中学生的日常行为规范要求、学习生活要求,帮助学生树立正确的思想观念,养成良好行为习惯,促进学生身心健康发展。安全手册的制定要从实际出发,结合每一次研学旅行活动的实际现状进行设计,符合本次课程的特点,切实起到提示、预防等作用。相关机构在编写研学安全守则时不能为了节省时间成本、人力成本而单纯套路化、形式化,应做到每个研学活动都有相对于的研学安全守则。

(四)重点事件对策

研学旅行中会出现一些事件,不可能做到百分百无事件发生,但是可以采取有效应对措施,降低事件发生带来的危害。在研学旅行手册中要将本次研学旅行活动中可能存在的高发、高危事件,针对性地罗列出来,并且提出应对这些事件的有效方法,充分保障研学旅行师生的安全。强调学生"不伤害自己,不伤害他人,不被他人伤害"三原则。在编写重点事件对策时应当注意以下几点。

1. 对策事件应当为高发或高危事件

高发事件意味着学生遭遇此类事件的可能性较高,有必要进行充分的预防教育。高危事件则意味当此类事件出现时,可能对师生造成严重后果,需要进行警示和伤害规避教育。对于低频、低危事件也不可掉以轻心,在充分进行安全教育后应当将其应对方式纳入安全预案之中,但无须全篇放置于研学旅行手册中。据相关数据统计,由于人为因素或缺乏效率导致的不安全动作与行为造成的事故,占事故总数的88%,因此需要对一些常见的高发、高危事件做好应对处理工作。

2. 对策应当便于学生操作

研学旅行面对的是中小学生,中小学生群体年龄、心理特征还处于未成熟阶段,在编写研学旅行手册时需要考虑到学生的实际需求。编写对策时应当注意教师与学生之间的差异,部分适用于成人的对策并不适用于学生。在充分考虑学生特点,尤其是年龄特点的前提下,选择适合学生的应急事件应对方式与意外伤害规避教育。

3. 对策应当切实有效

在编写对策时,应当选择可以帮助学生最快远离风险源,最大限度地规避伤害的方式,避免选择过于繁杂、难以执行的对策。在完成初步编写后应当组织师生进行模拟,验证此对策是否适合学生、符合切实有效的原则。安全工作要做到事无巨细,合理安排,排除隐患。在组织研学旅行活动时,应与家长进行必要的沟通,可以签订相应的协议。研学旅行出行交给研学旅行组织机构,让专业的人做专业的事,在组织出游方面更专业、更有经验。

4. 用语应当准确、简练、无歧义

准确用语对于学生而言非常重要,研学旅行手册中的用语要准确、简练且不能有歧义,避免产生误解,便于学生理解和思考,如有可能,应当辅以案例进行说明,通过案例说明效果会更加真实有效。

(五) 应急联系方式

在研学旅行手册中应包含应急联系方式,应急联系方式部分为紧急状况时供学生或教师查阅使用,编写时需确认各联系方式的有效性,在研学活动中应保证各应急联系电话均有专人接听。其中应当包括两部分联系信息:

常用应急联系方式:110、120、119等常用报警、急救电话。

个人应急联系方式:学生家庭联系方式、负责教师或研学机构老师的联系方式、其他有必要提供的联系方式。

(六) 入住安全教育

研学旅行过程中通常会涉及异地住宿,因此在涉及校外住宿的研学课程时,要对住宿地点进行充分的安全隐患排查,在此基础上开展入住安全教育工作,充分保障学生的住宿安全。中途存在更换住宿地的情况,应再次进行入住安全教育。入住安全教育依据形式可分为阅读材料(即本部分内容)与实地教学两种,依据内容应当分为以下几部分。

1. 房间内设施使用安全事项

客房内会包含一些易碎物品,如果不采取有效措施将会存在学生操作使用不当而引发的安全问题。在研学旅行手册上面要列入易碎易损物品清单,在条件允许的情况下可以要求入住酒店更换安全性更高的替代品。要列举房间内磕碰伤等常见意外伤害可能发生的位置与情景,以案例形式最佳,并针对室内水电使用注意事项进行教育。

2. 夜间住宿守则

研学旅行住宿是集体性的活动,要明确规定夜间熄灯、查房、就寝等时间安排,培养学生良好的时间观念和行为习惯,对一些作息不规律的学生要加强引导和管理,帮助学生改变不良行为。要引导学生掌握夜间各类情况应对处理能力,注意不明来访人员等,遇到问题及时上报给老师。

3. 住宿地应急通道与应急集合点

住宿中要引导学生了解认知应急疏散通道,培养学生认知能力。引导学生认知应急标识并明确其含义,了解紧急情况时距离住宿房间最近的应急通道位置。确定应急集合点并确保学生知晓。在遇到紧急问题的情况下,能够顺利安全逃生。

4. 常用应急设施位置与使用方法

对房间内设施进行简洁明了地介绍,配备应急手电等物品。房间外设施、灭火器等,可以不要求学生掌握具体的使用方法,无须学生参与救火等有风险的行动。夜间需要安排专人开展巡查工作,提前安排好教师夜间巡查排班信息、夜间教师联系方式。以火警为例的应急对策与演练。

(七) 出行指南

本部分应当为学生的出行提供翔实的信息参考,既便于学生准备学习生活用品,做好行前准备,也便于家长了解研学课程相关信息。出行指南部分应包括"研学日程安排""建议携带物品""如何进行研学""交通住宿安排""活动分组安排"等。编写出行指南时,应当注意核实各项信息,保障信息的有效性,如出现变动,应当第一时间告知。

1. 研学日程安排

研学日程安排要详细罗列出此次研学旅行的主要目的地、时间节点、主要课程内容,在介绍时要言简意赅,能够使学生明确时间、地点以及课程之间的内在联系。

(1) 在时间段的安排方面,要根据整体时长确定比较适宜的时间节点。对于整体时间长度不到 8 小时的研学活动来说,应该每 1 小时或者 30 分钟进行活动安排,阐明各时间段的活动内容;对于整体时间长度超过 14 日的研学课程,以每 4 小时或每半天为时段,阐明各时段的对应内容;对于周期性长或授课时间间断的研学课程,应以每节课为时间节点,阐明各时间节点的对应内容。

(2) 课程地点说明。针对某一时间点所对应的课程活动地点进行说明。

(3) 课程内容说明。简要介绍课程内容,让学生和家长能够提前了解所要开展研学课程的内容情况。

(4) 其他信息。除了上面的主要信息内容外,在允许的情况下要列出课时安排、涉及学科、拟用教具等相关信息。

2. 建议携带物品

每次研学旅行活动开展的时间、地点不尽相同,在研学旅行手册编写中要根据本次研学课程特点、目的地气候、其间天气变化、课程内容等提供有针对性的物品清单,供学生参考,做好准备工作。携带的常见物品如证件、衣物、日常用品、个人医药、学习用品、电子设备等,但是不局限于这些物品,其他的未列的物品也可以携带。

(1) 证件类。研学期间将要使用的个人证件,如身份证等。如有必要可注明各证件的使用情况。

(2) 衣物类。应依据研学目的地气候特征、研学期间天气预报有针对性地编写。同时有必要提示学生携带换洗衣物。

(3) 日常用品类。应分类列举可能用到的个人日常用品,供学生参考。

(4) 个人医药类。应分类列举可能用到的个人使用非处方药品,供学生的监护人参考。

(5) 学习用品与电子设备类。应针对研学课程内容,提示学生携带相关的学习用品与电子设备。对于在课程中会使用但未配备给学生的教辅用品,可以提示学生自行携带。

(6) 禁止携带的物品。应根据有关法律法规与研学课程地点的相关规定,罗列禁止学生携带的物品。

3. 如何进行研学

本部分应主要针对初次参与本系列研学旅行活动课程的学生编写,阐明在研学旅行过程中学生应当注意的各类事项。

4. 交通住宿安排

对于含有长距离交通与在外住宿环节的研学活动课程,应提供本部分内容,供学生及其监护人参考。如存在多次长距离交通或中途更换住宿地的情况,应分别注明学生车次(航班)、座位号、房间号、负责教师等信息。本部分内容应经过确认后再进行编写,如有调整,需及时更正并通知学生本人及其监护人。

5. 活动分组安排

对于需要分组的研学活动，应提供本部分内容，供学生及其负责教师参考。

(八) 知识储备

知识储备部分为学生提供充足的预习内容，是行前学习的重要组成部分，包括"研学课程主题""课程涉及领域""基础阅读资料""背景知识学习""报告参考课题"等。

为保证课程效果，可由学校教师或研学机构老师开展行前课。

1. 研学课程主题

课程主题应提纲挈领，集中描述本次研学课程的核心内容，篇幅不宜过长。

2. 课程涉及领域

本部分内容应优先选择符合学生学习水平的科目，从中遴选切合本次研学课程主题与目标的知识点供学生参考。对于专业性较强的内容，应深入浅出地进行描述。

3. 基础阅读材料

阅读材料有助于学生在行前初步了解学习内容，激发学生的学习兴趣，通常分为课内、课外两个部分。

(1) 课内部分：选取本次课程主要涉及的学科中符合学生学习水平的内容，供学生参考。

(2) 课外部分：与学科知识紧密挂钩，切合本次课程主题、目标，适合该学段学生阅读。

4. 背景知识学习

背景知识应针对本次研学旅行活动课程内容遴选，使学生在参与研学活动之前便初步了解和掌握相关知识，提升课程效果。

5. 报告参考课题

参考课题既能指引学生有针对性地完成研学课程的目标，也能给学有余力的学生指明进一步探究的方向，还有助于教师考查学生在本次课程中的收获。

如学生需在研学课程完成后撰写研学报告，则应当在本部分提供切实可行的探究课题供学生参考。

课题设置应切合本次研学课程主题、目标，且具有一定启发性、拓展性，综合考查学生的学习成果。可不限于具体问题，但范围不宜过大，内容不能过于空泛。

二、行中部分

行中正文是研学旅行手册的主体部分，包括"每日行程""课程模块""拓展创作"三个部分。应当安排学生在研学活动过程中充分阅读，并每日完成相应的内容。对于学生存在的疑惑要有预期，协助学生完成本次研学课程。

(一) 每日行程

每日行程部分即分日或分模块指引部分，起到细化指引作用。将本次研学旅行课程模块进行拆分，向学生提供时间安排、主题引导、学习目标等信息，帮助学生把握重点内容。

1. 本日学习主题

本日学习主题与"研学课程主题"部分内容类似，但应聚焦到某一天或某一模块。此外，还应提供本日日程供学生参考。

2. 本日学习目标

本日学习目标与"课程设计综述"部分内容类似,但将各日或各模块学习目标进行分离,分别阐述学生在进行各课程模块学习后需要达到的目标。

3. 课程涉及学科

课程涉及学科与"课程涉及领域"中的部分内容类似。

(二) 课程模块

课程模块是研学旅行课程的载体,在设计编写上需注重学习情境的真实性、学习内容的综合性和思维培养的整体性。

1. 基础知识阅读

基础知识阅读既是对课程模块的引导与铺垫,也能够促进学生横向融会贯通,发展学生的思维能力。

2. 基础知识考查

要想合理地考查基础知识,在设计手册的过程中要牢牢把握以下几点:制定详略得当的基础知识考查目标;厘清该课程目标的构成要素;清晰地描述学生各方面尤其是基础知识层面需达成的目标程度;统一编写方式。

3. 学习方法指导

狭义上说,学习方法指导是指导学生正确、有效地运用研学方法,以顺利完成某一研学课题;广义上说,就是通过多种指导方式促使学生主动研学并可以举一反三,使研学旅行主题进一步得到升华。

需注意纠正学生固有的学习思维,使之有利于改善学生的学习方式。保证学生多渠道获取知识,激发学生获取知识的积极性。

4. 延伸相关问题

课程资源链接课程内容和基础知识,科学整合课程资源、紧密关联预设知识点是进行延伸的关键。可以与体验式主题探究活动相结合,以兼顾研究性与体验性内容。

5. 对应研学任务

研学任务设计需注意下列原则。

(1) 坚持教育性原则。精心设计研学旅行活动课程任务,确保各项任务立意高、目的明确,提前制订具体活动方案,带着目标开展活动。

(2) 坚持安全第一原则。根据实际情况合理安排研学任务。

(3) 坚持真实可行原则。研学任务应当立足于真实场景、真实问题,并在学生力所能及的范围内,不刻意追求"奇、偏、怪"的研学任务。

(三) 拓展创作

1. 相关拓展阅读

拓展阅读就是以某课程主题、文章、内容为中心,拓展阅读与其相关的作品。

扩展阅读作为精读和略读的补充,可以拓宽阅读的范围,扩大学生的视野,加强语文与其他学科的联系,使所学的知识网络化、立体化、综合化。而且,在知识的相互比较、补充、融合和重新建构中,可以使学生开阔思路、闪出火花、涌现创意。

2. 总结延展思考

本部分是对某日或某模块研学课程内容进行总结,适当进行延伸,采取给予学生思考性问题的方式,检测学生的学习成效。其内容可以紧扣某一研学问题,也可关联学生已经了解掌握的相关现象、理论、观点。

3. 每日研学小记

针对每日或某一课程模块研学内容,让学生以小记的方式进行总结回顾。学生总结学习内容与成果,并将学习成果内化于心,外化于行,加深理解。

三、行后成果

研学旅行活动课程并非在学生回校时戛然而止,而是应当延续至后续的学习生活中。这既是巩固本次研学旅行课程成果的重要手段,也是结合常规教学内容,开启下一次研学旅行课程的契机。将后续部分纳入研学旅行手册,不仅能起到总结本次研学旅行活动的作用,同时也能够为下一次研学活动开展奠定基础。

本部分使用范围不应仅限于行后,而应贯穿于研学活动的整个过程,如有需要,可在研学旅行活动课程完成后安排学校教师或研学机构老师开展若干次行后课,完成本次研学旅行活动课程后续延展内容。行后拓展包括研学游记、拓展学习、研学报告、参考文献、研学评价五个部分。

(一)研学游记

研学是一个持续的过程,在活动开展的过程中,学生不仅要亲自体验各种类型的活动,还要善于记录、总结。研学游记是学生自行对研学活动课程进行简单回顾的重要手段,将自己所参加的各种活动主要内容记录下来。研学游记的形式多样化,可以是日记、图画,也可以是思维导图等多种表现形式,应鼓励学生更好地展现自我。

(二)拓展学习

拓展学习是研学旅行活动课程的有机延伸,其主题来源于研学旅行活动课程,但不局限于研学旅行活动课程主题。在研学中学生能够学习到很多课外知识,不同的学生会有不同的收获,适当的拓展学习能够激发学生的想象力和认知能力。在形式上面可以不拘一格,结合日常的教学内容开展拓展学习之外,还可以另行设立探究性课题,总之,形式多样化,方法不限于一种。

(1) 延伸学习主题。延伸学习主题应当和研学旅行课程主题相关,要紧密结合学生所在地的资源进行设计,确保学生能够从当地的资源中更容易获得资源支撑,而且做起来更加容易,使学生能够应用研学旅行课程中所学习的研究方法、理论知识、实践技巧,进而巩固成果,激发兴趣。

(2) 学习内容引导。本部分应当指明学生所在地的可用资源与探究方向,引导学生在真实场景中解决真实问题,促使学生进行思考。

(3) 总结反馈方式。本部分应当明确延伸学习内容的成果输出方式,通常根据学生状态、学习时间安排而定。可以鼓励学生使用PPT、板报等多种表现形式进行结果输出。

(三)研学报告

研学报告是针对本次研学旅行活动课程中某一具体课题的成果输出,其格式严谨,评价体系健全,可以充分反映学生在本次研学旅行中的成长。在学生题写研学报告前与撰写过程中,有必要对其进行相应指导,协助其完成研学报告。

1. 确认报告课题

在研学旅行课程开始前,学生应充分了解各参考课题,并选择本人或本小组研学课题,进而在研学课程活动中自主收集资料,开展课题。

但在正式撰写报告前有必要对学生的课题进行确认,一方面确保学生课题不偏离本次研学旅行课程的主题范围,另一方面检查学生的课题准备情况。对于不符合要求的课题,应当督促学生重新审视,选择力所能及的课题进行探究。

2. 报告撰写指导

确认学生课题后,应统一对学生进行培训,针对研学报告的结构、内容、格式等进行指导,并约定中期检查时间,以此避免学生最终成果质量较低。

（四）参考文献

参考文献部分向学生展示编写研学旅行手册过程中参考的文献资料,方便师生自行进行拓展阅读。手册设计人员推荐给学生阅读的文献,也可另行备注后加入本部分。

1. 重点文献全文

对于与本次研学课程联系紧密、具有重要指导意义的重点文献,有必要全文附于手册中,并将其重点部分标记,便于学生把握其精髓。

2. 部分文献摘要

与本次研学旅行课程联系较为紧密部分内容且具有一定指导意义的文献,可以摘取其片段附于手册中,供学生参考。

（五）研学评价

评价系统可以帮助学校指导教师或研学机构老师更加准确而及时地给学生提供信息和指导,也可以帮助教师或研学机构老师明确是否需要调整原定教学计划。在此过程中,可以采用多种方式,如约谈、问卷调查等,通过收集信息发现问题。

1. 学习评价系统

学习评价系统对本次研学旅行活动课程中学生的学习成效进行评价,应当包含以下几个方面内容。

（1）学生对本次研学课程内容的认识与掌握。

（2）学生在本次研学课程中应当掌握的具体技能。

（3）学生的时间管理等过程性技能情况。

2. 思想品德评价

思想品德评价关注学生的情感、态度与价值观,立足于让学生乐学好学,能够展现课程中的人文关怀。但这并非完全割裂的评价维度,而是和知识、技能、过程与方法相互融合渗透,统一于学生的成长与发展之中。

任务三　研学旅行手册的基本设计方法与要点

研学旅行手册在研学旅行活动中具有不可替代的作用,科学合理的研学旅行手册会起到事半功倍的作用。研学旅行手册的基本设计方法与要点可概括为"三步骤"与"六要六不要"。

一、"三步骤"

(一) 第一步：提取线路要素

设计研学旅行手册，应首先提取线路要素，明确本线路中涉及的课程资源。线路要素是将研学活动中主要的内容进行贯穿，通过时间节点、重要性等方式进行罗列，直观地展现在学生面前。将最为主要的内容融入研学旅行活动课程中，一些不是特别重要的内容可以不纳入研学旅行手册中。

(二) 第二步：根据课程环节选择侧重点

研学旅行手册不会将此次研学的所有内容都罗列出来，只会将重要的内容罗列，因此在设计时要厘清所有要素后，根据课程主题与课程时间分配，以及学生的精力、负担，有选择地对各要素确定优先级。依据此次研学旅行活动课程的实际性质，明确内容组织方式，重点突出本次研学旅行活动课程的核心内容，确保资源优势的作用能够充分发挥出来，对于一些重要性比较低的要素可以采取弱化的方式，例如，一些偏离课程主题、分配时间较短、内容单一难以深入的要素。

(三) 第三步：设计探究性课题

研学旅行课程开展的目的在于培养学生综合能力素养，培养学生设计探究性能力是一个非常重要的方面。根据本次研学旅行活动课程核心，结合优势资源内容，设计贴近生活、目标明确的探究性课题，作为学有余力学生的拓展内容，激发学生探究能力素养。

二、"六要六不要"

(一) 要突出教育核心，不要只旅不学

研学旅行侧重点在于研和学，通过研学活动来提升学生的综合素养能力。目前社会上存在着一些研学机构只注重学生校外旅游，对于研学视而不见或者弱化，研学的教育核心作用没有充分体现出来。在设计研学旅行手册时要强化教育核心作用，让学生充分认识到研学活动的内在作用，不是单纯的校外旅行，更主要的是通过校外实践活动来弥补校内教育起不到的作用。

(二) 内容要详略得当，不要贪大求全

研学旅行手册起到指引性的作用，要有所侧重点，只要将此次研学活动的主要内容介绍清楚就可以，并不是对整体活动的完整性说明，设计中以简洁明了为主，罗列出重要的活动内容，详略得当，无须面面俱到，更不能贪大求全。

(三) 内容要言之有物，不要空洞无物

研学旅行活动开展需要借助一定的实体物，例如，红色研学活动借助的是红色景区、革命烈士纪念馆、红色场馆等可以看得见的实体物。通过这些实体能够让学生近距离感受到革命先辈为了新中国努力奋斗的拼搏精神，为了中国人民过上幸福生活不惜牺牲自己生命的伟大精神。各种类型的研学活动要主题明确，借助依托物来传递内在的精神品质。在研学旅行手册设计过程中避免内容空洞无物，否则难以激发学生的兴趣。

(四) 课题要贴近生活，不要目标空泛

研学旅行课题设计需要贴近日常生活，将生活中的实际案例引入研学中，拉近学习与生

活的距离,激发学生的兴趣爱好,脱离生活的研学旅行主题所能起到的作用比较小,对于下一步的研学旅行活动开展也是极为不利的。在设定目标时也要具有针对性,设计一些符合学生身心特点的目标,或学生通过自身的努力可以实现相关的目标。在设定目标时,不能超越学生的能力,一旦目标达不到,或者目标空泛,会打击学生参与的积极性和主动性。

(五)课程要突出特色,不要生搬硬套

"课堂小天地,天地大课堂",生活处处皆教育。研学旅行让学生从学校的小空间走到天地的大课堂中,有太多的教育资源可以挖掘使用,学校往往会陷入"乱花渐欲迷人眼"的困惑中,将研学旅行变得零敲碎打,活动内容显得随意。课程主题特色突出要符合学生身心特点,这种类型的研学活动才更加具有针对性和实践意义。在设计研学旅行手册时需要将此次课程主题展现出来,简要说明课程的内在特色,勿要生搬硬套脱离实际。

(六)课程要契合实际,不要盲目拔高

研学旅行使得学生有机会在纷繁复杂的背景下重新审视在课堂上学到的理论知识与客观存在的关系,并通过观察、访谈、操作、验证和体悟等方法,检验其真伪,对知识进行再次解读,直至"真知",从而达到思维与存在的统一。在设计研学旅行手册时需要契合实际情况,例如课程设计要符合学生身心特点、符合当地的资源禀赋,不能脱离实际盲目拔高,一切以提升学生的综合实践技能为目标,让学生在研学中有所收获。

研学旅行的开展能够在现代教育教学中发挥意想不到的作用,是改革教育手段的有效方式之一,在复杂的教学环境中,探索适合时代发展的现代综合教学手段,明确研学旅行存在问题的基础上提出一些解决对策,作为教育主体的学校,要在实践应用中探索适合学生发展需求的研学旅行新方式,从本校的实际情况出发,进行综合性调整工作,为学生的发展创造良好的环境氛围。

 思考题

1. 研学旅行手册设计应该遵循哪些设计原则?
2. 研学旅行手册应该包括哪些基本内容?
3. 请你选一个自己熟悉的旅游景点,以该景点为研学旅行课程的一个学习单元,制作一份研学旅行手册,要明确该课程所面向学生的学段。
4. 研学旅行活动开展过程中为什么要用到研学旅行手册?

项目十二　研学旅行基地(营地)

项目概况：研学旅行是在研学旅行基地(营地)进行的,没有研学旅行基地(营地)就无法实施研学旅行,掌握研学旅行基地和营地基本概念,明确研学旅行基地(营地)选拔标准。
学习目标：通过本项目的学习了解我国研学旅行基地(营地)的概念、功能、作用及分类;熟悉我国研学旅行基地(营地)的建设原则、建设要求及申报国家级研学旅行基地(营地)的条件;掌握国内外研学旅行基地(营地)的现状、特点及存在的问题。
学习重点：研学基地(营地)选拔标准。
学习难点：研学旅行基地(营地)现状。

任务一　研学旅行基地(营地)的概念及区别

一、研学旅行基地(营地)概念

中国旅行社协会与高校毕业生就业协会联合发布《研学旅行基地(营地)设施与服务规范》指出研学基地(营地)是自身或周边拥有良好的餐饮住宿条件、必备的配套设施,具有独特的研学旅行资源、专业的运营团队、科学的管理制度以及完善的安全保障措施,能够为研学旅行过程中的学生提供良好的学习、实践、生活等活动的场所。

2014年8月21日,国务院发布了《关于促进旅游业改革发展的若干意见》(国发〔2014〕31号),该文件指出:"支持各地依托自然和文化遗产资源、大型公共设施、知名院校、工矿企业、科研机构,建设一批研学旅行基地。"这是国家级文件正式提出"研学旅行基地"六个字,但文中未对研学旅行基地下定义。

2018年6月6日,在《教育部办公厅关于开展"全国中小学生研学实践教育基地(营地)"推荐工作的通知》(教基厅函〔2018〕45号)中给研学实践教育基地(营地)定义为:各地各行业现有的,适合中小学生前往开展研究性学习和实践活动的优质资源单位。

不同的文件对研学旅行基地、营地的界定存在着一些差异,本质上来说研学旅行基地(营地)是服务中小学生研学旅行教育活动的场所。

研学旅行基地:有至少一类特定的主题资源,适合中小学生前往开展研究性学习和实践活动的研学旅行资源单位或集合体。[1]

---

[1] 来源于《江西省中小学研学旅行》标准。

研学旅行营地：具备多样化的教育设施设备和实践活动课程，能够独立组织实施中小学生团体研学旅行活动，并为其提供集中食宿和交通等服务的研学旅行资源单位。（来源于《江西省中小学研学旅行》标准）

二、研学旅行基地与营地的区别

（一）课程设置

研学旅行基地课程来自对自身资源的挖掘和设计，课程内容与自身资源高度吻合，强调特色，数量一般不多。南昌汉代海昏侯国遗址博物馆是江西省第二批中小学生研学实践教育基地，主要课程为汉代文化研学，具有很强的特色。

营地课程可以根据自身资源设计而成，但更多呈现为与周边教育资源形成搭配的研学线路，并且要求数量更多，以满足研学滞留更长时间的要求。营地课程包含的内容更加多样，能够满足不同类型的研学需求。

（二）功能设置

在功能上面，研学旅行基地和营地都具有教育功能，与此同时也存在着一些差异性。对于基地而言教育功能是不可缺少的，但是不要求具备食宿功能；而营地必须具有能一次性集中接待一定规模学生餐饮、住宿的设施功能，能够满足两天以上的研学活动所需的各种设施设备和辅助条件。

研学旅行要坚持教育性原则、实践性原则、安全性原则和公益性原则。作为研学实践教育活动的载体，研学旅行基地与营地必然有着与研学旅行一致的教育性、实践性、安全性和公益性等本质属性，同时具有其自身的地域性和开放性。研学旅行本质是课程，可以划归到学校的综合实践课程中，研学旅行一定是在校园外开展，可能有营地内课程，也有可能是营地外、校园外实施。

营地教育，其本质是教育，相对于家庭教育和学校教育，主要体现在教学环境的不同，进而扩展到教学内容、教学方法的不同。

对象上讲，研学旅行基地课程默认是对公立学校，强调公益性、普惠性，营地教育课程更加市场化。

内容上讲，研学旅行基地课程教学内容上有红色教育、绿色教育、古色教育的框架，更强调教育性。营地教育课程的内容更加宽泛，娱乐性和教育性并重。

形式上讲，研学旅行基地课程更加动态，营地教育课程更偏向静态，但不绝对。

任务二　研学旅行基地（营地）建设标准

一、基地（营地）建设原则

教育性：应结合学生身心发展阶段和特点，遵循教育规律，注重思想性、知识性、实践性、科学性和趣味性，为学生全面发展提供良好的教育体验。基地（营地）课程建设应体现绿色发展生态教育理念。

安全性：基地（营地）应始终坚持安全第一，配备安全保障设施，建立安全保障机制，明确安全保障责任，落实安全保障措施，确保学生安全。基地（营地）有完整的针对研学旅行的接待方案和安全应急预案,具有一定的应急处置经验。

公益性:基地(营地)不得强迫或诱导学生购物,必须面向全体学生提供类型多样的研学旅行活动,确保每个学生都享有参与机会。基地(营地)的报价与收费标准应统一,必须经当地教育、物价部门核准,只收取基本费用。

实践性:基地(营地)应因地制宜,结合地域特色,提供与日常生活不同的情境体验,促进学生开阔视野、丰富知识、了解社会、亲近自然、参与体验。

二、基地(营地)建设条件

2019年中国旅行社协会与高校毕业生就业协会联合发布的《研学旅行基地(营地)设施与服务规范》详细列出了研学旅行基地、营地建设条件。

1. 资质条件

1.1 应具备法人资质。

1.2 应具备相应经营资质和服务能力。

1.3 应具有良好的信誉和较高的社会知名度。

1.4 应取得工商、卫生、消防、食品、公安、旅游等管理部门颁发的许可经营证照。

1.5 应正式对社会公众开放满1年,且1年以内无任何重大环境污染及负主要责任的安全事故。

2. 场所条件

2.1 规模适当,容量应能满足开展研学旅行活动的需求,自身或合作单位能够保证学生的就餐、住宿等。

2.2 应具备基本的医疗保障条件,配备有数量适宜的专职医护人员。

2.3 基地内水、电、通讯、无线网络等应配套齐全,运行正常。

2.4 应建设或规划由室内或室外场所构成的专门研学场地或教室,确保学生活动的安全性,特殊设备需具备主管单位的检测验收报告。

2.5 室外研学场地应布局合理的游览路线与完善的交通设施,保证通行顺畅,方便游览与集散。

2.6 基地内景点类的游览路线设计应与研学旅行主题或相应景点景观相关。

2.7 应具备健全的安全设施与管理制度,保证营运秩序良好、管理人员到位。

2.8 应有相应的旅行接待设施、基础配套设施,保证布局合理、环境整洁、安全卫生达标。

3. 专业人员要求

3.1 要建立专兼职相结合、相对稳定的研学旅行指导师队伍,应至少配备3名具有省级及以上行政主管部门或专业社会组织颁发的研学旅行指导师职业证书的专职研学旅行指导师,且兼职研学旅行指导师应具有与研学课程相匹配的专业优势。

3.2 应为每项研学旅行活动配置1名项目组长,项目组长全程随团活动,负责统筹协调研学旅行各项工作。

3.3 应至少为每个研学旅行团队配置相应数量的安全员(学生与安全员的比例不低于30∶1),安全员在研学旅行过程中随团开展安全教育和防控工作。

3.4 应为每个研学旅行团队配置数量适宜的经专业机构认证的专兼职研学旅行指导

师(学生与研学旅行指导师的比例不低于30∶1),研学旅行指导师负责制定研学旅行教育工作计划,在其他工作人员的配合下提供研学旅行教育服务。

3.5 应指定1名中高级管理人员接受专业培训并考试合格后担任基地内审员。基地内审员应对照本标准及相关工作要求,检查所在基地的达标情况,敦促基地管理层就所存在的问题及时整改。

3.6 建立研学旅行指导师全员培训制度,组织专兼职研学旅行指导师跨学科、跨专业进修,提升观察、研究、指导学生的能力,培养综合性研学旅行指导师队伍,为更好地开展研学旅行培养师资力量。

3.7 应保证所有上岗人员无犯罪记录且具备各类行业相关资格证书,精神状态和身体健康状态能够胜任各自负责的工作内容。

3.8 基地接受委托开展研学旅行活动,应要求委托方至少派出一人作为代表,负责督导研学旅行活动按计划开展。

4. 服务人员要求

4.1 应有与学生数量相匹配的,为其提供各类研学旅行相关配套服务的专业服务人员。

4.2 应遵守服务时间,坚守岗位,举止文明,热情服务。

4.3 应掌握一定的医学知识与灾害应急常识,熟悉基地内的医疗服务点、紧急避险通道等。

4.4 应有遇突发情况能够自救和帮助游客进行避险逃离的能力。

4.5 应掌握基本的法律常识、宗教信仰和民族习惯等方面的知识。

4.6 应进行专业岗位培训,宜每年参加一次相关专业培训,熟练掌握本岗位业务知识和技能。

5. 构成要素

5.1 应具有较高观赏价值、历史价值、文化价值或科学价值,该类价值在本地具有一定的教育意义。

5.2 应有丰富的研学产品,提供知识性、趣味性的体验与互动项目,配有体现寓教于乐功能的专用设施和研习交流场所。

5.3 在文化知识普及方面应具备可供宣传教育的基础,在观光游览和休闲度假方面应具有较高开发利用价值或较大影响力。

5.4 以科技、文化、历史、革命教育、体育、生物、影视、动漫、探秘、拓展等为特色,应至少具备一个主题。

5.5 以培养团队协作能力、动手实践能力、自理自立能力、纪律约束能力,传统文化教育、传统民俗展示、爱国主义教育、科技知识教育、生态文明教育、体能训练等为主,应至少具备以上两项研学功能,满足研学活动需求。

6. 环境与卫生条件

6.1 环境空气质量应符合GB 3095—2012的要求,声环境质量应符合GB 3095—2012的要求。

6.2 污水排放应符合GB 8978的要求。

6.3 厕所应符合GB/T 18973—2016的要求,保证等级至少达到二星级,其图示标志应符合GB/T 19095—2008的要求。

6.4 垃圾桶数量与布局合理,标识明显,分类设置,垃圾及时清扫,应与环境相协调,无堆积、无污染。

6.5 应建立传染性疾病预防措施,并符合相关要求。

6.6 应及时预报雨雪、雷电、紫外线指数及灾害性天气。

6.7 应具备完善的卫生与医疗管理规范和措施,定期进行检查。

6.8 服务人员应按规定进行体检,个人卫生符合行业有关规定。

6.9 生活饮用水应符合 GB 5749—2006 的要求,保证用水便利,饮水管理规范、安全。

6.10 餐厅卫生应符合 GB 16153 的要求,餐饮、餐具的消毒卫生应符合 GB 14934—2016 的要求。

6.11 洗浴卫生应符合 GB 9665 的要求。

7. 教育与体验

7.1 课程要求

7.1.1 各类课程的开展、设置应由中小学或中高等教育院校和相关主管部门共同规划、设计,并做详细记录。

7.1.2 应根据基地的主题,编制研学旅行解说教育大纲,凸显本地的资源或文化特色。

7.1.3 应设计与学校教育内容相衔接的课程,学习目标明确、主题特色鲜明、富有教育功能。

7.1.4 研学课程应融入理想信念教育、爱国主义教育、革命传统教育、国情省情教育、文化传承教育、学科实践教育等内容。

7.1.5 应设计不同学龄段学生使用的研学教材,内容编排合理,保证教育性、实践性强。

7.1.6 课程体系设计应较为科学、完整、丰富,教材、解说词内容规范,符合相关要求。

7.2 课程体系

7.2.1 应从学生的真实生活和发展需要出发,从生活情境中发现问题,转化为活动主题,通过探究、服务、制作、体验等方式,培养学生综合素质的跨学科实践。

7.2.2 至少具备但不限于以下一项能力培养的课程:

a) 以培养学生体能和生存适应能力为主要目的,如徒步、露营、拓展、生存与自救训练等。

b) 以培养学生自理能力和动手实践能力为主要目的,如综合实践、生活体验训练、内务整理、手工制作等项目。

c) 以弘扬传统民俗、历史文化或红色爱国主义教育为主要目的,如各类参观、游览、讲座、诵读、阅读等。

d) 以培养学生的情感能力和纪律约束能力为主要目的,如思想品德养成教育活动以及团队游戏、情感互动、才艺展示等。

e) 以培养学生观察能力,提高科学素养为主要目的,如游览自然生态景观、实验室、博物馆、科研机构等。

7.2.3 建立健全课程教研制度,配备专兼职研学活动教研员,及时分析、解决课程实施中遇到的问题,提高课程实施的有效性。

7.3 课程安排

7.3.1 根据教育部门的教育教学计划、目标学生学龄段以及地域特色科学设计、灵活安排研学课程及相关活动的时间和内容。

7.3.2 应基于基地实际,研学旅行开展前指导学生做好准备工作并提前告知家长此次研学课程具体内容。

7.3.3 每个研学旅行团体在本基地内的体验教育课程项目,小学阶段宜不少于60分钟、初中阶段时间宜不少于90分钟、高中阶段宜不少于120分钟。

7.3.4 研学旅行过程中组织学生参与教育课程项目,指导学生撰写研学日记或调查报告。

7.3.5 研学旅行结束后应组织学生分享心得体会,如组织征文展示、分享交流会等。

7.3.6 在实施过程中,随着活动的不断展开,基地研学旅行指导师有能力或可以配合随团教师指导学生,使学生可根据实际需要,对活动的目标与内容、组织与方法、过程与步骤等做出动态调整,使活动不断深化。

7.3.7 课程设计及实施应有利于教育机构采用质性评价方式,即有利于教育机构将学生在综合实践活动中的各种表现和活动成果作为分析考察课程实施状况与学生发展状况的重要依据,有利于对学生的活动过程和结果进行综合评价,避免将评价简化为分数或等级。

7.4 研学路线

7.4.1 应结合自身地理位置和周边资源,规划设计与所安排的研学课程相关的研学实践教育路线。

7.4.2 应至少提供2条以上的研学实践教育路线,每条路线均应包括以周边资源和环境相结合的外部路线和以基地规划和配套设施相结合的内部路线,保证路线设置便捷、合理,与基地研学旅行主题协调一致。

7.4.3 应保证研学旅行线路有较强的针对性、可操作性、安全性。

7.5 质量评估

7.5.1 建立研学课程的教育效果测评制度,真实反映学生知识、技能的掌握情况,持续改进教育服务。

7.5.2 做好写实记录和归档工作,研学活动记录、事实材料要真实、有据可查,应分类整理、编排、汇总、归档,为质量评估与提升提供必要支撑。

7.5.3 采取问卷调查方式,收集学生对活动开展满意度测评。

7.5.4 定期征求、收集学生家长对研学实践教育活动的看法和评价。

7.5.5 学生所在学校应在研学旅行活动结束后对基地各项工作进行综合评价。

7.5.6 宜建立与学校、学生及家长实时沟通的网络平台。

8. 设施与服务

8.1 教育设施

8.1.1 应根据不同研学教育主题以及不同年龄段的学生配备相应的研学场地和设施。

8.1.2 应根据研学旅行教育服务计划,配备相应的教学辅助设施,如电脑、多媒体、实验室、教具等。

8.1.3 应对不同类型的研学旅行课程设置相应的演示、体验、实践的设施。

8.2 导览设施

8.2.1 应提供全景、线路、景物、位置和参观等标识标牌。

8.2.2 应在售票处、服务中心、厕所、餐饮、购物、食宿等场所设置服务指示设施。

8.2.3 应在外部交通、景区内道路、停车场等设置交通导览设施。

8.2.4 应在医疗救护、危险地段、安全疏散通道、质量投诉和参观线路设置导览设施。

8.3 配套设施

8.3.1 餐厅

8.3.1.1 选址科学，布局合理，其面积、就餐设施满足接待要求。

8.3.1.2 宜设置学生食堂，实行营养配餐，用餐卫生、方便快捷。

8.3.1.3 餐饮服务人员应定期体检，持健康证上岗。

8.3.2 交通

8.3.2.1 应有县级以上的直达公路，站牌指示醒目。

8.3.2.2 内部交通应安全通畅。

8.3.2.3 交通工具设施完好、整洁，宜使用绿色清洁能源。

8.3.2.4 停车场、游步道等旅游交通应符合 LB/T 025—2013 的要求。

8.3.3 住宿

8.3.3.1 应保证选址科学，布局合理，便于集中管理。

8.3.3.2 学生宿舍应配有沐浴设施、床铺及床上用品、存储柜等。

8.3.3.3 酒店类住宿的总体服务质量和安全管理应符合 GB/T 14308—2010 的要求。

8.3.3.4 集体住宿应男女分室，保证设施安全、卫生洁净。

8.3.3.5 宜设野外露营点，选址科学合理，符合 GB/T 31710.3—2015 的要求。

8.3.4 安全设施

基地自身及食宿合作单位的安全设施均应符合以下条件：

8.3.4.1 应配置齐全，包括：流量监控、应急照明灯、应急工具、应急设备和处置设施。

8.3.4.2 应标识醒目，包括：疏散通道、安全提示和指引标识等。

8.3.4.3 应在出入口等主要通道和场所安装闭路电视监控设备，实行全天候、全方位录像监控，保证电子监控系统健全、有效，影像资料保存 15 天以上。

8.3.4.4 基地内禁止存放易燃、易爆、腐蚀性及有碍安全的物品。

8.3.4.5 应设有安全和紧急避险通道，配置警戒设施。

8.3.4.6 大型活动场所的安全通道和消防设备应有专人负责，确保设施完好有效。

8.3.4.7 住宿场所应配有宿舍管理人员负责学生安全，安排保安人员昼夜值班巡逻，保障学生的财产和人身安全。

8.3.4.8 应配备消防栓、灭火器、逃生锤等消防设备，保证防火设备齐备、有效。

8.3.4.9 应保证消防通道畅通，消防安全标识完整、清晰，位置醒目。

8.3.4.10 消防应急照明和疏散指示系统应符合 GB 17945—2010 的要求。

8.3.4.11 基础救护设备应齐备完好，与周边医院有联动救治机制。

8.3.4.12 应设有治安机构或治安联防点，与周边公安、消防等机构有应急联动机制。

8.3.4.13 危险地带（如临水、交通沿线）应设置安全护栏和警示标志，并保证其醒目、健全。

8.3.4.14 游览娱乐设施的使用及维护应符合 GB 8408—2008 的要求。

8.3.4.15 出入口应方便游客集散，紧急出口标志明显、畅通无阻。

9. 安全管理

9.1 应制订研学旅行活动安全预警机制和应急预案,建立科学有效的安全保障体系,落实安全主体责任。

9.2 应有针对性地对参与研学旅行师生进行安全教育与培训,帮助其了解有关安全规章制度,掌握自护、自救和互救方面的知识和技能。

9.3 应设立安全责任机制,与参加研学旅行学生家长和开展研学旅行的相关企业或机构签订安全责任书,明确各方安全责任。

9.4 应设置安全管理机构,建立安全管理制度,建立安全事故上报机制,配备安全管理人员和巡查人员,有常态化安全检查机制和安全知识辅导培训。

9.5 应为研学旅行学生购买在基地活动的公共责任险,并可根据特色活动需求建议或者协助学生购买相应特色保险。

9.6 应建立健全服务质量监督保证体系,明确服务质量标准和岗位责任制度。

9.7 应建立健全的投诉与处理制度,保证投诉处理及时、公开、妥善,档案记录完整。

9.8 应对基础设施进行定期管理,建立检查、维护、保养、修缮、更换等制度。

9.9 宜建立结构合理的专职、兼职、志愿者等相结合的基地安全管理队伍。

10. 合格认定

10.1 合格认定应以本标准规定的全部条件("宜、可"项目除外)为依据。

全国研学旅行基地认定委员会(以下简称"认定委员会")负责组织全国研学旅行基地(营地)的认定准入工作,制定认定工作的实施办法,对申请认定的单位进行认定。

10.2 经认定委员会审核认定达标的基地,认定委员会应做出批准其为全国研学旅行基地(营地)的批复,并授予证书和标志牌。基地证书和标志牌由认定委员会统一制作、核发。

10.3 全国研学旅行基地(营地)标志牌的有效期为3年。对已经获得证书和标志牌的基地实施动态管理,有效期期间每年应通过年度复核检查,期满后应进行重新认定。

10.4 对于经复核认定达不到标准要求的,认定委员会应做出撤销全国研学旅行基地(营地)的批复。

10.5 经认定委员会审核认定达到标准要求的基地,认定委员会将根据工作安排及时予以公示,并在中国旅行社协会官方网站、官方微信上同时公告,并向全体会员及合作媒体进行推介。

全国范围内江西省第一个发布省级研学旅行标准,里面包含了江西省《中小学研学旅行》地方标准涵盖了基地(营地)认定规范、课程设置规范、组织实施规范、评价规范4个规范文件。截至2021年年底,江西省批复了两批研学旅行基地、营地,共计114个,其中第一批64个,第二批50个。

延伸阅读

1. 白鹿洞书院研学旅行基地

白鹿洞书院位于庐山东南五老峰下的海会镇和庐山市白鹿乡的交界处,全院占地面积近3000亩,建筑面积3800平方米。

白鹿洞书院为宋代四大书院之一。位于庐山五老峰南麓后屏山下,西有左翼山,南有卓尔山,三山环台,一水(贯道溪)中流,无市井之喧,有泉石之胜。初为唐贞元元年(785年)洛阳人李渤与其兄隐居读书之处。李渤养一白鹿,出入跟随,人称白鹿先生。后李渤为江州刺史,于隐居旧址建台,引流植花,号为白鹿洞,其实并没有洞,只因四周青山怀抱,貌如洞状而已,白鹿洞四山环合,俯视似洞,因此而名。唐末兵乱,众高雅之士来此读书。南唐开元年间,李善道、朱弼等人在此置田聚徒讲学,称为"庐山国学"。宋初扩建书院,与睢阳、石鼓、岳麓并称四大书院。南宋时著名的理学家、教育家朱熹受命知南康军,到白鹿洞书院察看遗址,请孝宗批准,筹款建屋,征集图书,聘请名师,广集生徒,亲任洞主,亲自讲学,并制定了"博学之,审问之,慎思之,明辨之,笃行之"五条教规,即有名《白鹿洞书院揭示》。至此,白鹿洞书院达到了鼎盛时期,被誉为"海内书院第一"。自宋至清的700年间,白鹿洞书院一直是我国宋、明理学的中心学府,陆象山、王阳明等都曾在此讲学,书院殿阁巍峨,亭榭错落,师生云集,俨如学城。进入清代白鹿洞书院仍有多次维修,办学不断。19世纪末,我国政治、经济急剧变化,出现了教育改革的热潮。光绪二十四年(1898年)清帝下令变法,改书院为学堂。白鹿洞书院于光绪二十九年停办,洞田归南康府中学管理。宣统二年(1910年),白鹿洞书院改为江西高等林业学堂。国民党时期,蒋介石准备要南昌中正大学接管白鹿洞书院,但未能实现。今日白鹿洞书院形成了以礼对殿为中心由明伦堂、文会堂、御书阁、朱子阁、思贤台、状元桥、门楼、牌坊、碑郡等众多殿堂组成的古建筑群,与周围的山川环境融为一体。

2. 乐体·抚州仙盖山营地

乐体·抚州仙盖山营地位于国家4A级景区抚州临川仙盖山内,基地可同时容纳1000人的餐食住宿。基地(营地)室内、户外设施设备齐全,有户外综合运动场、真人CS野战区、滑翔伞斗伞区、采摘体验区、野炊烧烤区、星空帐篷营地区;还有千人室内会场、会议室、多功能教室。园区内配套设施包括农耕文化博览园、种植体验区、野生动物园、海洋馆、中医药产业园、古锁文化馆、科技大世界等内容。

3. 室外活动空间

拥有宽阔活动范围、封闭式营地、全方位监控摄像头,保证孩子训练的同时,拥有安全保障。

4. 室内活动空间

有可容纳千人活动的室内场地以及标准教室等。

因活动每期跨度的时间较长,如遇雨天,将启用专业雨天备用优质场地,保证营员们课程正常进行。

5. 住宿空间

营区宿舍,设施齐全,室内干燥,配有空调、被褥、独立卫浴、饮水机等。床上用品均经过清洗消毒,定期更换,防止出现卫生问题。夜间全封闭管理,每晚三轮查房。

6. 餐厅空间

安全第一,食物来源均可追溯。

10人一桌,八菜一汤按时供应,餐具均进行高温消毒,餐食品类丰富均衡,确保学生一日三餐的营养需求得到满足。根据每日的天气冷热变化和活动需求,提供水果、避暑绿豆汤、防寒姜汤等。

7. 安全保障

如发生以上情况,营地将会根据医疗等级分类及时与家长沟通,并采取相应的措施。

营地配备小型医务室及队医,队医每日关注学生健康状况并详细记录。如若出现紧急情况,学生将在15分钟内接受到正规医疗处理。

任务三　研学旅行基地(营地)建设现状

一、基本条件差异较大

教育部已遴选622个全国中小学生研学基地和营地,开发了6 397门研学实践课程和7 351条精品线路,社会实践育人蓬勃开展,中小学生的社会责任感、创新精神和实践能力不断增强。国内研学旅行基地(营地)数量不断增加,但是各个地方的研学旅行基地(营地)基础条件差异比较大,例如占地面积、建筑面积、床位数量等都不尽相同。相关数据显示,全国范围内研学旅行基地(营地),床位数最少的仅有450个,最多的有3 600个,各地基本条件差异较大的问题比较突出。

二、课程开发处于探索阶段

课程是开展研学实践教育活动的核心内容,是开展研学旅行活动的关键。随着"双减"政策的到来,众多机构加入研学旅行行业中,但是在课程开发方面,很多机构不具备相关的条件和资质。全国范围内指导性的文件和课程标准还没有完全建立,基地(营地)在课程开发过程中尚处于探索和完善阶段,一些基地(营地)与学校、研学实践教育基地联合开发课程。

三、总体性质为非营利单位

研学旅行具有公益性特性,作为非营利单位,并非不可以收费,而是向学生收取的费用只能作为成本(如食宿费、耗材费等)的抵扣,不能产生额外利润。另有一些营地(差额拨款事业单位)获得了物价部门的收费许可,可以向参加营地活动的社会人员收取部分费用,作为营地的收益补充。

任务四　研学旅行基地(营地)建设存在的问题

研学旅行是中小学课程的重要组成部分,是推动实践教学的关键,市场上的研学类产品乱象丛生,很多都只是传统的旅游观光类产品稍加改变披上了"教育"的外衣,并不具备实际的教育意义。

一、全国性的标准没有建立

研学旅行基地(营地)建设迫在眉睫,这也是支撑研学旅行发展的关键所在,从目前的发展现状来看,全国性统一的研学旅行基地(营地)建设标准还没有出台。省一级别的标准最早是在 2021 年 7 月 28 日，由江西省发布的。《研学旅行基地(营地)建设、管理与服务规范》(DB2102 T0006—2020)和《研学旅行基地(营地)等级评价规范》(T/ZTA002—2019)是由协会发布的。由于现阶段缺乏统一的标准，所以全国范围内各地在建设研学旅行基地(营地)的过程中会采取多个标准，而不同标准指导下建设内容具有很强的差异性，又会影响到研学旅行活动的进一步开展。

二、研学旅行基地(营地)数量过少

目前我国研学业务每年增长迅速，适龄人口研学渗透度逐渐增加。每年都有大量的学生需要开展研学活动，相关活动的开展离不开研学旅行基地(营地)的支持。据市场数据显示，我国营地教育市场规模将会达到千亿级别。国内拥有各类营地数千个，每年参与营地教育的学生数百万人次，与国内青少年人口基数相比，学生参与度还处于非常低的水平，现有的研学旅行基地(营地)数量远远满足不了实际需求。

三、研学基地(营地)乱象丛生

相对于拥有百年营地发展历史的欧美国家，我国营地教育的发展仍处于早期阶段，家长难免会将营地教育与游学、亲子游等具有较强旅游属性的产品混淆起来。众多机构、资本进入研学旅行市场，带来的不仅仅是课程数量的增长，同时也存在着一些基地(营地)质量不过关的问题，不少研学项目既无"研"也不"学"，且从业人员鱼龙混杂，活动设计粗制滥造。有相当一部分项目是同行之间互相抄袭、敷衍了事，缺乏教育性和实践性，几乎等同于春游、秋游或夏令营等活动，"反正发一个方案出来，照着抄就行了。"虚假宣传、乱收费的问题亦普遍存在，在"双减"政策落地之后，部分培训机构并没有按照要求退还学生家长此前缴纳的课时费，而是将原本的学科辅导改成研学类项目，通过带领学生研学旅行，抵扣此前缴纳的费用。

 思考题

1. 研学旅行基地与营地有哪些区别？
2. 我国研学旅行基地(营地)建设中存在哪些问题？
3. 如何建设高质量研学旅行基地(营地)？

附录一 研学旅行等级证书考试理论知识点

一、研学旅行策划与管理职业技能等级要求（初级）

1. 安全落实

1.1 安全预警

1.1.1 熟悉基本的安全防护救护知识与灾害应急常识。

1.1.2 掌握研学旅行安全风险防控和管理知识。

1.1.3 能坚守安全第一原则，把安全始终放在第一位。

1.1.4 能识别和判断人员、基地、营地、食宿、交通、教具、设施、设备、生物等风险，并做出准确的预警和预防。

1.1.5 能指导所在单位签署研学旅行系列合同和安全责任，明确承办单位、学校、家长、学生的责任权利。

1.1.6 能组织开展安全教育和安全消防、应急疏散演练。

1.1.7 能教学生掌握安全知识、牢记重要联系方式、熟知财物保管技巧。

1.1.8 能教学生识别并拒食高危险食品，不食用冷荤类食品、生食类食品、裱花蛋糕、四季豆、鲜黄花菜、野生蘑菇、发芽土豆等。

1.2 检查落实

1.2.1 能判断合适的险种，督促检查落实保险购买情况。

1.2.2 能备好常用非处方药品和安全急救用品。

1.2.3 能及时开展安全巡查，清查人数，保证学生不离开视野范围。

1.3 应急处理

1.3.1 能就具体研学项目讲解安全须知以及防范救护、风险管理与灾害应急等注意事项。

1.3.2 能提醒学生做好安全防护，保护学生的财物、隐私和人身安全。

1.3.3 能执行研学安全标准和细则。

1.3.4 能对常见疾病进行预防及治疗，能对学生摔伤、溺伤、撞伤、烫伤、烧伤、咬伤、互伤、异物进气管等意外事故进行应急处理。

2. 实施引导

2.1 自我体验

2.1.1 能引导学生进行生活自我管理，提高自理、自律能力。

2.1.2 能带领学生玩游戏、唱歌、跳舞、朗诵，充分展示才艺。

2.1.3 能引导学生通过眼耳鼻舌身，调动五感充分体验。

2.2 开放探究

2.2.1 能讲生动有趣的故事,引导学生发现身边有趣的问题,激发探索兴趣。

2.2.2 能做演示实验,鼓励学生自己动手探究未知。

2.2.3 能独立开发合格的研学活动线路和课程。

2.3 评价激励

2.3.1 贯彻党和国家的教育方针,立德树人,忠诚于人民教育事业,尊重少数民族、宗教的传统和地方风俗习惯。

2.3.2 普通话水平应当达到国家语言文字工作委员会颁布的《普通话水平测试等级标准》二级乙等及以上标准,无个人失信行为。

2.3.3 无甲乙类传染性疾病,无精神病史,无犯罪记录,否则没有资格获取研学旅行策划与管理职业技能等级证书。

2.3.4 能通过言传身教,帮助学生养成好习惯,树立正确的价值观。

2.3.5 能较好地控场,合理分配自己的体力、精力。

2.3.6 能及时记录学生的主要言行,积极进行评价。

2.3.7 能引导学生描述所学所获,鼓励学生向公众表达。

2.3.8 能辅导学生完成研学旅行手册。

3. 服务管理

3.1 实施准备

3.1.1 了解研学活动目的地所在省份、地区特色。

3.1.2 了解研学基地、营地、饮食、住宿、交通、保险、安全、服务的相关法规。

3.1.3 了解研学活动课程实施的流程,行前准备充分。

3.1.4 掌握基本服务规范,能运用语言和肢体等方式,准确、流畅、有逻辑、生动地表达。

3.1.5 能对研学目的地的历史沿革、文化内涵、建筑特点、民俗风情进行讲解,针对学生特点调整内容。

3.1.6 能针对不同场合讲解文明旅行行为规范。

3.2 精准服务

3.2.1 能与中小学校教师有效沟通,能做学情调查,分析学生特点,有针对性地提供服务内容。

3.2.2 能对活动数据进行整理、归档、分析,且根据需求反馈做相应调整。

3.2.3 能组合出最佳研学线路,保证学生收获最大、成本最低。

3.2.4 能完整地对活动实施过程进行质量监控。

3.2.5 能处理常见的投诉和突发事件。

3.3 操作控制

3.3.1 掌握安排房、车、餐、票、物料、保险、基地、营地的常识和技巧。

3.3.2 掌握预算、结算流程及方法。

3.3.3 能对行程中人员、成本、定价、报价、结算进行合理控制管理。

二、研学旅行策划与管理职业技能等级要求（中级）

1. 安全管理

1.1 明确责任

1.1.1 了解国家、地方、行业和单位相关安全标准。

1.1.2 能将安全责任逐一分解到人，明确安全责任。

1.1.3 能遴选合适的安全人员，履行教育、管理职责。

1.2 应急处理

1.2.1 能执行应急预案，严格按照问责清单执行。

1.2.2 能化解、处理突发事件，并积极组织，迅速采取相应行动。

1.2.3 能组织实施紧急救援。

1.2.4 能处理火灾、车祸、食物中毒、人员走失、溺水事故。

1.2.5 能合理应对公共安全、自然灾害等不可抗力事件。

1.3 安全保障

1.3.1 能保证活动安全秩序，使活动正常开展。

1.3.2 能建立和管理研学承办机构、学校、家长的实时沟通平台。

2. 实施辅导

2.1 合作体验

2.1.1 能平等对待学生，引导学生通过分工协作完成指定任务。

2.1.2 能组织听、看、做、玩、演、写、赛等形式多样和生动活泼的活动。

2.1.3 能完成开营、闭营和整个课程的实施。

2.1.4 能严格执行《研学旅行策划与管理指导手册》，组织团队安全完成带队任务。

2.2 开放探究

2.2.1 能启发引导学生提出开放式、探究式问题。

2.2.2 能辅助学生解决真实生活中的问题，培养学生成就感。

2.2.3 能辅导学生开发1天以上研学活动课程。

2.3 评价激励

2.3.1 获取研学旅行策划与管理职业技能等级证书（中级），应当持有研学旅行策划与管理职业技能等级证书（初级）一年以上，应当具备大学专科及以上学历，在推荐实习接待单位服务过学生团体10次以上，近一年内无重大投诉、未出现安全事故。

2.3.2 能组织教育分享会，引导学生分享心得和感悟。

2.3.3 能辅导学生采用PPT、视频、调查报告、漫画、图表、诗画等方式展示成果，提高创新能力。

2.3.4 能引导学生进行自评和互评。

2.3.5 能对学生表现进行评价，重鼓励轻批评。

3. 策划管理

3.1 学情分析

3.1.1 熟悉不同学段学生身心发展、认知和接受特点，有针对性地选择教学方法。

3.1.2 熟悉国家课程、地方课程和校本课程。

3.1.3 了解研学活动课程设计的基本原则和方法。
3.1.4 掌握课程的四个核心要素,熟悉课程设计的基本思路和规律。
3.1.5 能梳理明确学生、家长、教师和校长的需求。

3.2 资源挖掘

3.2.1 掌握踩点技能,重点排查吃、住、行和目的地安全隐患点。
3.2.2 能从自然、历史、地理、科技、人文、工艺、饮食、经济、建筑、艺术等角度充分挖掘研学资源价值。
3.2.3 能将核心素养、学科知识、综合实践、劳动教育、生涯教育课程内容融入线路设计之中。
3.2.4 能以小见大,围绕主题挖掘生活中常见轻教具,验证原理和拓展应用。

3.3 开发设计

3.3.1 能清晰定义研学目标,能判断成果是否达成。
3.3.2 能以身体能力最弱者为课程安全设计标准底线。
3.3.3 能独立设计特色主题研学活动课程。
3.3.4 能独立开发合格的研学旅行手册。

三、研学旅行策划与管理职业技能等级要求(高级)

1. 安全机制

1.1 应急处理

1.1.1 能疏导人员情绪,避免由于心理问题导致的安全事故。
1.1.2 能及时向相关部门报告重大安全事件,并做好善后工作。

1.2 安全保障

1.2.1 能制定、构建系统的安全培训体系。
1.2.2 能对研学旅行策划与管理(初级、中级)职业技能等级证书持有者进行安全岗位督导。

1.3 安全体系

1.3.1 能构建合适的安全管理组织机构。
1.3.2 能制定完备、规范的风险预警机制。
1.3.3 能建立重大安全事件报告机制。
1.3.4 能制定行之有效的安全管理、医疗救援、应急预案和评估体系。
1.3.5 能独立设计安全手册。

2. 实施指导

2.1 社会体验

2.1.1 能引导学生参与环保公益活动,关爱社会,关爱自然。
2.1.2 能组织学生深入社会,亲近自然,发现问题、分析问题和解决问题。

2.2 开放探究

2.2.1 能指导学生组建课题研究小组,探究有价值的课题。
2.2.2 熟悉 PBL 教学法,能指导学生开展 PBL 项目式学习。
2.2.3 能指导学生开展 STEAM 学习,能运用人工智能技术手段,帮助学生提升科学素养。

2.2.4 能引导学生使用常规研究方法,拓展应用场景。

2.3 评价激励

2.3.1 获取研学旅行策划与管理职业技能等级证书(高级),应当持有研学旅行策划与管理职业技能等级证书(中级)一年以上,服务中小学生500小时以上或3 000人次以上,无重大投诉。

2.3.2 了解研学活动课程特点,注重引导学生深度参与、体验。

2.3.3 了解小学、初中、高中综合素质评价内容。

2.3.4 掌握过程性、表现性和档案袋评价方法。

2.3.5 能对研学旅行策划与管理职业技能等级证书(初级)、研学旅行策划与管理职业技能等级证书(中级)持有者进行岗位督导。

2.3.6 能明确评价目的、评价内容、涉及时间区间,应筛选合适的评价要素,确定评价指标,选择适用的方法进行评价。

2.3.7 能指导学生开展自我评价与互评。

2.3.8 能开发出标准化《研学旅行策划与管理指导手册》,使之易学易用。

2.3.9 能拓展延伸活动,与国情、域情、校情有机融合。

2.3.10 能建立一套研学旅行活动课程评价体系。

2.3.11 能建立一套研学旅行活动激励机制和制度。

2.3.12 能整理、分析、评估活动数据,撰写活动报告,提供给学校。

3. 运营管理

3.1 选人用人

3.1.1 能具备师德为先、学生为本、以身作则、持续学习的职业素养。

3.1.2 掌握中小学生心理、教育、旅游相关理论。

3.1.3 掌握目标定义、课程设计、组织执行、交流评价相关专业技能。

3.1.4 能策划设计出合格的研学旅行活动课程、《学生研学旅行手册》研学线路。

3.1.5 接受过研学旅行策划与管理职业技能等级相关系统的培训,并达到16学时。

3.1.6 近一年内组织研学旅行活动未出现安全事故。

3.1.7 优先聘用持有"中华人民共和国教师资格证书""中华人民共和国导游资格证书""红十字会救护员证"或教育主管部门颁发的研学相关证书者。

3.2 计划运营

3.2.1 能拟订详细的活动计划,并按管理权限报教育行政部门备案。

3.2.2 能采取"致家长的一封信"或家长会等形式,告知家长活动意义、时间安排、出行线路、费用收支、注意事项。

3.2.3 能与学生、家长和校长较好地沟通,明确活动目标与其他应关注事宜。

3.2.4 能事先做好计划,对涉及的人员、物品、费用等做好预算和规划。

3.2.5 能将责任一一落实到位,明确负责人和对应的职责。

3.2.6 能安排合适的人在合适的岗位上,确保人尽其才。

3.2.7 能每天实时播报计划完成进度,对风险点及时调整解决。

3.2.8 能每天对实施结果进行反思,总结得失,将经验教训汇总至相关手册。

3.2.9　能将整个活动运营做成标准化运营手册。

3.2.10　能参照运营手册，打造后备人才。

3.3　风控管理

3.3.1　熟悉并掌握信息化知识、信息操作技术和大数据知识。

3.3.2　能根据预设线路和项目做整个活动预算表。

3.3.3　能严格参照预算表标准执行，超过预算时需单独报批，审核后方可进行后续操作。

3.3.4　能做好预算外的备案，以备不时之需，确保万无一失。

3.3.5　能在活动后 5 个工作日内，及时对该项目统一结算。

3.3.6　能将涉及本项目的所有费用列出参照价格表，供下一个项目参考。

3.3.7　能将"凡是有可能发生的事项"消灭在萌芽状态。

3.3.8　能依据线上平台进行人力资源管理。

3.3.9　能依据线上平台进行场景化建设、教师培训、学生培训、学生评价等业务管理。

3.3.10　能依据线上平台进行服务流程、质量管理。

附录二 研学旅行策划与管理职业技能等级证书(初级)考试实操考核模拟案例

一、匠心建"筑"梦,弘扬优秀文化

希望小学五年级1班的20名同学们,大家好!在这个春暖花开的季节,我们来到了广州市中山纪念堂,今天我们的研学旅行课程是"匠心建'筑'梦,弘扬优秀文化"。

我是本次活动的研学旅行指导师。此次研学活动的目标是通过参观中山纪念堂,能列举出两种及以上在生活中接触过的中国传建筑元素;并通过"我是中国建筑师"的小组创作活动,能设计出融入中国传统建筑元素的优秀作品,增进对"工匠精神"的理解;动手搭建中山纪念堂模型,感受设计师融汇其中的"孙中山精神"。

在研学活动开始之前,温馨提示大家:场馆范围较大,团队规模较大,不便管理,易走失;同学们好奇心强,但请勿动手触碰馆内文物,避免产生损坏风险;模型尖锐部件会有刺伤风险。请各位同学听从老师的指挥,不要随意触碰场馆内的物品,严格遵守公共秩序,集体开展活动,以免走失。

广州中山纪念堂是为了纪念孙中山先生,由广州人民和海外侨胞积极筹募资金兴建。1925年孙中山先生不幸逝世,广东省当局筹建纪念堂,地址择定在越秀山南麓。除了因为这里是市区的中心轴线,更因为这里是中山先生就任第一任大总统时总统府所在地。后来还决定在越秀山最高点建立中山纪念碑,使之与宏伟壮观的中山纪念堂互相辉映。中山纪念堂的设计如此新颖又不失中国传统元素,在建设的时候又有着怎样的小故事呢?

广州中山纪念堂总体布局采用中国传统的宫殿式风格,与近代西洋平面设计手法结合,由著名建筑师吕彦直先生设计。建筑面积为3 700平方米,高49米,四面为4个重檐歇山抱厦,拱托中央八角攒尖式巨顶。白色花岗岩石为基座和台阶,淡青色大理石为墙裙、乳黄色贴面砖为墙身,紫红色水磨大柱上盖宝蓝色琉璃瓦顶,层叠舒卷,显得格外雍容华贵,富丽堂皇。前檐下横匾高悬孙中山手书"天下为公"4个大字,雄浑有力。吕彦直将中国传统的风水格局和西方的建筑学相结合。在中山纪念堂建造的格局上,运用中国传统建筑群坐北朝南、左右对称格局,强调中轴线原则。在细节处理上,堂瓦上使用了古代祭天的天坛才能使用的蓝色琉璃瓦,而不用黄瓦,以此来表达对中山先生的敬意。

听完故事后需要大家动手实践,3~5人为一个学习小组,通过收集资料等方式,深度感知中国传统建筑元素,学会用基本建筑元素来进行建筑设计。完成之后,请各组展示分享小组成果。

第一个小组向我们展示了他们的动手能力;第二个小组向我们展示了建筑元素九宫格;第三个小组分享了在DIY过程中遇到的问题和解决方法。每个小组都很好地参与并完成了此次研学活动实践体验，从不同的角度展示和分享了"匠心建'筑'梦，弘扬优秀文化"研学旅行收获与体验。

眼看这次研学活动就要结束了，让我们最后来一张大合影，代表我们本次研学活动圆满结束，谢谢大家！

二、走进东方第一染

同学们，欢迎大家参加此次研学旅行："走进东方第一染，传承蜡染非遗。"近距离感受贵州黔东南丹寨风茂。

希望小学五年级1班的各位同学，大家好！欢迎参加"走进东方第一染，传承蜡染非遗"研学活动。我是大家本次活动研学旅行指导师。此次研学活动的目标是了解苗族蜡染发展、传承现状，能总结出传承苗族蜡染可行的方法，传承非遗文化；观察当地非遗传人绘制蜡染时的各种技法，赏析蜡染作品，能动手制作出有创意、融入美学的蜡染图案，培养工匠精神。此次研学活动过程中存在的安全隐患主要是在蜡染制作过程中，画蜡笔蘸取熔蜡操作不慎会造成烫伤；蜡刀绘制图案时，容易被蜡刀戳伤。在研学活动开展的过程中，同学们要注意安全，防止出现安全问题。

蜡染是怎么来的呢？苗族中流传着蜡染"最早是对铜鼓上的纹样的摹取。做法是将布蒙在铜鼓上，用蜡在布上来回摩擦，再经过染，铜鼓上的纹样就转移到了布上，这种做法有点像制拓片。稍后又改用木板镂空来摹取铜鼓纹样，然后把木板放到白布上，将蜡液倒进镂空的图案中再进行靛染，这种方法类似于在衣服上印字。蜡染后来才变成使用铜片制成的蜡刀沾上熔化的蜡液直接在布上绘制。这种方法把蜡染从复制变成了创作，充分发挥了蜡染工具自身的优势，体现出蜡染的材质美，这种制作方法一直沿用至今"。

在苗族蜡染中，最具代表性的是贵州丹寨、黄平、安顺、榕江苗族的蜡染。丹寨苗族蜡染风格古朴、粗犷、奔放，面积大的较多，纹样一般是动植物的变形，多以变形的花鸟鱼虫为主体，显得既抽象又不失具象。丹寨蜡染除大量用于服饰外，还用作被面、垫单、帐沿和包袱布等以及民俗活动中。丹寨苗族祭祖时，要穿特制的蜡染衣，叫"祭祖衣"。在2013年举行的一次祭祖节——牯脏节上，蠱家要挑起数丈长的幡，其上装饰着蜡染的纹样，多为龙纹，它向人们昭示了苗族的龙图腾崇拜。苗族的龙纹与汉旗不同，苗龙无尖利的爪和牙，形式优美，观之可亲。黄平苗族蜡染工整、细密、精致，构图严谨，一般面积较小。纹样是由经过高度程式化处理的动植物纹和几何纹相互穿插而成，除用于服饰外，人们还拿它做书包、枕巾、盖蓝布和手巾等。安顺苗族蜡染多用几何图形，精耕细作。榕江苗族祭鼓社，要用彩蜡绘制十面旗幡，飘飘屹立于仪仗队之前。

让我们跟随研学旅行指导师到现场体验。每5名同学为一个学习小组，聆听非遗匠人讲解蜡染制作步骤、图案绘制技巧，探讨蜡染技艺传承方法。之后，每组派遣一名代表进行蜡染作品展示，每个小组都分享了创作的思路，同学们发表蜡染制作的感想。本次蜡染制作体验活动对学生而言，不仅是全方位的美育教学，能提高学生的动手能力，发散学生的想象力，培养审美能力，并能激发传承非遗的使命感。

眼看咱们这次研学活动就要结束了，让我们最后来一张大合影，代表我们本次研学活动圆满结束！

三、沙漠

希望小学五年级1班的同学们,大家好!不知道大家研学这几天是否感受到沙漠的热情了呢?沙漠的热情是否让你想起了《西游记》里的火焰山呢?相传火焰山有"八百里火焰,周围寸草不生"。考考同学们,这句话,对不对?有些同学说不对,因为他看到沙漠里有植物。那请大家说说看,这沙漠一路走来,你都看到了哪一些植物呢?

同学们说得非常多,有的说看到了带刺的,有的看到了没有叶子的,有的看到了开花的,有的还闻到了特殊的植物气味,但是这些植物朋友们到底是谁呢?今天,就让我们一起根据研学旅行手册里的这份植物检索表来揭开沙漠植物们的面纱吧!

接下来按照我们预定的分组,进行探究,解散之前老师强调一下安全注意事项。

第一,发生意外事故的时候一定要第一时间报告老师。

第二,不要触摸植物或动物,除非老师让你们这么做。

第三,一定要按照老师的指令操作。不能随意离队,不能特立独行,团队之间应该互相帮助。

第四,沙漠属于生态环境较弱的地区,活动时,应尽力保护生态环境,要保护当地动植物,不随意扔垃圾。

第五,大家要扎紧裤腿做好防晒。

没有问题的话,就请同学们在我们指定范围内,根据植物检索表,分组探寻植物名称。在探寻中,要记得填写植物九宫格和植物记录表哦,表格使用方式和检索方式昨天已经说了,现在开始行动吧,时间30分钟。

时间到啦!同学们,现在开始进入我们的展示阶段。请每组派一位代表,说说你们是如何利用检索表识别新植物的。

第一组同学说他们是通过观察植物的颜色、叶脉形状、是否有花瓣来辨别的。说得非常清楚!加上五颗星。第二组同学说根据"枝条细瘦,叶披针形,成红棕色"这几个特点检索出了"红柳",很好!检索表是我们认识未知生物的重要工具,同学们课后可以根据自己的兴趣爱好设计昆虫检索表、鸟类检索表等来提高自己的学习和工作效率哦。

同学们,我们都知道沙漠的气候环境比较恶劣,要在这种环境下生存,那可得拥有一身非凡的本领。接下来,让我们一起来了解沙漠植物的生存智慧吧!请同学们看一段视频,指出视频中的"无叶树""仙人掌""生石花""胡杨林"各自的生存本领是什么。看完后,请在研学旅行手册上做好相关记录。

接下来请同学们来说说他们的生存智慧吧!

同学们的分享都很精彩。第七小组案例翔实,表现突出,荣获优秀奖!大家掌声鼓励!

最后我再来总结一下植物的生存智慧。有的同学说,为了生存,植物们改变了自己的样貌,比如梭梭树。是的!为了减少水分的蒸发,梭梭树的叶子已经退化得像鳞片一样裹在树枝上,看,老师这里有一个小标本,请同学们来摸摸看。摸起来是不是粗糙的感觉呢?

有的同学说,为了生存,植物们用满身的刺来武装自己,比如仙人掌。它身上的刺不但可以保护自己不被动物吃掉,还有减少水分蒸发的作用。

有的同学说,为了生存繁衍,植物们把自己打扮得分外妖娆!这可真有趣!原来生长在这里的植物对自己非常苛刻,对水和养料的需求也少得可怜。而且,这里的昆虫和鸟类都非常稀少,在这种条件下,植物必须开出最大最艳丽的花朵,分泌出最多最芬芳的花蜜,才能吸引授粉者的注意,从而使自己生存繁衍下去。

植物们的生存智慧可真令人赞叹啊!接下来,让我们一起走进胡杨林,一起去感受余秋雨曾描述过的"一千年不死,死了一千年不倒,倒了一千年不朽"的胡杨精神。在参观过程中,同学们可以用自己手中的相机、画笔或者文字记录下你心中最美的一棵胡杨树。

眼看咱们这次沙漠研学活动就要结束了,让我们最后来一张大合影,代表我们本次研学活动圆满结束!

四、井冈山

希望小学六年级1班的各位同学,大家好!欢迎参加"感恩有您,未来有我"井冈山爱国主题研学活动。我是大家本次活动的研学旅行指导师。在活动开始前,温馨提示大家:井冈山地势险要,幅员广大,山区气候多变,易遇雷雨天气,大家要随身带好雨具,行走时注意防滑。

同学们大家早上好,大家觉不觉得今天的天气很好呀,正好有一点点太阳,再加上凉凉的微风。各位小朋友们,我是你们的研学老师郭老师,今天郭老师带你们去看一下咱们的革命摇篮井冈山。井冈山有两件宝,"历史红、山林好"。今天我们主要去感受一下"历史红"。

井冈山地势险要,幅员广大,天气多变,所以现在呢由我们的安全员叔叔来讲解一下在本次研学活动中我们要注意的安全事项。大家掌声欢迎。谢谢我们的安全员叔叔。各位小朋友要铭记安全员叔叔讲的话哟。那么老师想强调的一点是同学们在接下来的研学旅行途中一定要跟随老师的脚步,不要掉队好吗?

"红米饭那个南瓜汤哟嘿罗嘿,把野菜那个也当粮罗嘿罗嘿,毛委员和我们在一起罗嘿罗嘿!"哎呀,不好意思,郭老师有点跑调了。诶,有没有小朋友会唱这首歌呀?哇,这位红色衣服的小朋友你会呀,那你给大家唱一下好不好?嗯!真棒!哇,唱的真好听诶。细心的小朋友应该听到了红米饭南瓜汤,可红军时期,吃南瓜是万不得已的,红军为解决吃的问题,十分困难,我们的毛委员和朱总司令为此呀十分担心,于是有了"朱德扁担"的故事。也正是因为这些革命先辈们不怕苦不怕累,用他们的流血牺牲,才换来了今天的幸福生活。今天我们就要一起去重温革命前辈走过的足迹,体验小红军的生活。

根据我们提前分好的小组,现在由小组长过来领取红军服,以及我们一会儿要用到的物资。在领取物资的过程中,同学们记得排好队,注意安全。哇,大家都很棒,各位同学拿到了自己的红军服了吧。接下来同学们跟随郭老师和安全员叔叔的步伐,一起上山吧。现在我们来到的是今天研学的第一站,南瓜地。接下来呀,我们呢根据小组去南瓜地里采摘南瓜,每个小组摘一个南瓜,看看哪个小组摘得又大又好。但是大家在采摘南瓜的过程中一定要注意安全哟,不要被南瓜藤绊倒了,也不要破坏农作物哦。哇,我们的第二小组摘到了一个好大的南瓜呢。诶,所有的小朋友都已经采摘完毕了,大家来说一下哪个小组摘的南瓜最大呀!哇,每个小朋友都觉得自己采摘的是最大的呀。接下来呢,邱老师就带大家去到隔壁农民伯伯的家里去做南瓜汤、红米饭。在接下来的制作过程中,我们根据三个小组,分配三个任务,来帮助农民伯伯做好红米饭和南瓜汤。第一个小组洗南瓜,第二个小组呢洗米。第三个小组呀你们就去摆放好餐具。在农民伯伯和同学们的共同努力下,现在我们的红米饭南瓜汤已经做好了,接下来我们就品尝一下毛委员他们吃过的红米饭和南瓜汤吧。哇,我们的小朋友们都很棒呢！大家都把自己碗里面的东西吃完了呢，以后小朋友们在日常生活中也要做到节约粮食光盘行动哦！在品尝过了米饭和南瓜汤之后，那接下来我们就一起来听一下《红米饭南瓜汤》这首红歌吧！同时啊，老师想问各位小朋友们有什么感受呢，这位小朋友说原来以前的红军叔叔们每天就只能吃这个呀，不像我们现在不仅有肉吃，还有巧克力、蛋糕和各种零食。老师想告诉小朋友的是，在革命时期，红军爷爷们大多都出自农家子弟，他们虽然吃着红米饭南瓜汤，但是呢滋养出来的革命精神气魄依旧令敌人胆寒。所以各位小朋友们，你们也要像个小英雄一样，保护好自己，长大后保护我们身边的每一个人。

时间过得飞快。伴随《红米饭南瓜汤》这首红色歌谣，今天的研学活动马上就要结束了。让我们闭上眼睛，回想这一天的活动，看看哪一个环节最让你不舍和感动，然后完成研学旅行手册最后一页的问卷和评价。

同学们在本次活动中，我们参与制作并品尝了革命老一辈常吃的红米饭南瓜汤，学会互相帮助、团结协作。研学不是结束，更是一个新的开始。回去后，大家写一篇研学旅行心得，用文字体现出我们的红军精神和对红军爷爷们的感激和尊敬。感恩有您，未来有我！谢谢大家。

五、无人机

同学们大家早上好，不知道大家经过昨天一天的舟车劳顿之后，晚上休息的如何，睡的如何？看到大家这么有活力，我就放心了。我是本次活动的研学研学旅行指导师，大家可以叫我小马老师。

今天我来带大家来到咱们的无人机实训基地，一起去探索一下无人机的奥秘。

同学们有没有了解过无人机？A同学说得很好，无人机在我们的生活中现在已经变成了一种非常广泛的应用工具，它可以给我们送外卖，给我们送快递，甚至可以用来给城市航拍。

大家知不知道无人机是怎样来的么？这里老师给大家讲一个小故事，最初的无人机实验计划是在一个叫布鲁克兰的地方进行的，当时为了整个计划的保密性，还有一个非常炫酷的名字叫作"AT计划"。

当时的科研者在英国皇家飞行学院进行了历史上的第一次无人机试飞，但是很不幸，因为一些技术上的问题，导致它在升空不久以后，就因为动力的问题失火，然后坠毁了。

不久之后，科学家们用第二架无人机进行了相同的实验，很不幸，结果还是一样的，还是失败告终。但是科研者并没有灰心丧气，他们用了长达10年的时间来对无人机进行深入的研究，最终造出了历史上第一架无人机，同时它也是现在所有无人机的鼻祖。

今天老师带领大家一起看一看这个无人机到底有什么样的奥妙。在此次研学活动正式开始之前，先由我们专业的安全讲解员叔叔向大家科普一下安全知识，一会进入无人机实验基地之后有一些什么样的注意事项，我们要注意些什么问题，好，大家掌声欢迎一下。

非常好。刚才各位听得非常专心。大家请看老师身边这三架不同的无人机，分别是定向无人机、固定翼无人机，还有无人直升机。听完老师刚才那个故事之后，不知道大家有没有问题向老师提问，小明同学向老师提问了，他说"老师为什么无人机在飞行的时候可以保持平衡？"这是一个非常重要的问题，接下来就让咱们先看一个视频，在这个视频里会有各种各样的无人机展示技巧，大家在观看视频的时候，一定要通过自己仔细观察无人机在飞行的时候有哪些细微的变化,接下来请各位同学看我身后的大屏幕。

很好。大家刚才看的都非常专心,不知道有哪位同学知道了无人机飞行的奥秘。好,没有关系,现在老师给大家看一个小白老师手里的小零件,不知道有哪位同学知道它的名字,看来大家对它都很陌生,没有关系。

老师来给大家介绍一下这个零件,它叫陀螺仪,看名字看形状,能看得出来,它长得非常像一个陀螺,它就是咱们无人机在空中高速飞行时,保持机身不会失衡的一个关键所在,在GPS信号不好时,陀螺仪可根据已获知的方位、方向和速度来继续进行精确导航,这也是惯性导航技术的基本原理。

接下来就让专业的无人机飞行演示员,给咱们展示一下无人机飞行的各种细微的操作技巧。大家要仔细观察在无人机飞行的时候,它有哪些细微的变化。现在让我们掌声有请我们的演示员上场。

很好。非常感谢我们演示员专业的展示,很多同学都对刚才同学的展示表示非常的惊讶,不知道大家刚才在飞行的时候观看到了一些什么样的细微变化。

老师可以告诉大家,陀螺仪小零件在我们无人机飞行的时候,通过软件、硬件以及算法的相结合,可以很好地保持无人机在飞行的时候做出各种各样的复杂动作。

同学们刚才观察得也非常细微,现在咱们就要动手做一做无人机实验,老师会给每个小组发一下真正的无人机飞行模型,同时还有一张实验观察表,一会儿各位同学们,请按照咱们事前分好的组织小组,由组长到老师这里来领取你们的无人机模型,还有5个表单。

在你们的实验观察结束之后,我们要互相探讨一下,看看你们到底得出了什么样的结论。

大家一定要注意,咱们在拆解无人机时是具有一定的危险性,因为无人机的机翼非常的锋利,一不小心就会划伤到我们自己的手,所以大家在无人机拆解的时候,一定要非常小心地进行。

如果有任何受伤的情况,一定要立马告诉老师,好吗?现在给大家半个小时的时间,让大家自己去动动脑筋,用自己的双手探索一下无人机的奥秘。大家现在就可以开始自己的实验了。各位同学们,我们的实验先到这里为止,咱们大家先交流一下你们刚才在实验中得到了什么样的结果?我们的小青同学说了,无人机那一块有非常精密的各种高科技的零件,它们组合在一起才是无人机。

非常感谢我们观察员细致的讲解,大家刚才的实验结果都非常好,在世界的一些国家和地区,都把无人机应用在了日常生活当中,例如,无人机可以协助消防员进行灭火,无人机可以进行杀虫甚至可以监测鲨鱼的活动,希望大家记住一点,在日常的生活中一定要开动脑筋。人们生活发明的东西都是从好奇开始的,所以大家在以后的学习生活中一定要保持这种好奇探索的心理。最后让我们来一张大合照,纪念一下本次演示活动的圆满结束,好,谢谢大家。

六、大熊猫

来自希望小学三年级1班的20名同学,大家早上好。昨天晚上大家有没有睡好?我们都知道,如果我们昨天晚上没有睡好,会有什么眼呢?对了,就是熊猫眼。今天就由小青老师,带领大家一起去了解一下我们国宝熊猫的秘密。在我们活动正式开始之前,就有请所有的小朋友们看一则小视频。

　　我们来了解一下大熊猫宝宝的日常生活习惯,刚才我们从这些小视频当中,可以看到我们熊猫宝宝平常都在干什么。有的小朋友说他们要每天吃竹子,还要玩耍、喝水。最重要的是什么呢?对了!是排便。今天我们的研学旅行主题,就是探索大熊猫宝宝粪便的秘密。在活动正式开始之前,有请我们的安全员叔叔来为大家讲解一下我们今天的安全注意事项。

　　刚才安全员叔叔讲的,大家都听清楚了吗?那都记住了吗?现在老师要给大家进行一个分组,我们一共有 20 名小朋友,那么我们每 4 个人为一组,一共分为 5 个小组,等会每组的组长来老师这里领取我们今天的实验袋,袋子里面有我们的口罩、手套、解剖针以及我们的观察记录表。

　　在此次的实践活动当中,遵守安全规则,安全使用解剖针,不要戳到自己,也不要去扎伤他人。大家现在有没有一些迫不及待?现在可以开始我们今天的研学实践活动,在同学面前都有一个绿油油的东西,大家知道这是什么吗?对了,这就是大熊猫宝宝的粪便。

　　我们现在需要去观察,首先来看一看它是什么颜色的呢?它是什么形状的?好,观察完之后,带上我们的口罩,稍微凑近一下去闻一闻,大熊猫的便便是带着什么样的味道?老师看到这有的同学已经捂上了自己的小鼻子,说会不会好臭?等会实践的时候我们就知道了,戴上我们的手套,然后拿上尺子,我们去量一量大熊猫宝宝粪便的长度、宽度以及厚度,然后去触碰一下,注意在闻和触碰的时候一定不要太过靠近,以免我们沾染到一些细菌。

　　每组里面也还要有观察员、记录员和测量员,按照老师刚才说的步骤,我们要开始来观察它,然后将你们观察到的内容写进我们的观察记录表里,记录的内容将是我们进行小组PK 的材料。

　　大家现在听清楚了吗?观察大熊猫宝宝粪便最重要的一点就是需要拿出我们的解剖针,我们的解剖针是非常尖锐的,使用时一定要小心。

　　时间到了,现在要来听一下各个小组都观察到了什么。老师听到第一组小同学说,他说我看见我们熊猫宝宝的粪便的颜色是绿色的,第二小组的同学说熊猫宝宝的粪便是圆的,那个形状是椭圆形的。第三组和第四组的同学们,他们都说他们的大熊猫的粪便都带着一股清香。最后一个小组的同学说他们观察到大熊猫宝宝粪便里面还含有竹子,大家观察得都非常的仔细。那么大家现在再来想想和大熊猫宝宝平常接触最为亲密的是谁呢?没错,就是我们的饲养员叔叔,现在就有请我们的饲养员叔叔为大家来讲解一下大熊猫宝宝的日常。

　　刚才饲养员叔叔的讲解非常精彩,同学们看看是否和你观察的一致。对,我们从大熊猫宝宝的粪便,可以观察到它们的日常的饮食习惯以及它们当天的身体健康情况。我们也还可以了解到大熊猫宝宝的粪便它不是臭的是香的,是因为大熊猫宝宝的肠胃是比较短,消化比较快,竹子进入它的消化系统的时候,还没来得及发酵及消化,它就已经被排了出来。

　　没有经过发酵的竹子,还就会带着一种原始的香味。大家来想一想熊猫宝宝的粪便能做些什么呢?老师听到说可以来种树种花,大熊猫宝宝粪便是一种非常好的肥料。我想告诉大家的是,熊猫宝宝的粪便还可以做成纸张,大家看老师手上的这张纸就是由熊猫宝宝的粪便为原材料,经过了十几道加工程序做成的。

　　因为它的过程比较烦琐,所以纸张也是比较的珍惜,因此我们在平常用的时候要节约。熊猫宝宝的粪便,还可以作为一种中药。说到这了,老师想给大家讲一个小故事,有一个地方有一种猫叫麝香猫,它以咖啡豆为食,因为它的消化系统跟熊猫宝宝一样所以拉出来的也是咖啡豆。因为这个咖啡豆非常的珍稀,所以它比平常看到的咖啡豆价格贵。

  通过今天的观察,我们学习到了大熊猫宝宝的粪便有许多的作用,可以通过粪便观察它的腐蚀以及身体健康情况。同学们今天的表现都不错,接下来需要将我们的所闻所感写入研学旅行手册当中。最后回到家里,跟我们的爸爸妈妈们分享一下今天所学到的知识,然后回去画一幅画,来倡导大家保护的珍稀动物。最后我们照一张大合影,来结束此次活动!

附录三　研学课程设计案例

梅岭狮子峰研学旅行活动设计——自然生态

一、研学类型

自然类

二、研学旅行主题

游玩梅岭狮子岭,探索大自然奥妙

三、研学地点

江西南昌梅岭景区

四、研学季节

春季

五、安全提示

(1) 梅岭狮子岭,山区路较多,同学们要注意脚下安全。在山区道路上行走时要注意安全,道路上下坡度大,且护栏的防护柱较稀疏,空隙大,一滑倒容易跌进湍急的瀑布中。

(2) 活动开展中要小心谨慎,发生任何安全事故,必须第一时间向老师报告。

(3) 梅岭狮子峰属于旅游景点,人员游动量较大,同学们要听从老师指挥,不能私自离队。

(4) 同学们要互帮互助,团结友爱,共同完成研学任务。

(5) 由于山区里蚊虫较多,所以行走时要做好防护措施,谨防被蚊虫叮咬。天气较好时要注意防晒。

(6) 行走在田埂上的石板路时要小心脚下,因为石板与石板之间的缝隙太大,容易扭伤脚。在玩景区里的娱乐设施项目时也要防止安全问题的发生,例如在玩碰碰车的时候要保护好自己身体的各个部位,谨防在车碰撞时磕碰到导致出现瘀青。

六、目的地介绍

狮子峰是梅岭最主要的景点,位于梅岭风景区的西北部,因山峰形如蹲狮而得名,有江西南昌的"小庐山"之称,是避暑胜地。这里历史遗迹、地质变化分布较多,还有大量历史古墓和神话传说。即使来过多次狮子峰,每一次都仍有新鲜感,即便是很熟悉的山路,依旧有兴趣故地重游。狮子峰景区集狮子峰、泮溪湖、望狮涧为一体。狮子峰虽然海拔仅两百多米,但其险峻不亚于黄山,悬崖峭壁,奇石怪林,值得一看。在狮子峰分布着众多来源于梅岭泉水的溪流,它们相互交织着,与竹叶和石头一起舞蹈。

走过山间小路后,会看见一处由碎石堆砌而成的拱门,这便标志着进入了又一村。进了又一村之后,视野豁然间开朗,一大片草原映入眼帘,紫色的小花遍布其中,满是春天的味道。远处的狮子峰也越来越清晰,从空中看这座"狮子"或许是雄伟的,但从这个角度看,无比温柔。走过草原,接着是一汪富有灵气的湖水。泮溪湖坐落在狮子峰脚下,与狮子头遥相呼应。这一泓碧波,随风起微澜,湖畔的一片一片绿意,诠释着春天。

七、研学活动

通过分组从不同角度观察狮子岭的形状,体验大自然的鬼斧神工,体验一下过索桥的感觉。

狮子峰景区位于梅岭国家级风景区北部,由狮子峰、望狮涧、泮溪湖三部分组成,景区总面积7.79平方公里。狮子峰海拔460余米,状如蹲狮,是国内倒石堆地貌最发育、最壮观的地区和都市边缘独具魅力的"石海洞乡"。

景区有江西最长的铁索桥;有南昌最具规模的"农家乐";有惊险刺激的低空滑翔伞;有亲子趣味水上脚踏车、碰碰车;有最强大的逼真感,如同置身于影片中的5D电影院;以及速滑漂流、登山、攀岩、露营、户外拓展等多种游乐项目备受游客喜爱,其中望狮涧漂流是江西唯一的速滑漂流。

山水相映,从山脚上山,沿途有海豚下水、中天一柱、鹰嘴岩、千叠岩、灵猴亲情、仙女思凡、复活岛老人、天河、莲花石等奇观。拥有"奇、险、翠、幽"自然景观特色的狮子峰已然成为南昌旅游热点,也是梅岭风景名胜区独树一帜的特色景区。

梅岭狮子峰研学旅行活动设计——太阳谷自然生态

一、研学旅行主题

走进自然,探索生态奥秘

二、研学类型

自然生态类

三、研学地点

江西梅岭太阳谷

四、研学对象

初一学生

五、研学季节

春、秋季

六、研学项目

活动一：在梅岭太阳谷进行写生画画，送给自己的爸爸妈妈。按照活动主题，主办方会准备一系列的材料如水彩笔、画纸、铅笔、橡皮擦、尺子等，同学们在太阳谷周边进行画画，分6组进行，每组选择一个组长，在两个小时内完成。以接近生态亲近大自然为主题，能代表大自然的物品风景皆可。给积极优秀的同学发放奖品。

活动二：介绍太阳谷中的花草植物，科普梅花的种植情况，如生长环境、形态特征、主要变种、品种分类、产地分布、繁殖方式、栽培技术、病虫防治、主要价值等。研学结束会给每位同学一枝梅花，大家可以自己种植，看看哪位同学种得最好。

活动三：大家来野餐。老师会准备桌布和钓鱼工具，同学们可以提前带一些水果米饭，然后我们在太阳谷附近钓鱼烤鱼，同学之间可以分组进行比赛，看哪个小组钓的最多，然后每个班会配备两位研学老师，帮助大家进行生火和烤鱼，还会有一位安全员保护大家安全用火，之后记得要打扫卫生。吃完饭之后可以大家去看枫叶，然后去摘一片你认为最好看的枫叶，把它夹入课本当书签。最后每位同学要写一篇研学体会报告，然后进行大合照，纪念研学活动结束。

七、安全提示

（1）靠近湖边时要注意安全，一定要老师及安全员都在旁边，不可以下河游泳、抓鱼，只能钓鱼，钓鱼时必须注意安全。

（2）在景区路不好走时，要注意脚下。紧跟老师，不可私自离队。

（3）注意用火安全，用完之后必须确保火灭，防止发生事故。

（4）要注意携带一些防蚊虫叮咬的药品。

（5）不可以私自离队，一定要紧跟老师。

（6）要关注气候条件，最好穿运动鞋，好走路，注意脚下。

（7）保持良好的卫生习惯，不在景区里随意乱丢垃圾。

梅岭狮子峰研学旅行活动设计——农业观光

一、研学旅行主题

弘扬农耕文明，学好科学文化知识

从一粒米了解中国古代的农耕劳作，珍惜来之不易的粮食

二、研学类型

自然生态类

三、研学地点

梅岭狮子峰

四、研学对象

小学 4～6 年级学生

五、研学适合季节

春、秋季

六、研学项目

（1）参观梅岭狮子峰农业展览馆。

（2）展示二十四节气的内容、民谚民俗、农业场景等。

（3）认识农作物的生长期和生长条件。发芽期植物的特点是：植物在发芽的时候，只是种子里面的不同结构进行生长，还没有明显的根茎叶；在发芽后种子的萌发开始进入展叶期，进行根、茎、叶等营养器官的生长，这个时候就进入了幼苗期；幼苗经过一定时间的营养生长，感受到光照、温度等外界条件合适，就会慢慢长出花，这时候就进入了开花期，开花后会吸引蝴蝶、蜜蜂等动物的采蜜，采蜜的过程中就会对花进行授粉，现代农业也会采用人工授粉。授粉后经过一定时间就会由花慢慢长成果实，进入结果期。

（4）教小朋友制作一幅春分节气的贴画手工，贴画不仅描绘着农民伯伯耕种的场景，而且贴画还包含了丰富民俗内涵。

（5）学习无土栽培。

无土栽培的实验步骤分为以下五点。

① 领取培养小花盆与种子。

② 装基质土：将基质土装进培养小花盆。

③ 培育种子：将种子放进基质土约 2 厘米深，轻轻埋好。

④ 配制营养液：领取一小包营养液原粉，回家后稀释配置成 10kg 营养液，日常管理中浇水用这个营养液进行浇灌。

⑤ 日常管理：放在家里太阳充足的地方，1～2 天浇 1 次含营养液的水（天热一天一次），观察生长情况。

七、研学基地安全隐患

（1）在景区注意卫生，不要乱扔纸屑。

（2）天气炎热，做好防晒措施。

（3）保管好自己的随身物品，不要遗忘在景区。

（4）一切听从老师安排，不能擅自离开队伍。

（5）带好水，以防口渴。

梅岭狮子峰研学旅行活动设计——生态农业

一、研学背景

为贯彻党的教育方针,推进素质教育全面实施,培养学生创新精神和实践能力,进一步推动学校研学旅行工作的扎实、有效开展,结合市、县中小学研学旅行的有关要求和学科教学需求,结合当地实际,开展主题为"立足生态自然,引领绿色健康"的研学旅行活动。

二、研学旅行主题

立足生态自然,引领绿色健康

三、研学对象

小学4~6年级学生

四、研学季节

春、秋季

五、研学目标

(1) 通过实地参观、学习、考察等活动,了解现代农业历史、现状和发展,认识各种农作物及种植方式,感受现代科技在农作物种植、产品研发、交易、物流、品牌运营等发挥等作用,加强"人与自然"的深入感悟。

(2) 通过实际种植、采摘、品尝、包装等活动,感受现代农业在种植、收割、保存、加工等方面技术,积累生活必备经验,增强学生动脑和动手相结合的能力,培养学生艰苦奋斗的品质。

(3) 乡村振兴从娃娃抓起。通过对真实而美好的社会发展的了解与感受,提高学生对"三农"问题的认知,增强热爱生活、热爱家乡、参与解决"三农"问题的情怀。

六、研学内容

1. 梅岭生态农业园

(1) 参观露天蔬菜农机农艺技术融合示范园项目,了解工厂化育苗、机械化移植、机械化植保、机械化喷灌、机械化收获、机械化加工的全程机械化。

(2) 露天蔬菜采摘品尝。

(3) 学习无土栽培技术。

2. 梅岭高效生态农业示范园

参观蔬菜大棚,品尝有机蔬菜,了解有机蔬菜的生产与安全检测流程,有机蔬菜的绿色健康概念,感受科技的魅力,体验农民伯伯的辛苦。

3. 蓝天园林

(1) 认识各种园林树木及其生长特点。

(2) 了解各种绿化植物的作用、价值,树立环境保护意识。

4. 梅岭乡村振兴产业示范园

(1) 感受现代农业与传统农业的区别,了解农耕文化。

(2) 劳动实践——割韭菜、刨地瓜、拔萝卜等。

七、研学设计

设计目标:研学准备我能行。

(1) 通过前期的宣传、知识的储备及活动准备,使学生了解我们本次研学的主要内容,从而为研学旅行做好准备。

(2) 通过准备活动激发学生探究学习的积极性。

(3) 通过活动使学生树立安全、环保、自护、合作、探究等意识。

(4) 研学宣传:下发研学旅行手册,通过上网了解现代农业科技、有机蔬菜种植、园林绿化等有关知识。

(5) 研学准备:制定研学旅行小组组规。以小组为单位从安全自护、团队合作、健康环保、探究合作、文明公德、自我超越六个方面制定本小组的组规。本环节让学生自己制定,可以增强学生的自我约束意识,从而达到事半而功倍的效果。

八、研学注意事项

(1) 认真阅读本手册,了解研学基地,做好行前准备。

(2) 独立准备个人衣服装备、学习资料等,并科学分类装包。

(3) 自己定时叫醒,在家长的帮助下到达指定集合地点。

(4) 从集合入队开始,全程严格遵守研学团纪律,听从研学导师及辅导员的管理。

(5) 旅程及学习过程中不大声喧哗,不擅自脱离队伍,养成良好的文明旅游素养。

(6) 研学活动中,自主探究,善于合作分享,积极参与体验并做好活动记录。

(7) 讲文明礼仪,按时作息,文明就餐,休息时保管好私人物品。

(8) 积极参与研学导师设计的行中课程。

(9) 研学中善于观察、思考,留好过程性影像资料。

(10) 研学结束,按要求完成研学评价及研学总结。

梅岭狮子峰研学旅行活动设计——农耕体验

一、研学旅行主题

"立足生态自然,引领绿色健康"现代农业博览园生态研学之旅

二、研学类型

农业类

三、研学地点

梅岭狮子峰

四、研学目标

（1）通过实地参观、学习、考察等活动，了解现代农业的历史、现状和发展，认识各种农作物及种植方式，感受现代科技在农作物种植、产品研发、交易、物流、品牌运营等发挥等作用，加强"人与自然"的深入感悟。

（2）通过实际种植、采摘、品尝、包装等活动，感受现代农业在种植、收割、保存、加工等方面技术，积累生活必备经验，增强学生动脑和动手相结合的能力，培养学生艰苦奋斗的品质。

（3）乡村振兴从娃娃抓起。通过对真实而美好的社会发展的了解与感受，提高学生对"三农"问题的认知，增强热爱生活、热爱家乡、参与解决"三农"问题的情怀。

五、研学对象

小学3～6年级学生

六、研学适宜季节

春、秋季

七、研学项目

（1）认识农作物的生长期和生长条件，了解种子植物除了用梗吸收营养也用叶子吸收空气，合成自己的营养，并且从土壤中吸收水分和营养。

（2）认识现代农业，观察大棚里和自然生长有什么不同。

（3）参观菌菇种植大棚，了解有益菌和有害菌。告诉学生，要勤洗手去抵挡细菌的侵袭。了解菌菇类植物是不需要阳光照射的。

八、研学总结

透过这一粒米，看到中国作为一个有五千年历史的泱泱大国，农耕文明贯穿了中国文化的始终。从刀耕火种到铁犁牛耕，凝聚了古代中国人的智慧。但是随着科学技术的进步，铁犁牛耕的时代也一去不复返，机械化耕种给农业的发展注入了新的活力，科技的进步使农业得到了更为迅速的发展。

"民以食为天"，无论对哪个国家哪个时代来说，农业都是国民经济的重要组成部分，农业的发展问题都是国家关注的重点问题。所以希望同学们弘扬农耕文明，学好科学文化知识，打好牢固的基础，将来投身国家农业建设，为中国的农业现代化做出积极贡献。

九、研学注意事项

（1）认真阅读本手册，了解研学基地，做好行前准备。

（2）独立准备个人衣服装备、学习资料等，并科学分类装包。

（3）从集合入队开始，全程严格遵守研学团纪律，听从研学导师及辅导员的管理。

（4）旅程及学习过程中不大声喧哗，不擅自脱离队伍，养成良好的文明旅游素养。

（5）研学活动中，自主探究，善于合作分享，积极参与体验并做好活动记录。

(6) 讲文明礼仪,按时作息,文明就餐,休息时保管好私人物品。

(7) 研学过程中注意安全,不乱触碰植物,不乱扔垃圾,不去危险的地方,听从研学导师的安排。

(8) 研学中善于观察、思考,留好过程中的影像资料。

(9) 研学结束,按要求完成研学评价及研学总结。

梅岭狮子峰自然生态研学方案——生态与传统文化

一、研学旅行主题

参观农业生态园,学优秀传统文化

二、研学类型

自然生态类

三、研学地点

江西南昌梅岭狮子峰景区

四、研学对象

小学1~5年级学生

五、研学季节

春、秋季

六、研学项目

(1) 拜师礼。学生穿汉服,行拜师礼,感念师恩,书写新的人生(敬茶、自正衣冠、叩拜孔子、行拜师礼、学童诵读)。以专业的国学导师指导,配合大型的场景布置,真实的情景体验,让优秀传统文化内化于心,外化于行。

一拜孔子,仁义礼智信;再拜孔子,温良恭俭让;三拜孔子,有教无类,因材施教。

一拜老师,学高为师,德高为范;再拜老师,精心指教,诲人不倦;三拜老师,工作顺利,幸福安康。

(2) 参观农耕文化展览馆。中国古代一些知识分子以半耕半读为合理的生活方式,以"耕读传家"、耕读结合为价值取向,形成了一种"耕读文化"。

(3) 参观农业生态园。在研学导师和农艺师的指导下,同学们参观农业生态园中现有的蔬菜、瓜果作物,学习了解茄子、辣椒、芹菜、莜麦菜、油菜、生菜、芹菜、玉兰花、菠菜、白菜、萝卜、胡萝卜、香菜、蒜苗、西红柿、草莓等有关种植生长知识。

(4) 栽种草莓。同学们一起栽种草莓苗,并将自己栽种的草莓苗带回家,继续观察、培育。提高学生动手能力,养成良好的生活情趣。

（5）彩虹伞。通过彩虹伞能让同学们学习到动作协调能力，与伙伴合作玩游戏，体验合作游戏乐趣。

总之，农业生态园坚持保护乡村原始生态乡景，以美丽的山水林田溪为基础，种植绿色果蔬、特色园艺作物，挖掘传统文化、农耕文化的趣味性和艺术性，以乡景乡情为载体，因地制宜，打造一个集休闲、旅游、度假、体验等为一体的农学生态研学基地。

七、研学活动总结

研学活动总结，邀请学生分享自己的心得体会，对学生进行三问。
（1）今天累不累？
（2）种植瓜果、蔬菜难不难？
（3）要不要节约粮食、瓜果、蔬菜？

八、研学安全提示

（1）梅岭狮子岭景区，山区路较多，注意脚下安全。
（2）不在景区内乱丢果皮纸屑，不攀折花木。
（3）山区里蚊虫较多，做好防护措施，谨防蚊虫叮咬。
（4）梅岭狮子峰属于旅游景点，人员流动量较大，同学们要听从研学导师指挥，不能私自离队。
（5）活动设施需远离河流水库等地，田地水深要注意，且要有安全员协助。

梅岭狮子峰研学旅行活动设计——生态农业

一、研学旅行主题

探索水稻的奥秘

二、研学类型

农业生态类

三、研学地点

江西南昌梅岭狮子峰景区

四、研学对象

小学1～5年级学生

五、研学季节

春季

六、研学项目

水稻是世界第一大粮食作物，而生活在大城市中的很多同学，对于农业、稻田的了解却十分的少,因此带学生走进农业创新基地,将课堂搬到自然里,以稻田为主题,研究了解水稻种子培育、稻田生态链,掌握农作物栽培模式和种养模式,理论与实践相结合,让所学知识深植于学生脑海中。

1. 学习知识

(1) 认识水稻生长环境的特点。

(2) 了解二十四节气对稻田生长的影响。

2. 了解稻田生态链特点

重点学习内容如下。

(1) 稻田生态链是怎样的?

(2) 思考稻鸭种植模式的利弊。

走进稻田里,观察仔细的同学们会发现,稻田里除了水稻之外,还有鱼、鸭等动物。鸭子不会吃掉水稻和鱼儿吗?其实这是稻田生态链的一种。这种模式不仅可以提高水稻产量,还能促进鸭鱼等动物的发育,这是为什么呢?除了稻、鸭、鱼共生,还有哪些稻田生态链?听听看导师是怎么说的。

3. 插秧体验

培养劳动意识。春天,万物复苏,正是播种水稻的时节。带学生走进农田里,仔细聆听导师讲解插秧知识,挽起裤脚,亲手播种下一颗颗希望的种子,体验农耕文化,理解农民伯伯劳动的辛苦,感受食物的来之不易,培养劳动意识、珍惜粮食意识。

4. 绘制稻米成长图

培养知识运用能力。

稻米是如何从种子成长为稻穗的呢?稻田都有哪些生态链呢?根据所学知识,以"稻田交响曲"为主题,制作稻米的一生成长图或稻田生态链相关思维导图,并向其他同学介绍自己作品,锻炼思考能力、语言表达能力。

5. 颁发研学证书收获荣誉感

活动结束后每位同学还可以收获颁发的研学证书,收获满满的荣誉感。

6. 行程安排

- 08:00—08:30 集中签到,出发前往基地。
- 09:45—10:20 稻田参观,科普讲解。
- 10:20—11:20 动手插秧体验农活。
- 11:30—13:00 午餐。
- 13:00—14:00 以"稻田交响曲"为主题,绘制稻米成长图或稻田生态链思维导图。
- 14:00—15:00 分享讨论,活动总结,颁发研学活动证书。

七、研学基地安全隐患

研学活动开展前,学校应开展安全教育相关知识的讲座,以防患于未然的姿态加大安全教育的力度与强度,增强学生安全意识、提高安全能力。学校应从纪律和知识两方面入手,既从纪律层面做好安全的管理,又从知识层面提供应对安全问题的意识和策略,加强培养学生的安全防范意识、应急处理能力、防范能力,重视学生心理健康教育,提高心理承受能力。

八、建立安全保障

　　学校、研学机构开展研学旅行，应根据需要配备一定比例的研学导师、教师、安全员、队医等，也可吸收少数家长作为志愿者，负责学生活动管理和安全保障，最终形成科学合理的户外教育安全保障体系。安全保障队伍应提前调研和掌握研学地点周边的医疗及救助资源状况，携带医疗安全救援相关物资。

附录四 江西省中小学生研学实践教育基地评选表

(一基地一表)

设区市:

单位名称			
单位地址		是否为市、县级基地	
所属类别	(红色教育模块□;绿色教育模块□;古色教育模块□;科技教育模块□;国情教育模块□;劳动教育模块□。可多选,模块说明详见附录)		
联系人		电话(手机)	
开设课程			
参选(推荐)理由	(1 000字以内,可另附页) 负责人(签字): 单位(盖章): 年月日		
主管部门意见: (盖章) 年 月 日	设区市教育行政部门意见: (盖章) 年 月 日		

照片(视频)页	基地全景、相关设施、开展活动的相关照片(10张左右,贴在本页内),视频(10分钟内)请发电子邮箱××××××@qq.com

附录:模块说明如下。

① 红色教育模块。包括爱国主义教育基地、革命历史类纪念设施遗址等资源单位,引导学生了解革命历史,增长革命斗争知识,学习革命斗争精神,培育新的时代精神。

② 绿色教育模块。包括自然景区、农业基地、自然保护区、野生动物保护基地等资源单位,引导学生感受祖国大好河山,树立爱护自然、保护生态的意识。

③ 古色教育模块。包括文物保护单位、博物馆、非遗场所等资源单位,引导学生传承中华优秀传统文化核心思想理念、中华传统美德、中华人文精神,坚定文化自觉和文化自信。

④ 科技教育模块。包括国防教育基地、科技馆、科技创新基地、高等学校、科研院所等资源单位,引导学生学习科学知识、培养科学兴趣、掌握科学方法,树立国家安全观,增强科学精神和国防意识。

⑤ 国情教育模块。包括体现基本国情和改革开放成就的美丽乡村、特色小镇、大型知名企业、大型公共设施、重大工程基地等资源单位,引导学生了解基本国情及中国特色社会主义建设成就,激发爱党爱国之情。

⑥ 劳动教育模块。包括开设家政、烹饪、手工、木工、种植、物品维修、非遗、志愿服务等生产、服务性劳动的实践类拓展课程,形成具有综合性、实践性、开放性、针对性劳动教育课程体系的劳动教育实践场所,积极推进我省中小学生劳动实践教育,促进学生德智体美劳全面发展。

附录五　江西省"中小学研学旅行"系列标准及中小学研学实践教育基地名录

江西省中小学
研学实践教育
基地名录

江西省《中小学
研学旅行》
系列标准

参 考 文 献

[1] 魏巴德,邓青.研学旅行实操手册[M].北京:教育科学出版社,2020.
[2] 甄鸿启,李凤堂.研学旅行教育理论与实践[M].北京:旅游教育出版社,2020.
[3] 薛兵旺,杨崇君.研学旅行概论[M].2版.北京:旅游教育出版社,2021.
[4] 彭其斌.研学旅行课程概论[M].济南:山东教育出版社,2019.
[5] 廖静娴,伍欣.研学旅行基(营)地建设与管理[M].桂林:广西师范大学出版社,2021.
[6] 陈大六,徐文琦.研学旅行理论与实务[M].武汉:华中科技大学出版社,2020.